ウェブ検索による日本語研究

荻野綱男
Ogino Tsunao

朝倉書店

まえがき

　本書はウェブ検索による日本語研究の教科書である．

　直接的には，本書は荻野が日本大学文理学部で行う授業で教科書として使うことを予定している．しかし，資料や例を載せるだけでなく，それらに関わる解説も書き加えたので，授業とは無関係に，本書を単独で読み進めることも可能になった．日本語研究にウェブ（WWW）検索を用いている方々にお読みいただき，ご批判をちょうだいしたいと思っている．

　第1部の入門編では，WWWが日本語資料としてどんな性質を持つのか，WWWをどのように検索すればいいのかなどの入門時に必要になる知識をまとめて述べた．日常のさまざまなものごとを調べるために，Yahoo! や Google などの検索エンジンを使ってきた人は多いだろうが，日本語の用例を引き出すために検索エンジンを使う人はあまり多くない．学生諸君の場合は，初めて経験する人もかなりの割合でいることだろう．そのような「日本語研究のためのWWWと，その検索エンジン」という観点で必要な事項を述べている．

　第2部の基礎編では，検索エンジンの使い方（検索語の指定のしかた）を解説した．検索エンジンは，しばしばアルゴリズムに改良が加えられたり，別の組織が開発したエンジンを導入したりして，ある日突然違った振る舞いをすることがある．したがって，ここで述べた基礎的な知識は数年もしないうちに古くなるであろう．その場合は，新しくなった時点で検索エンジンを自分で調べて，どのような振る舞いをしているのかを確認する必要がある．その方法は第2部に詳しく書いておいた．

　第3部の問題解決編は，荻野が授業中に受講者に課した宿題とその結果をまとめたものである．数日程度で（実質的には一晩で）実行できるような小さな課題ばかりである．これらの例でわかるように，日本語に関してちょっとした疑問を感じたら，WWWで検索して，自分で解決するという習慣を身につけるといいのではないか．昔は，こういうときは「辞書を引きなさい」といわれたものだったが，現代ならば「WWWを検索しなさい」がそれに該当するであろう．

　第4部の研究編は，荻野が書いた論文などを収録した．WWW検索を主な手段にして，いろいろな問題にチャレンジできるものである．こんなふうに資料を扱うのだというサンプルでもある．一読しておくと学生の卒業論文などにも役に立つのではないかと思う．

　第5部の応用編は，学生が書いて提出したレポートを荻野が全面的に書き

直したものである．提出時から数年が経っているため，検索結果などはだいぶ違っているが，2013年段階でどんな結果になるか，検索を全部やり直してある．中には，レポートとは結論が逆になっているものもある．先輩の書いたレポートは，これからレポートに取り組む人にも有用であろう．レポートの書き方の例として，参考にしてほしい．

現在，WWWを日本語研究のデータとして活用しようとするとき，自分の手元にWWWの文書をダウンロードして，それを検索するようなことが行われている．このほうが検索エンジンよりも優れている面がいろいろある．いつも検索件数は同じであり，さまざまな検索用のソフトが利用でき，たとえば正規表現などを指定することもできる．しかし，本書ではそのようなことは扱っていない．WWW検索で使う検索エンジンは貧弱なものであり，正確性に欠ける面がある．特に検索件数の不正確なことにはあきれてしまう．にもかかわらず，なぜ検索エンジンを使ったWWW検索をすすめるのか．

第1の理由は，事前の準備に余計な手間や時間をかけることなく，誰でも無料で今すぐに大量のデータが検索できる，つまり超大規模データベースが利用できるからである．こんな便利なものを使わない手はない．

第2の理由は，日本語を研究する人間にとって，WWW検索を手軽に行うことは，検索後の処理に手間と時間をかけることにつながる．WWWの検索は，日本語のデータ整理の最初の段階でしかなく，その検索結果をいかに加工して（あるいは条件を追加してWWWを再検索して）意味のある結果を導くのかが重要である．WWW検索は手早に済ませ，結果の分析・解釈・考察に時間をかけるべきである．

第3の理由は，誰でもできる形でWWWを検索して，何か結果を示す場合，その結果は他人によって追試（再確認）されることがあるということである．時間が経てば完全に同じ結果にはならないが，それでもお互いが結果を確認できるということは研究結果の再現性があるということにつながる．検索エンジンを使った研究の場合は，再現性がかなりある．したがって，研究とはどんなものかを知る上で，検索エンジンによるWWW検索は，それ自体が非常に優れた材料になる．

WWWは，日本語に関する世界最大のデータベースであり，しかも無料で使えるものである．ぜひ，各種の日本語研究に役立ててもらいたいものである．本書がそのお手伝いとなることがあれば，望外の喜びである．

2014年4月

荻野　綱男

* 本書に掲載している一部の表の全体データを，朝倉書店ウェブサイト（http://www.asakura.co.jp/download.html）でダウンロードできるようにしたので，そちらも参照してもらいたい．

第 2 刷に際しての追記

　本書の刊行後，WWW 利用法に関していろいろと変更があった．主なものは，以下の 3 点である．

　第 1 に，Google と Yahoo! の検索エンジンが表示するヒット件数が大きく変動するという問題が大きく改善された（安定するようになった）ことである．5, 6 ページ，21, 22 ページの記述は，今後改訂が必要である．また，その結果，24 ページで検索エンジンは goo がベストとしているが，2016 年現在では，Yahoo! および Google の検索エンジンのほうがよくなっている．

　第 2 に，goo ブログ検索の仕様が大きく変わり，男女別・年齢層別・日付別検索ができなくなった点である．この結果，75〜82 ページの記述は，今後，全面的に改訂する必要があるということになった．

　第 3 に，TOPSY のサービスがなくなったことである．TOPSY については 77 ページの注[*1]で言及されていたが，現在は無効である．その結果，Twitter に現れる言語表現を時間の推移との関連で調べることがむずかしくなった．https://twitter.com/search-advanced で日付を指定した検索ができるが，検索件数が簡単にわかるわけではない．このことは，goo ブログ検索の仕様の変化と合わせて，新語や流行語の研究に有効なツールがなくなったことを意味する．日付を指定した検索という点では，「Yahoo! 知恵袋」を利用すれば，2004 年 4 月 1 日以降 1 日単位で検索が可能だが，言語量が（特に古い時代では）圧倒的に少ない．Google トレンドでも 1 か月単位で 2004 年 1 月以降の検索頻度がわかるが，これは「用例」ではなく，「検索時に指定された単語列」の相対頻度に過ぎないので，利用には注意が必要である．

謝　　辞

　本書をまとめるにあたっては，いろいろな方々のお世話になった．

　まず，日本大学（それと一部に東京都立大学と東京女子大学）の学生諸君である．荻野はWWW検索に関連する授業を毎年のように行ってきたが，そこでの宿題やレポートを通じて，学生諸君とのやりとりが本書の執筆に大いに役立った．

　次に，千葉直美氏と牛木はるか氏である．両氏は，膨大な時間を使って，WWW検索や，その後の用例の分類，整理を丁寧にやってくださった．荻野が気付かないところを指摘してくださったこともあり，本書の執筆に直接・間接に関わっている．

　WWW検索に関連して，何種類かの研究費を使っている．

　文部科学省・日本学術振興会の科学研究費補助金では，以下のような研究費を使うことができた．

・平成17年度～平成19年度　基盤研究（C）「WWWを日本語コーパスとして使うための基礎的研究」
・平成18年度～平成22年度　特定領域研究「コーパスを利用した国語辞典編集法の研究」

　また，日本大学文理学部人文科学研究所総合研究費では，以下のような研究費を使うことができた．

・平成23年度～平成24年度「コーパス言語学の新しい展開」
・平成25年度～平成26年度（実施中）「コーパス言語学の方法論研究」

　基盤研究（C）以外の研究は，共同研究として行われている．打ち合わせ会などを通して関係者から種々のコメントをいただくことができ，大いに助かっている．

　国立国語研究所の前川喜久雄氏をリーダーとする共同研究「コーパス日本語学の創成」にも参加したが，本書の一部は共同研究発表会で発表したものである．

　本書中に含めたイラスト類は，日本大学大学院修了の秋山智美氏の手によるものである．

　最後になるが，本書の草稿の段階で大阪大学の田野村忠温氏，NHKの塩田雄大氏に読んでいただき，書き方の不十分な点などに関するたくさんの貴重なコメントをいただいた．

　関係者の方々には，あつく感謝申し上げる次第である．

目　　次

第 1 部　入　門　編

第 1 章　WWW の性格と日本語研究への応用 ———— 1
1.1　WWW の利用法　1
1.2　WWW の特徴　2
1.3　日本語研究への WWW の応用　4

第 2 章　WWW 検索のヒット件数 ———— 5
2.1　ヒット件数は出現頻度でない　5
2.2　検索エンジンのヒット件数は正しくない　5
2.3　ヒット件数が信頼できる場合とは　9

第 3 章　検索エンジン ———— 12
3.1　検索エンジンの機能概説　12
3.2　各種検索エンジン　19

第 4 章　WWW 中の表現の間違い ———— 24
4.1　WWW には間違いが多い　24
4.2　漢字の読み方　25
4.3　漢字の使い方　28
4.4　複合語　31
4.5　語や句の形　33
4.6　助詞か他の語の一部か　34
4.7　コロケーション　35
4.8　WWW 中の間違いの位置づけ　36

第 5 章　WWW 検索の方法論 ———— 38
5.1　WWW 検索結果の基本的分類　38
5.2　用例は 100 例調べればたいてい十分　40

第 2 部　基　礎　編

第 1 章　複合語の認識とフレーズ検索 ———— 41
1.1　WWW 検索の行われ方　41
1.2　検索語の指定とヒット件数　43
1.3　フレーズ検索の問題点　44

第 2 章　AND 検　索 ———— 44
2.1　AND 検索の意味と使い方　44
2.2　比較的ヒット件数が小さい場合　45
2.3　比較的ヒット件数が大きい場合　47
2.4　AND 検索の有効性と問題　47

第 3 章　OR 検　索 ———— 48
3.1　OR 検索の意味と使い方　48
3.2　比較的ヒット件数が小さい場合　50
3.3　比較的ヒット件数が大きい場合　51
3.4　OR 検索の有効性と問題　51

第 4 章　NOT 検索（マイナス検索） ———— 52
4.1　マイナス検索の意味と使い方　52
4.2　マイナス検索の問題点　54

第 5 章　ワイルドカード検索 ———— 55
5.1　ワイルドカード検索の意味と使い方　55
5.2　ワイルドカード検索で実際に検索できること　56
5.3　ワイルドカード検索は何語までマッチするか　60
5.4　ワイルドカード検索の応用例　62

第 6 章　活用形の検索 ———— 64
6.1　単語とは　64
6.2　活用形の検索単位　65

6.3 五段動詞の未然形の検索 65
6.4 五段動詞の連用形（音便形）の検索 67
6.5 gooブログ検索での活用形 68

第7章 ブログ検索 ——— 73
7.1 日本語のブログの特徴 73
7.2 gooブログ検索の特徴 74
7.3 ブログ検索による年齢差と男女差 78

第8章 WWWの記事の偏り ——— 84
8.1 WWWの記事を書く人の偏り 84
8.2 WWWの記事内容の偏り 86
8.3 WWWの記事には間違いが多い 87
8.4 サイトによる偏り 88

第9章 WWWでのヒット件数の意味 ——— 95
9.1 日本語の用例がいくつあったら確実といえるか 95
9.2 「殴る」の尊敬語は「お殴りになる」である 96
9.3 「胃に穴をあかせる」 97

第3部　問題解決編

第1章 「いらっしゃる」の意味 ——— 98
1.1 宿題 98
1.2 調査結果 99

第2章 [ei] の表記のゆれ ——— 100
2.1 宿題 100
2.2 調査結果（1） 101
2.3 調査結果（2） 102

第3章 外来語の「キ」と「ク」の違い ——— 103
3.1 宿題 103
3.2 調査結果 104

第4章 外来語の「ア」と「ヤ」 ——— 105
4.1 宿題 105
4.2 調査結果 106

第5章 「disられる」の意味 ——— 110
5.1 宿題 110
5.2 調査結果 110

第6章 漢字語の読み方 ——— 112
6.1 宿題 112
6.2 調査結果 113

第7章 WWWによる問題解決の課題例 ——— 114

第4部　研　究　編

第1章 WWW検索による方言語形の全国分布調査 ——— 117
1.1 WWWによる方言研究 117
1.2 WWWによる方言語形の分布の調べ方 118
1.3 土地に結びついた言い方の例 118
1.4 気づかれにくい方言 120
1.5 WWW検索の問題点 123
1.6 WWWによる方言研究の今後 127

第2章 WWW検索と方言辞典の記載内容の確認 ——— 127
2.1 WWWによる方言研究の実例 127
2.2 荻野のゼミでの経験 128
2.3 方言辞典の見出しを調べたらどうなるか 140
2.4 WWWで方言語形が使われるとはどういうことか 144
2.5 WWWによる方言研究の難しさ 146

第3章 ブログに見る日本語の男女差 ——— 147
3.1 言語資料として見た場合のブログの特徴 147
3.2 男女差のある言語表現 148
3.3 ブログで日本語の男女差を見る 149
3.4 WWWの可能性 152

第4章 形容動詞連体形の「な／の」選択 ——— 152

- 4.1 先行研究の検証 152
- 4.2 調査の方法 153
- 4.3 WWW 調査の結果 154
- 4.4 「な」の比率が高い形容動詞は程度の大小を問題にできるか 156
- 4.5 新聞と WWW の違い 159

第5章 外来語の語形のゆれ（1）―「チック」と「ティック」― ——— 159
- 5.1 問題の発端 159
- 5.2 WWW の調査方法 160
- 5.3 WWW の調査結果 160
- 5.4 調査結果からいえること 162
- 5.5 今後の予定 163

第6章 外来語の語形のゆれ（2）―「バ」と「ヴァ」― ——— 164
- 6.1 問題の発端 164
- 6.2 WWW の調査方法 164
- 6.3 WWW の調査結果 165
- 6.4 調査結果からいえること 167
- 6.5 「バ」と「ヴァ」の関係 169

第5部 応 用 編

第1章 レポートの課題 ——— 170

第2章 「亡くなる」は動物には使わないのか ——— 171
- 2.1 調査の概要 171
- 2.2 調査結果 171
- 2.3 結論 173

第3章 ニセ方言の使用状況 ——— 173
- 3.1 調査の概要 173
- 3.2 調査結果 174
- 3.3 結論 174

第4章 犬に「ちゃん」は付けない ——— 175
- 4.1 調査の概要 175
- 4.2 調査結果 176
- 4.3 結論 177

第5章 「こんな」類と「こういう」類の位置名詞との共起 ——— 178
- 5.1 調査の概要 178
- 5.2 調査結果 178
- 5.3 結論 180

第6章 ゼッケンからナンバーカードへの変遷 ——— 181
- 6.1 調査の概要 181
- 6.2 調査結果 181
- 6.3 各語の使用状況 182

第7章 レポート執筆の意味 ——— 183

文　献 ——— 185
索　引 ——— 189

第1部 入門編

WWWは日本語の研究に役立つ身近な資料

　WWWの検索には，検索エンジンという無料のソフトウェアが発達しているので，WWWを利用するに際して一切の追加費用がかからない．今まで，こんなことはありえなかった！

　新聞記事のCD-ROMを買う場合は，けっこうなお値段を覚悟しなければならない．1年分で，毎日新聞25,000円，読売新聞94,500円，朝日新聞120,000円，日経新聞136,500円などいろいろな値段があるようだ（2013年10月現在）．それにしても，たった1年分でウン万円！　それでも，ほかに資料が使えなければ新聞を使うしかない．15年分ほど買ったら，100万円以上になってしまった．新聞記事はパソコン自体よりもずっと高価なのである．

　しかし，WWWを資料にできるようになった今は，無料でも研究ができるようになっている．WWWを使わない手はない．第1部では，WWW検索の入門編として是非とも知っておかなければならないことを解説した．

第1章　WWWの性格と日本語研究への応用

1.1　WWWの利用法

　本書では，WWWをコーパスとして利用しながら，日本語の実態の一部を解明することを目標とする．WWWには間違いも多いが，大量の日本語資料として利用できるので，この利用法を工夫することでさまざまな研究を行っていきたい．WWWを検索して日本語の研究に役立てるとはどういうことか，いくつかの例を挙げてみたい．

　[1] WWWをコーパス（用例資料集）として扱い，用例を入手すること
　本書で目指すのは，あくまでこの方法である．コーパスは，実際に使われた言葉（話し言葉と書き言葉）をコンピュータで扱えるようにしたものという程度の意味である．だとすると，WWWは巨大なコーパスであると考えられ，それを検索することは言葉の用例の検索をしていることに該当する．

　[2] WWW上にある辞書を調べる（検索する）こと

WWWにはさまざまな辞書が整備されている．検索エンジンで無意識に単語を指定して検索するだけで，そのような辞書記述がヒットして表示されることも多い．今や，単語の意味を確認するのに，国語辞典を引くよりも，ネットで検索するほうが便利である．これもWWWの有用な一側面である．

[3] WWWで先行研究（参考文献）を探すこと

あるテーマに関連して，どんな研究文献（先行研究）があるか，文献リスト（bibliography）として利用することができる．WWW上には文献リストがたくさんアップロードされているため，先行研究が一つ見つかると，その関連研究が芋づる式に見つかることも多い．ここでもWWWは利用価値がある．

研究文献そのものがWWW上にアップロードされている場合も多くなってきた．学会レベルで，学会誌をWWWで公開している例も多いし，各大学にリポジトリと称する電子公開の場が設置されるようになってきた．WWWは，この面でも役に立つものになっている．

[4] 解説記事を読むこと

辞書のサイトと重なる面があるが，Wikipediaやその他のサイトで各種の解説記事が書かれている．それらも利用価値が大きい場合がある．ある意味で，WWW自体が総合百科事典としての働きをしているということであろう．たいていの百科事典よりも詳しく知ることができる．

このような多方面の利用のうち，本書で扱うのは，もっぱら[1]である．

1.2　WWWの特徴

WWWをコーパスとして見た場合，他のコーパスと比較するといろいろな特徴がある．ここでは，3点に絞って説明したい．

1.2.1　大量性

WWWの言語量はきわめて大きい．たぶん，人類が目にすることのできるものの中で最大であろう．一体，そこにはどれだけの情報が蓄積されているのであろうか．

田野村忠温（2009）の推定によれば，WWWの日本語文書のサイズは26兆字であり，新聞換算4万年分とのことである．参考までに，日本の各新聞社の新聞記事のCD-ROMは，たかだか10〜20年分くらいしか存在しない．いろいろな新聞社のCD-ROMを合わせても100年分程度であろう．WWWに新聞4万年分の情報量があるなら，記事CD-ROMの400倍もの量になる．

WWWには，圧倒的な大量性がある．これによって，たとえば，単語レベルでいうと，かなり珍しい言葉でもWWWを探せば出てくるようになっている．ということは，誰も聞いたことがないような新語中の新語でも，WWW

には存在するということになる．この点で新語の意味の確認や，さらには新語の研究に有効であるということである．

1.2.2 多様性

WWW は，大規模だから，必然的に多様になる．WWW 上にはさまざまな記事が載っている．共通語と方言，話し言葉と書き言葉，現代語と古典語，「言文一緒体」，ケータイメール的表現，……．さまざまなジャンルの言語の総体が WWW である．

もちろん，現代共通語の書き言葉が圧倒的に多いわけだが，比率として少ない方言，話し言葉，古典語，……も圧倒的に大量の資料の中では，それなりに存在するものである．信じられない人は，ぜひ，適当な単語を（各地の方言集，若者語辞典，古文の教科書などから拾って）検索エンジンに入れてみてほしい．ちゃんと見つかる場合がほとんどだろう．

WWW のこのような特徴を知って，「WWW はごった煮だから、言語資料として使い物にならない」という人もいるが，工夫次第で WWW からいろいろな情報が抽出できるという人もいる．荻野自身は明らかに後者である．

もっともっと工夫して，さまざまな研究を行っていきたいと考えている．

1.2.3 可変性

WWW は，日々，内容が変わっている．典型的には新聞社のサイトのようなものがある．毎日，毎時間，ニュースがあるたびに，それがサイトに記事としてアップロードされ，一方，ある程度古くなった記事は消されていく．WWW はこのように可変性がある．言語研究の観点で見た場合，これにはメリットとデメリットがある．

デメリットとしては，第三者による確認がしにくいという点が挙げられる．WWW を検索して「これこれの用例があった」という事実を確認して，出典を記録しておき，その先の考察をしていった場合でも，あとで，レポートや論文にまとめたら，そんな記事は存在せず，用例も確認できないということになることがある．再現性が保証されないのは，研究として見たらデメリットである．

以前の用例を確認するには，不十分ではあるが，アーカイブ[*1] を利用する手がある．もちろん，WWW 上の記事が更新されるたびに全部を保存しているわけではないのだが，適当な間隔で定期的に WWW 上のすべての文書をコピーして保存しているといった仕組みと思えばよい．これを使うと，WWW 上では削除されてしまったものでも，復元できる場合がかなりある．

[*1] http://www.archive.org/

一方，可変性があることのメリットもある．典型的には，新語の研究に向いているということがある．今までの紙の世界では，新語の研究はやりにくかったし，やったとしても，すぐに古くなってしまいがちだった．しかし，WWW ならば，現在の最新の情報が得られることになる．

1.3　日本語研究への WWW の応用

WWW を使うことで日本語研究の質が変わることが期待される．ここでも，1.2 節と同様，3 点に絞って話を進めたい．

1.3.1　大量性

WWW を検索すると，しばしば大量の用例が見つかってくる．それらを扱うためには，自ずと「計量的研究」の立場にならざるをえない．

古典語の研究では，用例が少ないので，必要ならば全部の用例を調べるという態度が要求される．一方，現代語の研究では，用例が無限にあるので，全部の用例を調べることはとうてい不可能である．したがって，一部のデータを調べて，全体について推定するしかない．これはまさに「推測統計学」の立場で考えていることに相当する．

このように，WWW を使うようになると，さまざまな側面で「計量的研究」のセンスが要求されるようになってくるものである．

1.3.2　多様性

日本語の分析の態度として，均質性よりも多様性が重視されるようになる．均質性というのは，たとえば，日本語の話し手は，だいたい似たようなことばの仕組みを共有していると考える考え方に通じる．文法研究などでは，そういうことを前提にして研究を進める面がある．

一方，社会言語学では，日本語の話し手といっても，一人ひとりが少しずつ異なるから，みんなが違うことばを話していると仮定する．まさに，多様性に基づいて研究が成り立っている．

WWW を用いて研究をしていると，文法研究のような均質性を重視する見方よりも，社会言語学のような多様性を重視する見方のほうが WWW の分析に適しているように感じられる．大胆な予想をすれば，WWW が研究資料として使われることによって，ますます社会言語学のような見方が広まっていくだろう．

1.3.3　可変性

WWW は変化が早い．何年もかけて分析をしていくというのでは間に合わない．つまり，日本語の研究をしていく場合にも，スピードと新規性が求められるということになる．次々と新しいテーマに取り組む態度が要求されるだろう．一つのテーマに取り組む時間は自ずと短くなるはずだ．

これからは，そんな日本語研究が盛んになるのではないか．

第 2 章 WWW 検索のヒット件数

2.1 ヒット件数は出現頻度でない

Google で，検索する単語（たとえば，「友達」）を入れて検索すると，「約 494,000,000 件（0.28 秒）」などと表示される．ここで示される，約 494,000,000 件という値のことをヒット件数とか検索件数などと呼ぶ．

さて，こうして，膨大な WWW 上にある「友達」という単語を検索することができるのだが，約 494,000,000 件というヒット件数は何を意味しているだろうか．これは，「「友達」という単語が WWW 中で使われている件数だ」，つまり「「友達」の出現頻度だ」と考えてはいけない．

仮に，1 件の記事の中に，「友達」という言い方が 5 回現れていたとしよう．そういう文書が 8 万件あったとしたら，「友達」の出現頻度は全体で 40 万回である．

では，WWW で検索エンジンを用いたら，ヒット件数はどうなるだろうか．8 万件と返ってくるはずである．つまり，1 件の文書中に何回現れても，文書 1 件であり，「友達」を含んでいる文書を 1 件見つけたということになる．そういう文書が 8 万件あれば，検索結果として「8 万件」と回答してくるだけである．

したがって，論理的に考えて，ヒット件数は出現頻度よりも小さい値になる．ヒット件数というのは，検索した語句の出現頻度ではなく，その語句を含むページの数である．このことは，つい間違えやすいところなので，注意したいところである．

2.2 検索エンジンのヒット件数は正しくない

WWW 上には，各種検索エンジンがあり，WWW 検索は効率よく行えているように思われるが，実は大きな問題がある．検索エンジンのヒット件数は正しくないのである．

2.2.1 検索エンジンの返してくるヒット件数は変わってしまう[*1]

これについては，荻野綱男（2006.11）で，その一部を示したことがある．そのときの資料は古くなったので，表 1.1 に最近の結果を示そう．

[*1] 2016 年現在，Google や Yahoo! のこれほどの不安定さは解消されている．

表 1.1 Google のいくつかの言語表現のヒット件数

検索語	2013.5.9 (15時)	2013.5.14 (10時)	2013.5.14 (14時)	検索語	2013.5.9 (15時)	2013.5.14 (10時)	2013.5.14 (14時)
の	12,000,000,000	6,680,000,000	6,740,000,000	餞の言葉	167,000	161,000	161,000
に	9,820,000,000	5,150,000,000	5,200,000,000	美しい文章	92,200	97,800	97,800
が	8,530,000,000	4,590,000,000	4,630,000,000	願ったり叶ったりの条件	71,600	70,700	70,700
友達	625,000,000	795,000,000	800,000,000	闇夜に鉄砲	52,760	51,200	51,200
友だち	181,000,000	236,000,000	238,000,000	感慨も一入である	19,200	18,000	18,000
想い出	166,000,000	21,300,000	214,000,000	もうすぐ小学一年生	12,100	11,300	11,300
塞翁が馬	911,000	1,130,000	1,140,000	苦しいときこそ前向きに	2,220	2,430	2,390
急がば回れ	704,000	848,000	860,000	刺繍枠をはめる	899	845	844
かりそめの恋	559,000	556,000	556,000	ビーズでルーペ	407	402	402
なかんずく	199,000	224,000	224,000				

実際には，すべての検索語を" "でくくって検索窓に入れた．

これは，検索エンジン Google の結果であるが，他の検索エンジンでも同様である（詳しくは第3章で扱う）．田野村忠温（2009.3）では，Google と Yahoo! について，長期間にわたってヒット件数を記録しているが，そこに現れた検索件数の不安定さは目を覆わんばかりである．ヒット件数は，検索日時によって，ざっと千倍も違ってくるということである．

ヒット件数の不安定さは，WWW をコーパスとして活用しようとするとき，深刻な問題になってしまう．しかし，最近は，この問題が相当に改善された．上記の表1.1では，2013 年 5 月 9 日（15 時）の検索から 2013 年 5 月 14 日（10 時）の検索にかけて，「の」「に」「が」のような助詞類はヒット件数が約半分になっている．「想い出」などは約 1/8 になっている．以前のような千倍の不安定さに比べれば，相当に改善されている．しかし，まだ 10 倍程度の誤差は起こりうる．

また，それぞれのヒット件数が同じように増えたり減ったりしてくれるならば，相対的なヒット件数が変わらないというわけで，ありがたいのだが，そんなことはない．「友達」「友だち」「塞翁が馬」のように，同じ期間でヒット件数が増えているものもあるといった調子である．

なお，ヒット件数が大きい場合のほうが不安定になりやすいようで，表1.1では，数十万件以下のヒット件数を示すような場合はかなり安定的な結果が得られるようである．

2.2.2 Google と Yahoo! の検索エンジンの統合

2010 年以前であれば，Google よりも Yahoo! のほうが不安定さが小さいということで，日本語研究のためには，検索エンジンとして Yahoo! を使うといいといえた．しかし，2010 年の冬から Yahoo! が Google のエンジンを採用したことにより，現在 WWW 検索を行う場合，いわば「逃げ場がなくなった」状態にある．

では，どのエンジンを使うべきか．これについては第3章で述べることにする．

2.2.3　WWW 内の記事の重複と削除

　検索エンジンの問題に加えて，WWW のソフト的な問題も絡んでくる．普通に検索するだけでもわかるが，同じ記事が何回も検索されてしまう問題である．

　典型的には，ある記事を別の記事が「引用」する場合である．紙の出版物と違って，WWW では，長い記事を書いてもコストがさほどかからないために，引用部分が長くなる傾向がある．

　引用元が WWW 上の新聞記事などでは，日時が経過すると，記事そのものが削除されてしまうことも多い．すると，引用する側として，出典情報として URL だけを示しても，リンク先が削除されてしまえば，結局無意味になってしまうわけで，だったら，記事そのものを全部引用してしまおうという考え方も強くなる．

　さらに，ブログなどでは，一つの記事をアップロードすると，日時順に単独の記事として掲載されるほか，カテゴリー別のところにも掲載され，1ヵ月ごとの「まとめ記事」にも掲載されるなどということがある．さらには，ブログ間の「連携」があって，とあるブログに掲載された記事は（編集者の確認を経て）別のブログにも掲載されるというようなこともある．これらの結果，同じ記事が WWW 上のあちこちに掲載されることになる．

　このようなことがあることから，単純に単語を指定して検索しても，ヒット件数は正しくなくなってしまうわけである．なお，この問題に関しては，田野村忠温（2012.12）が大いに参考になる．田野村は，BCCWJ（『現代日本語書き言葉均衡コーパス』）に収録された Yahoo! 知恵袋と Yahoo! ブログを扱っているが，そこで指摘されている問題は，WWW の全体に通じる問題である．WWW をコーパスとして扱う際に必要な知識の一つとしてぜひ心得ておきたいものである．

2.2.4　記事のアップデートの問題

　前項でも少し触れたが，一部のサイトで記事が頻繁にアップデートされることがあり，これもヒット件数の不安定さにつながることがありそうである．ニュースサイトなどでは，古い記事が削除されてしまうことがある．情報の新鮮さを保つためには必要なことなのかもしれないが，資料の（後日の）確認のことを考えると，削除は決して望ましいことではない．とはいえ，これが改善されるとも思えない．

　したがって，WWW を検索する側が「WWW ではこういうことがある」と意識していることが大事になってくる．自分の検索した結果は，そのときは正しくとも，時間が経つと変わってしまうと想定しておくべきである．

2.2.5　検索結果を見ていくとヒット件数が変わってしまうことがある

　検索結果のページの一番はじめに示されるヒット件数がある．最初のペー

ジの一番上が目立つものであろう．しかし，何ページか先の検索結果を見ていくと，全体のヒット件数が変わってしまうことがある．

具体例を見てみよう．2013年9月18日に確認したケースである．goo検索エンジンで「たこ焼き」を検索すると，約2,340,000件見つかる．1ページ目に50件が表示されている．2ページ目，3ページ目，4ページ目を見ても，2,340,000件というヒット件数は変わらない．ところが，5ページ目を見ると，検索結果は「約213件」と表示され，そのうちの201～213件が表示されるだけである．234万件と213件のどちらを信じればいいのだろうか．

この現象が起こらない（つまり，どのページでも同じヒット件数が表示される）場合もある．このほうが望ましいのはいうまでもない．しかし，大きく減少することがあることも事実なのである．この現象は，どの検索エンジンでも起こりうることのようである．

さて，こういうとき，どの数値を信用すればいいか．実はこれもわからない．「たこ焼き」のようなごくありふれた単語を検索して，数百件しか見つからないということはありえない．常識で考えて何百万件程度のヒット件数があるほうが自然である．現在は，何ともいえないが，こういう現象があるということを頭の隅に入れておいたほうがよい．

2.2.6 似たページを除外するとは何か

Googleで，「"お弁当の思い出を"」を入れて検索すると，2013年7月18日現在で62件が見つかる．

順次見ていくと，最後のところに「最も的確な検索結果を表示するために、上の62件と似たページは除外されています。検索結果をすべて表示するには、ここから再検索してください。」というメッセージが出てくる．そこで「ここ」をクリックして再検索すると，10,200件と表示される．1画面に100件表示している状態で，次のページに進むと，173件表示して，終わってしまう．2画面目の一番上には「173件中2ページ目」と表示されている．

さて，この状態のとき，一体ヒット件数は何件と考えればいいのだろうか．62件なのか，10,200件なのか．「似たページ」を除外して数えるべきか，除外せずに数えるべきかもわからない．

この「似たページ」を除外する機能は，検索エンジンが表示する1,000件以内の検索結果について，「似ているかどうか」を判断しているようだ．ということは，1,000件を超えるヒット件数を返してくる場合は，そもそも「似ているものを除外する」ことはできないということである[*1]．であれば，全体の統一性を考えると「似たものを除外する」処理はしないほうがいいということになりそうだ．とはいいつつも，では，検索結果のページの一番最初に示してくるヒット件数は「似たページ」を除外した結果なのか，そうでないのか．たぶん後者のようだが，このあたり，よくわからない．

[*1] 指定した語句によっては，何億件ものページが検索されるが，それらを相互に比べる処理などは事実上不可能である．

2.2.7 ヒット件数は信頼できるデータとしては扱えない

こうして，いろいろな場合を見てくると，ヒット件数は信頼できるデータとしては扱えないということになる．せっかくの史上空前の大規模データベースなのに，簡単に今の傾向を把握できないということになる．これでは，WWW 検索が使い物にならなくなってしまう．どうしたらいいか．

名案はないが，とりあえず筆者が考えていることをメモしておこう．一つめは，**ヒット件数の大小で結論を出すことはやめたほうがいいかもしれない**ということである．ヒット件数の情報を使わなくても，WWW 検索は，日本語の用例を瞬時に示してくれることには変わりがない．つまり，ヒット件数で分析を進めるのではなく，用例を分析するような使い方をすれば問題はないということである．

次に，各種検索エンジンのうち，**比較的安定したヒット件数を返してくるエンジンを使う**ということである（この点については，第 3 章で詳述する）．

もう一つ，ヒット件数について，工夫しながら使うことも考えられるかもしれない．これについては 2.3 節でいくつか例を示そう．

2.3　ヒット件数が信頼できる場合とは

2.3.1 ヒット件数が大きい場合に信頼できない？

さて，検索エンジンを使っていると，ヒット件数が信頼できない場合というのは，そのヒット件数が大きな数値の場合が多いように思える．もっとも，これは，証拠があるわけではなく，単なる主観的印象である．

ヒット件数が少ない場合，たとえば数百件以下とかであれば，検索エンジンは検索結果を全部見せてくれるようになっている（最大 1,000 件までは可能である）．だから，ちゃんと検索しているのかどうか，疑ってみる場合でも，具体的な用例がしかるべき個数並んでいると，その結果が正しいように思えてくるものである．検索結果のすべてが自分の目で確認できることは大きな意味があるように思う．

一方，ヒット件数が多い場合，たとえば 1,000 件以上ヒットする場合，検索エンジンは検索結果を全部見せてくれるわけではなく，いわば見つかったものの一部だけを見せるように設計されている．全部が確認できないという時点で，信頼性が今一つだと思えてしまう面がある．

また，2.2 節で述べたように，検索結果の不安定さをいろいろ調べたときでも，ヒット件数が何百万件とか大きな数値である場合に，1,000 倍も違う結果が返ってくることが多く，数百件とかの小さい場合は，ひどい不安定さにぶつかることは少ないように感じられる．

勝手な想像だが，検索エンジンがヒット件数を計算するとき，何百万件もの単語をいちいちデータベースから検索して正確な数値を算出しているとは

とうてい思えない．そんなことをしていたら，検索結果を表示するまで時間がかかりすぎてしまって，実用的に使えない．そこで，どこかに保存してあるデータベースには，毎日の仕事として検索したデータ件数の一部（たとえば1万分の1）だけを保存しておいて，最終的に求めた件数を1万倍して表示しているのではなかろうか．ヒット件数の前に「約」などというのが表示されることも，この考え方があてはまることを示唆しているようである．

しかしながら，ある言語表現に関して，WWW上に厳密な意味で何件存在するのかは誰にもわからないし，検証不可能であるので，大きなヒット件数は信頼できないと根拠を持って主張することはできない．一応，ここでは，ヒット件数が少ない場合は，その件数の数値が信頼できるものと仮定してみよう．

2.3.2 ヒット件数が大きい場合は文脈付き検索の手がある

ヒット件数が大きすぎて信頼できないと思える場合，ヒット件数を小さくすればいいという話である．具体的な例を示そう．

〈いす〉を表す表記としては，「いす」「イス」「椅子」の3種類がある．どれが一番普通の表記なのだろうか．

こういう場合，検索エンジンでそれぞれのヒット件数を求め，一番多い表記が一番使われている，つまり一番普通の表記だということになる．

さっそくやってみよう．検索エンジンgooで，それぞれを調べてみると，「"いす"」は約1,020,000件，「"イス"」は約2,660,000件，「"椅子"」は約12,000,000件だった（2013年7月16日現在）．検索する単語を「"」でくくるのはフレーズ検索というが，詳しくは後述することにして，そんなふうに検索するものとここでは思ってほしい．以下，検索件数を示すときにいちいち「約」を付けないことにする．

検索件数を本文中に書くと，相互の比較がむずかしい（一目で見えない）ので，表1.2のような形で示すことにする．

表1.2からわかるように，漢字表記が一番多く，次がカタカナで，ひらがな表記は比較的少ないようである．表1.2では，ヒット件数が大きいので，小さくしてみよう．そのためには文脈を付けて，検索するものを長くすればよい．表1.3のような結果はどうだろう．

表1.3では，「高い」ということばを前に付けて検索したので，ヒット件数

表1.2 〈いす〉の三つの表記のヒット件数

検索語	検索件数
"いす"	1,020,000
"イス"	2,660,000
"椅子"	12,000,000

表1.3 〈いす〉の三つの表記のヒット件数（やや長い文脈）

検索語	検索件数
"高いいす"	272
"高いイス"	2,020
"高い椅子"	9,170

表1.4 〈いす〉の三つの表記のヒット件数（かなり長い文脈）

検索語	検索件数
"高いいすは"	3
"高いイスは"	95
"高い椅子は"	628

はかなり小さくなった．それでも，1,000件を超えるから，全部の用例が見られるわけではない．では，表1.4の結果はどうか．

表1.4は，「は」という助詞を後ろに付けて検索してみた．こうして，三つの表記が1,000件以下に収まったので，全部の用例を逐一確認することができるようになった．この方法で用例を確認したいという場合は，ヒット件数が100件から1,000件程度に収まるようにするのがよいだろう．

結論としては，〈いす〉を表すのは漢字表記が一番多いということである．ただし，この方法にも問題点がある．以下，2点だけ指摘しておこう．

第1に，ヒット件数があまりに小さくなると（たとえば1桁の件数程度では），結果があまり信頼できないかもしれないということである．たくさん調べると，安定した結果になるものだが，少しだけ調べるのでは，偶然そうなったのかもしれず，はっきりとした結果にはならないものである．

第2に，指定した文脈の影響がある可能性がある．単純に「いす」を入れて検索した場合と「高いいす」という文脈を付けて検索した場合では，違った側面を見ていることになるともいえる．表1.2では，「いす」と「椅子」ではヒット件数で10倍程度の差しかないのだが，表1.3の「高いいす」と「高い椅子」では，40倍程度の差があり，表1.4の「高いいすは」と「高い椅子は」は200倍も違ってしまうということである[*1]．「高い」には，背が高い場合と値段が高い場合があるので，簡単に主張することはできないが，もしかすると，高価な〈いす〉の場合は，重々しく格調の高い感じがする漢字表記「椅子」が好まれ，さほどでもない〈いす〉の場合は，そこまで偏らないのかもしれない．

あるいは，「高い」を漢字で書く傾向がある人は「椅子」という漢字表記を好むというようなことがあるかもしれない．「たかい／高い」と「いす／椅子」を組み合わせて4回検索した結果を表1.5に示した．

表1.5 「たかい／高い」と「いす／椅子」の関係

	いす	椅子
たかい	1	5
高い	272	9,170

表1.5のように，「たかい〜」の文脈では「いす」と「椅子」の比率が1：5くらいである[*2]のに対し，「高い〜」の文脈では「椅子」の件数が「いす」の40倍ほどあった．この結果からいえるように，「高い」という漢字表記を使う人は「椅子」という漢字表記を好むといえよう．

文脈の影響というのは，たとえばこういうことである．

[*1] ただし，「高いいすは」は3件しかないので，確実な数とはいえない．したがって「200倍」の違いも確実なものではない．

[*2] ここでも，1件とか5件とかという小さな数値では，確実な数ではない．

第3章 検索エンジン

3.1 検索エンジンの機能概説

　日本語用の検索エンジンにはいろいろな種類がある．日本語研究にどれが適しているかという話は3.2節で述べることにして，ここでは，全部の検索エンジンに共通の機能について大まかに解説していこう．

3.1.1 AND 検索
　一つの記事の中に，指定した二つ（以上）の単語を全部含むものを検索する場合，AND 検索を利用する．「ビール　AND　焼酎」のように指定すると，一つの記事に「ビール」と「焼酎」の両方を含むものが検索される．「AND」は半角で入力する．
　しかし，この機能を使う場合は，検索窓に単純に複数の単語を書けば，それらに対して AND 検索が働くので，「ビール　AND　焼酎」のように長く書く必要はなく，「ビール　焼酎」と書けば十分である．二つの書き方でヒット件数は同じになるはずだが，実際はわずかな差がある場合が多い．「焼酎　ビール」としても同じ結果になることが期待されるが，これも微差があるのが普通である．
　一般に，AND 検索を指定すると，指定された検索語同士が近い位置に現れるものが優先され，検索結果の上位に並ぶことが普通である（それだけが基準ではないようだが）．

3.1.2 複合語の検索
　「計量国語学会」について調べてみよう（2013年4月16日現在，gooでは4,010件見つかる）．ここでは，「"」（二重引用符）を前後に付けることなく，検索してみよう．
　検索窓に「計量国語学会」と入力すると，一つの記事の中に「計量国語学会」を含むものが検索される．検索結果をずっと見ていってもそうなっているので，普通はそれ以上疑問を抱かない．しかし，検索エンジンは，実際はそのように作られているのではない．この点は要注意である．
　ちょっと珍しい複合語を例にして検索の仕組みを見てみよう．以下では「コマ付き自転車」を調べてみよう（2013年4月16日現在，gooでは345,000件見つかる）．
　検索窓に「コマ付き自転車」を入れて検索しても，表示される検索結果の

ところを見ると「コマ付き自転車」は含まれていない．「コマ付き自転車」を指定した場合，内部では「コマ/付き/自転車」と分解されて3語が検索され，AND検索になってしまう．検索結果を表示する際，3語が連続するものを優先して表示する（ただし，それだけが優先基準ではない）が，3語が連続していないものも検索結果として表示する．

ちなみに「コマ　付き　自転車」と，はじめから3語に分けてAND検索してみると（2013年4月16日現在，gooでは316,000件見つかる），ほぼ「コマ付き自転車」と同じものが検索される．

このように，複合語や慣用句，連語などを検索するときは，指定したものがそのまま検索されるわけではないことに注意が必要である．ヒット件数は，利用者が期待している結果よりもはるかに大きな数値になってしまうのである．

3.1.3 フレーズ検索

複合語や慣用句，連語などを検索する場合，現れた順序を無視してAND検索するのでなく，そのままの順序で現れたものだけを検索したいという場合が大半である．その場合はフレーズ検索を使う．フレーズ検索は，検索するべき複合語や慣用句，連語などを"　"（半角の二重引用符，ダブルクォーテーションマーク）で区切って検索窓に指定することである．すると，検索語を構成するすべての語が（他の語を挟まずに）その順番に並んでいるものを検索してくれる．

たとえば，「"計量国語学会"」と入れると，gooでは717件検索される．「計量国語学会」の4,010件とは大違いである．「"コマ付き自転車"」と入れると，gooでは200件検索される．「コマ付き自転車」の345,000件とはまったく異なっている．フレーズ検索のほうが件数が小さいのは，その順番に単語が並んでいるものだけを検索するという働きを考えれば，当然である．

フレーズ検索では，たとえば検索語として「"女性社長"」を入力しても「38歳女性）社長」などが検索されてしまうことがある．これは検索エンジンが記号類（右かっこは記号である）を無視するように設計されているためである．これを避ける手はない．

ちなみに「"計量　国語　学会"」と入れると，gooでは723件検索される．「"コマ　付き　自転車"」と入れると，gooでは201件検索される．検索語の間に空白を入れても入れなくても大差はない．空白を入れるということは，そこで単語を切る，単語の認定はこのようにするという利用者側の主張が入ってくる．これが検索エンジン側の判断と一致していれば問題はないが，単語の認定はけっこうむずかしい場合があるので，切らずに指定する（検索エンジンに単語を認定させる）ことをおすすめする．

以上に述べてきたことからわかるように，日本語研究で用例検索に検索エンジンを使う場合は，フレーズ検索がむしろ普通であって，フレーズ検索で

ない一般検索（そういう用語はないが）は求めているものと違う結果を返してくるという意味で，日本語研究ではまったく無用であり，むしろ害毒を流すものと考えていいだろう．

AND 検索する場合も「ビール　焼酎」とするよりは「"ビール"　"焼酎"」として，検索語はいつも" "でくくるものだと習慣づけるほうが望ましい．

3.1.4　OR 検索

一つの記事の中に，指定した二つ（以上）の単語のどれかを含むものを検索する場合，OR 検索を利用する．「"ビール"　OR　"焼酎"」のように指定すると，一つの記事に「ビール」あるいは「焼酎」を含むものが検索される．当然のことながら，両方含んでいるものも検索される．

なお，「"いす"　OR　"イス"　OR　"椅子"」のような検索をする場合もあるかとは思うが，このようなものは，検索エンジン側で「同義語処理」をしている場合もある．同義語処理とは，検索窓に入れた検索語と同じ意味の単語を検索エンジン側で補って OR 検索するというものである．したがって，「"椅子"」といれるだけで「いす」や「イス」も検索されることがある．

3.1.5　NOT 検索（マイナス検索）

指定した検索語を含まない記事を検索する場合は NOT 検索をする．たとえば，「おふくろ」について調べようとすると，「おふくろの味」という CM コピーや「おふくろさん」という歌の題名がたくさんヒットしてしまって，「おふくろ」の用例がうまく得られないことがある．こういうときは，「"おふくろ"　NOT　おふくろの味　NOT　おふくろさん」あるいは「"おふくろ"　-おふくろの味　-おふくろさん」と検索窓に入れるとよい[*1]．短いほうの「-」を使うことをおすすめする．

「"おふくろ"　-おふくろの味　-おふくろさん」という書き方では，いつもフレーズ検索を指定するべきだという立場からは「"おふくろ"　-"おふくろの味"　-"おふくろさん"」と書くべきだということになる．もちろんこう書いても予定通り動作する．しかし，マイナス検索のときは「-」の後ろ側は" "でくくっていなくてもフレーズ検索が行われるので，「"おふくろ"　-おふくろの味　-おふくろさん」で正しく指定されていることになる．

3.1.6　ワイルドカード検索

検索窓に単語（列）を並べて入力するだけでなく，一部を伏せ字にするようにして「何にでもマッチする」ようなことができる．これをワイルドカード検索という．具体的な使い方で見てみよう．

「上を下への大騒ぎ」という連語があるが，「を」のところは，本当に「を」だけが使われているのだろうか．実は，「上へ」や「上や」，さらには「上から」などの誤用がいろいろあるのである．どんな誤用があるのだろうか．

[*1] 2014 年 2 月 1 日現在，検索エンジン Google では「NOT」が使えず，「-」だけが使えるようになっている．この点からも，「NOT」でなく「-」を使うべきだし，「NOT」検索よりも「マイナス検索」と呼ぶほうが望ましい．

「上〜下への大騒ぎ」を検索してみよう．「〜」の部分は何でもいいということになる．その場合は「"上*下への大騒ぎ"」を検索窓に入力する．ポイントは二つある．第1に，「伏せ字」部分は半角の「*」（アステリスク）にするということである．第2に，" "と一緒に指定する，つまりフレーズ検索を行うということである．「*」は，任意の1語の代用であり，この記号のことをワイルドカードと呼ぶ．これを使った検索が「ワイルドカード検索」である．

いうまでもないが，「*」は，検索語（の列）の先頭や末尾に書いても意味がない．たとえば「"*下への大騒ぎ"」と指定しても，ほぼ「"下への大騒ぎ"」と指定したことと同じ結果になる．厳密にいうと，前者は「下への」の直前に何か1語が存在することを指定しているので，たとえば，文章の始まりが「下への大騒ぎ」で始まるものがあった場合，「"*下への大騒ぎ"」では，それは検索されないが，「"下への大騒ぎ"」では検索されるという違いがある．しかし，両者の違いは些細なことであろう．

3.1.7 単語の一部の検索

検索エンジンの検索窓に入れるべきものは「単語」ないし「単語列」（単語が並んだもの）である．「文字」ないし「文字列」ではない．「何を当たり前な」と思う人がいるかもしれないが，しばしば勘違いしている人がいるので，これについても解説しておこう．[*1]

さて，長い語句を指定して検索する場合は，指定されたものが単語列として扱われ，いくつかの単語に自動的に分割されて検索されるようになるから，ほとんど問題はない．問題になるのは，短いものを指定する場合である．検索エンジンが「単語」単位で検索する仕組みになっている以上，単語よりも小さいものは検索できない．

外来語の例だが「チェルノブイリ」を例に取り上げよう．末尾から1文字ずつカットしながら goo で検索してみると，表1.6のような検索件数になる（2013年4月17日現在）．

表1.6 単語を短くしながら検索する

検索窓に入力したもの	ヒット件数
"チェルノブイリ"	824,000
"チェルノブイ"	3,600
"チェルノブ"	27,500
"チェルノ"	44,100

「チェルノブ」では，そういう名前のゲームが検索される．「チェルノ」では，「チェルノブイリ」の省略語の用法が多い．このように，「チェルノブイリ」を検索することを目的として，その一部を指定するということはできない．しかし，「チェルノブイ」と入れると，3,600件ヒットするし，検索結果を見ていくと，チェルノブイリ（原発事故）のことが書いてある場合が多い．

[*1] ずっと昔には「文字」を単位にして検索する検索エンジンがあり，それはそれで重宝したのだが，現在は，そういう検索エンジンがなくなってしまった．今は，全部の検索エンジンが単語単位で検索するようになっている．

もしかしたら「チェルノブイ」と単語の一部を指定して,「チェルノブイリ」の検索が可能なのではないかと思う人がいるかもしれない.しかし,これは間違いである.

第1に,「チェルノブイリ」と入れると824,000件見つかるという事実がある.「チェルノブイ」ではたった3,600件である.ヒット件数の違いから,「チェルノブイ」と指定して「チェルノブイリ」が(全部)検索できるということはないことがわかる.なぜならば,「チェルノブイ」以下では,ヒット件数が千～万のオーダーしかないからである.もしも,単語の一部を指定してその単語が検索されるなら,「チェルノブイ」以下でもヒット件数は80万件以上あるはずである.

第2に,「チェルノブイ」と入れて検索した結果の文章をよく注意しながら読んでみてほしい.「チェルノブイリ」が出てくることもあるが,どこかで「チェルノブイ」も出てくるはずだ.WWWの記事の書き手は,もともと「チェルノブイリ」と書きたかったようだが,何かの都合で「チェルノブイ」と入れた後に空白やら改行やらを入れ,その後に「リ」を続けたケースがたくさん見つかる.キーボードのミスタッチで空白を間違って入れてしまったのかもしれない.そんなケースは珍しいのだが,大量の文章が集まるWWWの中では,それが数千件も見つかるようになってしまうのである.

単語の一部を入れても,それなりのものが検索できるので,検索エンジンでは「文字列」を検索しているのだと勘違いしている人がいるが,そうではない.単語単位で検索しているのである.

3.1.8 活用形の検索

上述の単語の一部の検索と関連する話題であるが,活用形を検索するときも要注意である.

まず,動詞の活用形を調べてみよう.「通り抜けられる」の末尾から1文字ずつカットしながらgooで検索してみると,表1.7のような検索件数になる(2013年4月17日現在).

表1.7 動詞活用形を短くしながら検索する

検索窓に入力したもの	ヒット件数
"通り抜けられる"	14,200
"通り抜けられ"	12,200
"通り抜けら"	181
"通り抜け"	460,000
"通り抜"	1,850

「通り抜けられる」を単語に分割してみよう.ここでいう「単語」は学校文法(中学校で習う口語文法)の定義による.すると「通り/抜け/られる」と3単語になる.「られる」は尊敬・可能・受身・自発の意味の助動詞である.「通り抜けられる」は,3単語の連続であるから,普通に検索できる.

「る」をカットした「通り抜けられ」も「通り/抜け/られ」と3単語になる．「られ」は助動詞「られる」の連用形ということになり，これで1語である．「通り抜けられ」も，3単語の連続として普通に検索できる．

ここで，「通り抜けられ」12,200件の検索結果の中に「通り抜けられる」が含まれているのかどうか，知りたいところである．検索エンジンでは，最初の1,000件までしか用例を見ることができない．そこで，マイナス検索を指定して「"通り抜けられ" −通り抜けられる」としてみた．「通り抜けられる」でない「通り抜けられ」のヒット件数を求めたことになるが，これが11,600件と出た．ほぼ「通り抜けられ」12,200件と同じである．つまり，「通り抜けられる」をマイナス検索として指定しても指定しなくてもヒット件数はほぼ同じになるということであり，いいかえれば「通り抜けられ」で検索した結果には「通り抜けられる」は含まれていないということになる．もしも，「通り抜けられ」を指定して「通り抜けられる」が検索できるならば，「通り抜けられる」だけで14,200件あるのだから，「通り抜けられ」のヒット件数は数万件程度の大きな値になるはずである．

「通り抜けら」は正しい単語の形をしていない．「ら」は単語の一部である．したがって，ヒット件数は極端に小さくなる．本当はゼロになってほしいところであるが，181件という小さな値になる．文章の途中に空白が入ったりして「ら」で単語が切れてしまったような例があるためである．

「通り抜け」は，460,000件と非常に大きな値になる．この検索結果には「通り抜けられる」も「通り抜けられ」も含まれていることが期待される．しかし，それを直接確認することは簡単ではない．左側に適当な文脈を添えて，たとえば「"今後すぐに通り抜け"」を検索し，ヒット件数が数十～数百件になるようにする．その上で，検索結果の用例を全部見ていき，「通り抜けられる」や「通り抜けられ」が含まれていることを確認する必要がある．

「通り抜」は，単語の形をしていない．1,850件が見つかるが，意味が通じないものがたくさん含まれている．

以上のようなことから，検索エンジンでは，動詞の活用形は，学校文法の「活用形」を単語と認定していることがわかる．

形容詞の活用形についても，同様の議論があてはまる．表1.8にそれぞれのヒット件数を示した．

「かまびすしか」の検索結果では，「かまびすしかろう」が検索される場合

表 1.8 形容詞活用形を短くしながら検索する

検索窓に入力したもの	ヒット件数
"かまびすしかった"	381
"かまびすしかっ"	412
"かまびすしか"	11
"かまびすし"	3,420
"かまびす"	7,310

が多かった．なぜそうなるかは不明である．「かまびすし」の検索結果では，古文の用例が多かった．「かまびす」の検索結果でも，古文の用例が多かったが，ほかに「かまびすしく」も目立った．表 1.8 の結果から，議論の詳細は省略するが，動詞と同様の仕組みになっていることが推定できる．

ここでの結論として，活用する語を検索エンジンで検索する場合は，活用形を正しく（「単語」単位で）入れるべきで，単語の一部を入れるのでは検索できないということである．[*1]

[*1] なお，このように学校文法の「活用形」に合わせた検索ができるようになったのは 2009 年ころからであり，それ以前は各エンジンが独自の活用形（つまりは独自の文法の仕組み）を用いていた．

3.1.9 記号の検索

検索エンジンは記号を無視する．記号とは，以下のようなものである（ただし，これに限らない）．

、 。 ，． － ＋ ／ （ ） ［ ］ 「 」 ｛ ｝

記号の検索は，フレーズ検索でも，一般検索（非フレーズ検索）でも行えない．

たとえば，「ところが、」や「" ところが、"」を指定しても，検索結果には読点を含まないものがたくさん現れる．それぞれのヒット件数は，「ところが」や「" ところが "」の場合と同一である．つまり，検索語を指定するとき，記号は検索エンジンが無視してしまい，検索の対象にしないということである．これは，すべての検索エンジンで同じである．

記号の中でも，特に句読点が検索できないことは影響が大きい．句読点が検索できると，たとえば，文末に位置する「〜よ。」のような終助詞の研究がやりやすくなるのだが，今の段階では不可能である．[*2]

[*2] ブログ検索では記号が検索できる．第 2 部第 7 章を参照のこと．

3.1.10 半角の英数字の検索

半角の英数字は，検索エンジンで普通に扱える．すべての検索エンジンで同様である．何桁かの数値や英単語など，まったく問題なく検索できる．ただし，「123,000」は（記号が無視されるので）「123000」として検索される．「123 000」ではない．

「123,000」と「123000」のヒット件数は等しいが，「123 000」は（AND 検索なので）非常に大きなヒット件数になる．「123,000」と入れると「123/000」や「123000」が検索される．一方，「100-200」と入れると，「100/200」や「100〜200」「100 200」などが検索されるが「100200」は検索されないようである．このことから，記号の中でも扱いが異なっていることがうかがわれるが，詳細は未調査である（日本語研究ではあまり重要ではなかろう）．

3.1.11 サイト限定検索

検索エンジンでは，検索する範囲（サイト）を限定して検索することができる．検索語の指定と並べて site:nihon-u.ac.jp という形式が指定可能である．

たとえば「" 調べる " site:nihon-u.ac.jp」というような形である．

http://www.chs.nihon-u.ac.jp/jp_dpt/のようなサイトがあるとき，このサイトの中の「調べる」という単語を検索する場合は「" 調べる " site:www.chs.nihon-u.ac.jp/jp_dpt/」とする．「site:jp」も「site:ac.jp」も指定可能である．ただし，「site:ac」とか「site:nihon-u.ac」というのは，一番根元のドメインが指定されていないので，無意味である．2013 年 4 月現在，日本語用のすべての検索エンジンでサイト限定検索が可能であることを確認した．

サイトを限定して検索することにどんな意味があるのか．その応用例は第 2 部第 8 章で示すことにする．

3.1.12 検索式は検索オプションで指定してもよい

検索エンジンで検索するときは，検索窓にいろいろ指定することになるのだが，どんな記号を入れたら，どんな意味になるのか，なかなか覚えにくい．覚えてしまえば，ここまで述べてきたような指定のしかたをするほうが早くて便利なのだが，慣れるまでは，かえって大変かもしれない．そういう人は，検索オプションを指定する方法を知っておくとよい．

goo 検索エンジンの場合は，検索窓の外側の右側の位置に「検索オプション」がある．それをクリックすると，検索オプションが指定できる画面[*1]になる．ここで必要な事項を入力して，「この条件で検索」をクリックすると，ちょうど検索窓に直接検索式を入力したようなことになり，予定通りの検索ができる．

[*1] http://search.goo.ne.jp/advanced.jsp

3.2 各種検索エンジン

3.2.1 どんな検索エンジンがあるか

日本語の検索エンジンの世界では，激しいシェア争いが行われている．しかし，一般には，Yahoo! がシェアのトップで，Google がそれに続くと考えられている．世界では，Google がトップであるのに，日本は世界の傾向と少し違うということになる．[*2]

さて，日本語研究用に検索エンジンを使う際に，どの検索エンジンを使えばいいのだろうか．それを考えるために，まずは，現在，どんな日本語用検索エンジンがあるのかを調べてみよう．

適当な検索エンジンの検索窓に「検索エンジン」と入れて，出てきたサイトを網羅的にチェックしていった．その際，ヒット件数が（Google や Yahoo! に比べて）極端に小さいもの（「を」や「の」を検索しても，小さいヒット件数しか得られない場合）は，一部の特定サイトだけを検索するものであり，WWW 全体を検索することを目指したものではないとみなして除外した．また，メタ検索エンジン[*3]も除外した．さらに，大学のサイトなどで研究用に

[*2] しかし，Google と Yahoo! は 2011 年冬くらいから事実上同じものになってしまった．Yahoo! が Google の検索エンジンを使うようになったのである．このあたりの事情は田野村忠温（2012.6）に詳しい．

[*3] 検索窓に検索語を入れると，いくつかの検索エンジンを呼び出して検索するもの．

開発されているような検索エンジンも（日々のWWWの文書のアップデートを行っていない可能性があると考えて）除外した．

その結果，日本語用の検索エンジンは2012年1月現在，16種類あることがわかった．

3.2.2 検索結果が同じ検索エンジンをまとめる

16種類の検索エンジンに，短い単語から長い連語まで（つまりは高頻度のものから低頻度のものまで），さまざまな検索語20種類（「の」「に」「が」「友達」「友だち」「想い出」「餞の言葉」「美しい文章」「急がば回れ」「塞翁が馬」「なかんずく」「闇夜に鉄砲」「かりそめの恋」「刺繍枠をはめる」「ビーズでルーペ」「感慨も一入である」「方言辞典を調べる」「もうすぐ小学一年生」「願ったり叶ったりの条件」「苦しいときこそ前向きに」）を入れてフレーズ検索し，異なる時期に6回検索した（2012年1月現在）．

検索エンジンによっては，ほぼ同じ検索結果を返してくるものがあった．それらを「＝」でつないで示すと，日本語用のオリジナルな検索エンジンは，以下の6種類ということがわかった．順不同で示す．

・Google=Yahoo!
・Bing
・baidu（百度）
・LYCOS
・Fresheye
・goo=mooter=nifty=ocn=odn=BIGLOBE=Excite=au one=So-net=infoseek

GoogleとYahoo!は，検索面で連携している検索エンジンであるが，実際，ほぼ同様の結果を返してくることが確認された．goo以下の9個の検索エンジンは，いつもほぼ同じような検索件数を返してくるので，同じエンジンを使っていると判断する．mooterは，もともとオリジナルなエンジンを使っていたが，今はgooを採用するようになった．niftyからSo-netまでは，もともとGoogleのエンジンを使っていて，検索サイトに「Powered by Google」と書いていたのだが，現在はgoo系列になっている．mooter以下は，gooがクローラー[*1]を提供している（gooヘルプ参照）ので，gooがオリジナルエンジンであると判断する[*2]．とかく，検索エンジンの世界は合従連衡が激しいようである．

ともあれ，検索エンジンについて調べていく際には，これらの6種だけを調べれば網羅していることになる．なお，田野村忠温氏からの私信によると，2013年6月現在，gooはGoogleの検索エンジンを採用しているとのことである．これは，検索結果の提示順序が（少なくとも最初の数ページについて）両者でまったく同一であること，当該記事にない「見出し」を検索エンジンが勝手に付けることがあるが，その「見出し」が両者で同一の場合があるこ

[*1] WWWのすべての文書を調べ，キーワードを自動的に抽出し，データベースに格納するソフト．

[*2] 各検索サイトに「gooが提供している」と明示されているわけではない．

との2点からいえることである．しかし，検索件数については，両者が異なった結果を返してくる（ときには1万倍も異なることがある）ので，ここでは両者が別のエンジンであるとみなして話を進めることにした．

3.2.3 日本語研究用検索エンジンは何がいいか

WWWで日本語を検索する際，6種類のオリジナルな検索エンジンがあることがわかった．次なる疑問は，日本語研究に使う場合，この6種類のエンジンのうち，どれを使うのが望ましいのかを検討することである．

10年ほど前には，この問題に関して，荻野はこう考えていた．WWW用の検索エンジンは，なるべく広い範囲の記事を検索できるようになっていなければならない．この基準からはGoogleがベストであるということになる．Googleのヒット件数は，他の検索エンジンよりもたいていの場合大きな数値を返してくる．これは，つまり，Googleのカバーしている範囲が他の検索エンジンよりも広いということである．

しかし，田野村忠温（2008.6）および田野村忠温（2009.3）によれば，Googleには，検索件数の不安定さという致命的な問題がある．検索エンジンのヒット件数が不安定であるということは，第2部でも議論するが，さまざまな側面に悪影響を与えてしまう．したがって，日本語研究用に検索エンジンを使う場合は，ヒット件数が一番安定している検索エンジンを使うのがいいのではないか．そういう検索エンジンは6種類のうちのどれだろうか．

3.2.4 各エンジンの検索の不安定さ[*1]

Googleの検索エンジンの不安定さを調べるために，以下のような検索を行った．

表1.9にGoogleの3回の検索結果（3回目は半分の検索語）を示したが，このような検索を40語程度，（GoogleとYahoo!を分けて）7種類のエンジンで14回実行した[*2]．検索語句は，短い助詞（ヒット件数が大きい）から長い連語（ヒット件数が小さい）まで，いろいろなものを用意した．各検索エンジンの結果の具体例を示すことは，スペースの関係で不可能であるが，以下に，各エンジンの不安定な部分や，問題の部分を示すことにする．

Yahoo!は，100から196万回まで，1万倍ものヒット件数の不安定さが見られた（表1.10）．Google（表1.9）も同様である．Yahoo!とGoogleは，このようにときどきとんでもない不安定さを見せるときがある．

Bingは，2012年2月1日（12時）の結果があやしい（表1.11）．検索エンジンは「"早起きは三文の徳"の検索結果が見つかりませんでした．早起き は 三文 の 徳 の検索結果を表示しています．」と表示してきた．つまり，せっかくフレーズ検索を指定したのに，該当件数がゼロのときは，自動的に非フレーズ検索に切り換えてヒット件数を表示してくるようになっている．利用者のサービスのためにはこれがいいと考えられたのかもしれないが，

[*1] 2016年現在，GoogleやYahoo!のこれほどの不安定さは解消されている．

[*2] Googleの14回分の検索結果は朝倉書店ウェブサイトでダウンロードできる．

表 1.9 Google の 3 回の検索結果

	2012.01.12 (12 時)	2012.01.17 (11 時)	2012.01.18 (11 時)		2012.01.12 (12 時)	2012.01.17 (11 時)	2012.01.18 (11 時)
"の"	12,860,000,000	13,050,000,000		"早起きは三文の徳"	739,000	732,000	729,000
"を"	10,480,000,000	21,090,000,000	21,110,000,000	"なかんずく"	363,000	359,000	
"に"	9,810,000,000	9,930,000,000		"あばたもえくぼ"	299,000	296,000	296,000
"は"	1,500,000,000	8,980,000,000	8,990,000,000	"餞の言葉"	196,000	194,000	
"が"	7,930,000,000	8,010,000,000		"美しい文章"	174,000	173,000	
"と"	7,020,000,000	7,080,000,000	7,090,000,000	"闇に鉄砲"	95,900	96,500	96,200
"友達"	914,000,000	902,000,000		"闇夜に鉄砲"	78,500	78,300	
"基本的"	558,000,000	596,000,000	596,000,000	"はなむけの言葉"	97,700	96,800	96,700
"友だち"	326,000,000	323,000,000		"感慨も一入である"	23,600	24,000	
"思い出"	162,000,000	160,000,000	160,000,000	"もうすぐ小学一年生"	18,300	19,000	
"就中"	21,700,000	23,500,000	23,500,000	"最後まで成し遂げよう"	7,330	6,680	6,550
"想い出"	17,100,000	17,100,000		"犬を連れて行けるカフェ"	5,240	48	48
"のどか"	10,300,000	10,200,000	10,200,000	"刺繍枠をはめる"	26	22	
"きっかけをくれた人に"	3,750,000	97	3,650,000	"ビーズでルーペ"	15	13	
"急がば回れ"	1,540,000	1,550,000		"ペーパートリマーの使い方"	63	67	233
"長閑"	1,220,000	1,190,000	1,180,000	"願ったり叶ったりの条件"	93	95	
"塞翁が馬"	1,190,000	1,170,000		"濡れ手で粟のぼろもうけ"	72	71	673
"友達100人できるかな"	2,610,000	2,550,000	2,550,000	"苦しいときこそ前向きに"	60	62	
"かりそめの恋"	858,000	864,000		"方言辞典を調べる"	11	13	

14 回分の検索結果は朝倉書店ウェブサイトでダウンロードできる.

表 1.10 Yahoo! の検索件数の問題

	2012.01.11 (11 時)	2012.01.12 (12 時)	2012.01.17 (10 時)	2012.01.18 (11 時)
"きっかけをくれた人に"	100	1,960,000	1,940,000	1,550,000

表 1.11 Bing の検索件数の問題

	2012.01.19 (3 時)	2012.01.31 (10 時)	2012.02.01 (10 時)	2012.02.01 (12 時)
"早起きは三文の徳"	34,800	33,100	33,100	587,000

余計な処理である.この類例がかなりあり,大変使いにくい.

baidu は,一部の語について,検索件数が丸められすぎている(表 1.12).一部の結果を上記に示したが,「を」から「と」までは全部の語について,何回検索しても 1 億件という結果が返ってくるだけだが,この件数は信じがたい.語ごとに違っているはずである.

第 3 章 検索エンジン

表 1.12 baidu の検索件数の問題

	2012.01.12 (15 時)	2012.01.17 (12 時)	2012.01.18 (3 時)
"の"	1,948,928,180		
"を"	100,000,000	100,000,000	100,000,000
"に"	100,000,000		
"は"	100,000,000	100,000,000	100,000,000
"が"	100,000,000		
"と"	100,000,000	100,000,000	100,000,000
"基本的"	3,520,000	3,540,000	3,540,000
"思い出"	5,000,000	5,010,000	5,020,000

LYCOS は, ときどき, 極端なヒット件数の不安定さが現れる (表 1.13).「早起きは三文の得」では 5 千倍ものヒット件数の不安定さを示した.

表 1.13 LYCOS の検索件数の問題

	2012.01.17 (10 時)	2012.01.19 (11 時)	2012.01.31 (9 時)
"を"	458,000,000	335,000,000	453,000,000
"は"	243,000,000	311,000,000	231,000,000
"と"	29,600,000	272,000,000	27,100,000
"基本的"	21,400,000	5,680,000	20,700,000
"思い出"	12,800,000	29,900,000	12,700,000
"就中"	377,000	881,000	367,000
"のどか"	392,000	2,410,000	411,000
"早起きは三文の徳"	27,000	132,000,000	25,800

Fresheye は, 検索結果は安定しているし, 1 の位まで数値を示すので信頼できそうな感じがする (表 1.14). しかし,「？」を付けた一部の語は, 検索件数が疑わしい.「のどか」と「長閑」は, 同義語処理[*1]をしているのではないか.「きっかけをくれた人に」は, ヒット件数がいやに大きいと思われる.

[*1] 利用者が検索語を指定したときに検索語の同義語を辞書で補ってそれも検索すること. 詳しくは 5.1.2 項を参照のこと.

表 1.14 Fresheye の検索件数の問題

	2012.01.17 (9 時)		2012.01.17 (9 時)
"を"	1,083,260,721	"友達 100 人できるかな"	1,215,086
"は"	644,215,907	"早起きは三文の徳"	193,854
"と"	836,057,260	"あばたもえくぼ"	54,428
"基本的"	76,314,290	"闇に鉄砲"	102,357
"思い出"	65,662,916	"はなむけの言葉"	58,792
"就中"	85,662	"最後まで成し遂げよう"	34,811
"のどか"	? 4,833,504	"犬を連れて行けるカフェ"	147,814
"長閑"	? 4,833,504	"きっかけをくれた人に"	? 4,675,957

？は検索件数が疑わしいもの.

goo (=mooter=nifty=0cn=odn=BIGLOBE=Excite=au one=So-net=infoseek) については, 図 1.1 に 14 回の検索結果を示した.

このエンジンには, 問題が見あたらない.「就中」の 2012 年 2 月 2 日 (12 時) のところだけ 40,700 件となり, 前後の値 407,000 件と比較してちょうど 1/10 の値になっているが, 転記ミスではないかと思う. 今は確認が取れない.

以上のような結果から, 日本語の検索エンジンとしては, 2012 年 2 月現在のところ, goo が一番よいと判断する.

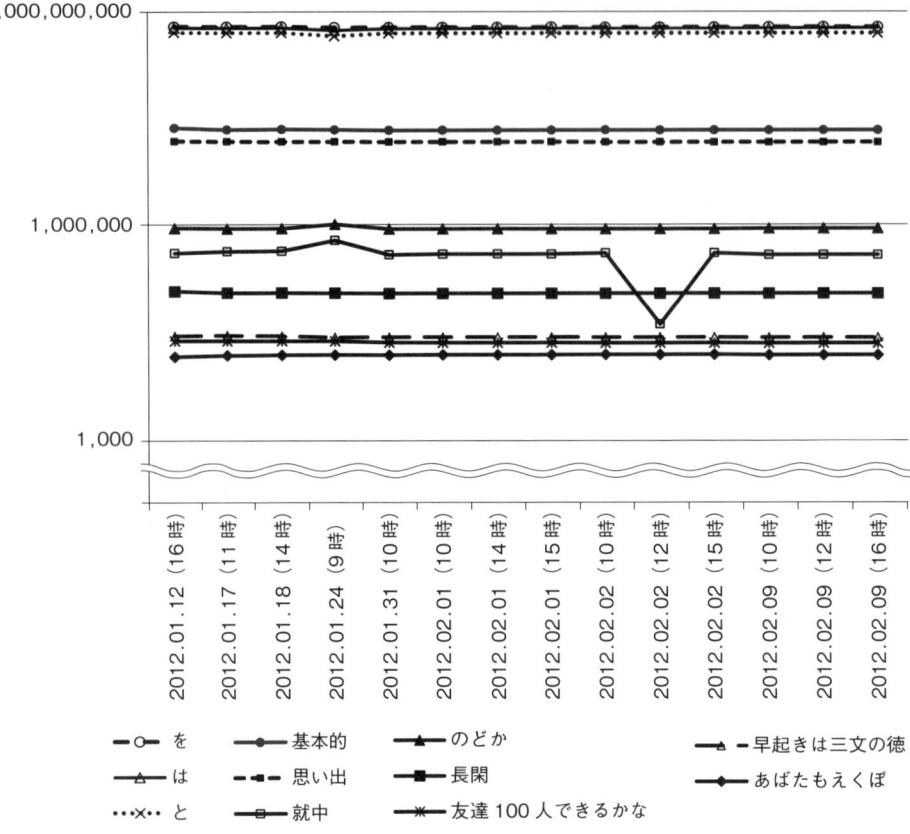

図 1.1 goo の検索結果

　その後，2013 年には，Google や Yahoo! の検索エンジンでも，それ以前ほどの極端なヒット件数の増減は見られなくなった．おそらく検索エンジンのアルゴリズムの変更が行われたのであろう．ときに 1 万倍もヒット件数が違ってくるということはなくなったかのようである．しかし，10 倍や 100 倍のゆれはときに遭遇することがある．一方，goo の検索エンジンは，いよいよゆれが小さくなったようである．ヒット件数のゆれを基準に考える場合は，現状でも，goo がベストである[*1]．

[*1] 2016 年現在，goo がベストではなく，Google や Yahoo! がベストである．

第 4 章　WWW 中の表現の間違い

4.1　WWW には間違いが多い

　WWW が大規模コーパスとして利用できるようになったことは，日本語研

究に大変有用であり，重宝している．しかし，WWW を利用していると，いくつか問題点を感じることがある．その一つが「WWW には間違いが多い」ということである．

　WWW をコーパスとして使っていると，さまざまな現実にぶつかる．実際の使用例は多様であり，人間の言語行動の複雑さを反映している．WWW コーパスに含まれる間違いは，WWW が現実を反映しているためである．

　辞書は規範を反映し，したがって，実際の使用例に基づくものの，かなりの程度編集者の判断が入ってくるという性格を持っている．辞書には間違いを記述しない（あるいは「これこれは間違い」と記述する）．しかし，「間違い」かどうか微妙な場合も多いに違いない．たとえば，若い人が使い始めたような新用法は，年配者から見れば「間違い」に見えるはずである．ここでは，WWW に見られる間違いに焦点を当てて，どんなものがどこに見られるのかを調べていきたい．

　間違いの調べ方も重要である．WWW での検索結果は数十万件もあることがあり，その全部を調べることはできない．そこで，先頭 100 件（場合によって $+\alpha$）を具体的に調べ，どんなふうに使われているかを見ていく．

　以下に示す例の検索時期は 2008〜2009 年である．検索エンジンは Yahoo! を用いた．ここでの調べ方によれば，どの検索エンジンを使っても大差のない結果が得られるはずである．マイナス検索を多用しているのは，参照例（使用例ではなく，その表現について議論したりコメントしたりしているもの）を除くためである．" " は，フレーズ検索の指定であり，検索窓で指定した単語列が，ちょうどその順番で並んで使われているものだけを検索することを意味している．

4.2 漢字の読み方

4.2.1 「雰囲気」を「ふいんき」と読む

用例は，以下の 11 通りに区分することにする．
(1) 別 ＝ 別意味
(2) 参 ＝ 参照例
(3) 個 ＝ 個人サイト
(4) ブ ＝ 日記・ブログ
(5) 掲 ＝ 掲示板・ＢＢＳ
(6) 団 ＝ 企業・法人・団体のサイト
(7) 政 ＝ 政府や地方公共団体などの公的なサイト
(8) 辞 ＝ 辞書
(9) ニ ＝ ニュース
(10) 他 ＝ その他

(11) 表＝表示できません

「＝」の左側が略称で，以下の表の見出し部分に使われている．

このうち，(1) の「別意味」は，その文字列がまったく別の意味で使われていることを表し，本来，用例ではないものである．(3) から (10) は，どんなサイトで使われるかを区分して示したものである．(11) の「表示できません」は，検索エンジンの都合で，以前は検索できたのに，サイトが削除されたりして現在はなくなっているものである．

		別	参	個	ブ	掲	団	政	辞	二	他	表
"ふんいき" -"ふいんき"	912,000 件	5	4	8	23	14	32	5	7	2	0	0
"フンイキ" -"フインキ"	421,000 件	1	0	20	27	18	31	0	0	3	0	0
"雰囲気" "ふんいき" -"ふいんき"	156,000 件	0	2	13	15	7	28	17	13	0	7	0
"雰囲気" "フンイキ" -"フインキ"	243,000 件	2	1	28	28	8	28	4	0	1	0	0
"ふいんき" -"ふんいき"	468,000 件	13	43	7	16	14	6	0	0	1	0	0
"フインキ" -"フンイキ"	138,000 件	0	8	8	38	23	22	0	1	0	0	0
"雰囲気" "ふいんき" -"ふんいき"	219,000 件	5	413	3	45	28	4	0	0	0	7	0
"雰囲気" "フインキ" -"フンイキ"	43,500 件	2	56	2	17	17	5	1	0	0	0	0

当初，「雰囲気」を「ふいんき」と読む誤用はかなり広まっていると考えていた．

検索結果は，上の 4 回が正しい「ふんいき」で，下の 4 回が間違った「ふいんき」である．

上の 4 回の検索でわかるように，正しい読み方は (3) 個人サイト，(4) 日記，ブログ，(6) 企業・法人・団体のサイトなどに多い．これらのヒット数の多少は文書量に比例しているのであろう．

一方，下の 4 回が間違った「ふいんき」の検索結果であるが，検索件数が正用とあまり変わらないくらいに多い点が気になる．誤用がそれだけ一般化しているようにも考えられる．しかし，使用状況を分類してみると，「ふいんき」は (2) 参照例が非常に多いことがわかる．つまり，こういう言い方を書き込んでいる人は，誤用を誤用とわかって議論しているのであって，間違えて覚えて実際に使っているのとは状況が異なる．したがって，上の検索結果に見られるほどの「ふいんき」の多用があるわけではない．

用例を見ると，「ふいんき（←なぜか変換できない）」という一種の冗談のような使い方が多数存在する．「"ふいんき（←なぜか変換できない）" と書いてある場合はネタか釣りである場合が多い。」と書いているサイトもある[*1]．

これは，WWW の掲示板などで流行しているフレーズのようであり，こういった日本語の誤用を「わざと」間違えて楽しむ人たちもいるようだ．わざと間違えている場合と，意識せずに間違えている場合を検索結果から区別することはきわめて困難である．ここでは，こういうものも用例として扱った．

この言葉をはじめに使い始めたのはいつなのかはまだわかっていないようだが[*2]，はじめに使い始めた人は「雰囲気」を「ふいんき」と読む人への皮

[*1] http://d.hatena.ne.jp/keyword/%A4%D5%A4%A4%A4%F3%A4%AD

[*2] http://q.hatena.ne.jp/1124114950

肉として使ったといわれている．しかし現在では本当に皮肉として使っているのか曖昧な場合が多い．たとえば日記のタイトルであったとすると，そのことについて説明がない場合，その人が本当に理解してその「ネタ」を使っているのかどうかがわからない．

間違った言い方の「ふいんき」は，(4) 日記・ブログや (5) 掲示板で多く使われ，(7) 政府や地方公共団体などの公的なサイト，(8) 辞書，(9) ニュースではごくわずかしか使われない．(6) 企業・法人・団体のサイトでも若干使われる傾向があり，(6) は，個人サイトと公的サイトの中間的な存在であることがわかる．

このように，間違った日本語の用例は個人のサイトに多く，公的なサイトには少ない場合が多い（そうでない場合もあるが，それについては後述する）．

4.2.2 「既出」を「きしゅつ」でなく「がいしゅつ」

ネット辞書の記述によれば，「アングラ系サイトでは古くから使われていたらしいが、2ちゃんねるではニュース速報板の東京・足立で女子大生強殺外部リンクスレッドが初出。2000（平成12）年7月6日17：24（@391）、「ななし」さんが、既出を概出と間違え「がいしゅつ」と読んでしまったことから誕生した。」とのことである[*1]．

[*1] http://www.wdic.org/w/WDIC/%E3%81%8C%E3%81%84%E3%81%97%E3%82%85%E3%81%A4

		別	参	個	ブ	掲	団	政	辞	ニ	他	表
「"既出" "きしゅつ" -"がいしゅつ"」	9,010件	0	30	4	16	36	1	0	13	0	0	0
「"既出" "がいしゅつ" -"きしゅつ"」	285,000件	1	60	1	2	34	1	0	0	0	0	0

ここでも「がいしゅつ」には参照例が非常に多い．誤った読み方をめぐる議論や，槍玉に挙げる記事などが多いためであろう．60% が参照例というのは異常であるともいえよう．検索件数も，正用よりも誤用のほうが多くなってしまっているが，誤用の内の参照例を除いた中で見てみると，掲示板での使用が多くなっている．この表現の特殊事情を物語るものである．

4.2.3 「体育館」を「たいいくかん」でなく「たいくかん」

		別	参	個	ブ	掲	団	政	辞	ニ	他	表
「"体育館" "たいいくかん" -"たいくかん"」	37,400件	2	0	11	14	0	14	52	4	3	0	0
「"体育館" "たいくかん" -"たいいくかん"」	361件	0	39	6	20	26	5	4	0	0	0	0

この例でも誤用の場合は参照例が非常に多い．誤用が一般化するとともに，それを指摘する場合も増えているといえよう．なお，用例を見ていくと，誤用している場合でも，間違っているとわかっていて使っている場合が多いようである．

4.2.4 「缶詰」を「かんづめ」でなく「かんずめ」

		別	参	個	ブ	掲	団	政	辞	二	他	表
「"かんづめ" -"かんずめ"」	853,000 件	75	0	2	12	0	9	1	1	0	0	0
「"缶詰" "かんづめ" -"かんずめ"」	65,800 件	24	0	6	16	3	42	4	5	0	0	0
「"かんずめ" -"かんづめ"」	29,700 件	24	1	21	38	5	10	1	0	0	0	0
「"缶詰" "かんずめ" -"かんづめ"」	474 件	5	6	17	42	11	16	3	0	0	0	0

「かんずめ」にはサイトの名前やハンドルネームとして使用されているものが多かった．

4.3 漢字の使い方

4.3.1 「完璧」を「完璧」（下が「玉」ではなく「土」）

		別	参	個	ブ	掲	団	政	辞	二	他	表
「"完璧" -"完璧"」	78,100,000 件	4	1	11	4	15	45	0	4	10	3	3
「"完璧" -"完璧"」	220,000 件	1	2	25	10	5	41	3	0	9	4	0

日本語入力システムに「かんぺき」と打ち込んで変換しても，「完璧」とは出ない上，場合によっては「「完璧」の誤用である」と指摘するシステムもあるので「完璧」を使用する場合として，基本的には本人が完全に「完璧」として思い込み入力している場合か，「かんへき」と打ち間違えて入力した場合が考えられる．

日記やブログ，掲示板に使用されている例は多くなく，結果は個人サイトや，企業・団体サイトで使用されている例が多かった．

参照例の中には「「完璧」は「完璧」と間違えやすい」というような失敗談や注意などの文章や，「完璧」という（「完璧」をもじったのであろう）商品名なども含まれている．しかし，参照例の比率が非常に低いということは，この間違いに気が付いている人が少なく，人々の話題にものぼりにくいということを意味している．実際にはたくさんの誤用があるのかもしれないが，文章を読んでいくときには正用の「完璧」と読み間違えてしまい，問題とは意識されないのであろう．

4.3.2 「年俸（ねんぽう）」を「年棒（ねんぼう）」

		別	参	個	ブ	掲	団	政	辞	二	他	表
「"年俸" -"年棒"」	9,840,000 件	0	0	21	10	2	21	13	4	20	9	0
「"年棒" -"年俸"」	1,030,000 件	2	0	37	25	2	27	1	0	7	1	0

誤字「年棒（ねんぼう）」の企業団体サイトを見ると，求人情報が多くなっ

ている．そういう文脈で使われる言葉といえそうだ．誤字の参照例がないのは，まだ人々が気が付いていない証拠である．「完璧」と同様の事情がありそうだ．

4.3.3 「講義」を「講議」

		別	参	個	ブ	掲	団	政	辞	二	他	表
「"講義" -"講議"」	59,200,000 件	0	0	12	3	2	80	2	0	0	1	0
「"講議" -"講義"」	570,000 件	0	0	13	7	0	79	0	0	1	0	0

これも正々堂々と間違えている．「講議」は，比率からいえばわずかだが，実数で見るとかなり大量に見つかる．大学の公式サイトや，病院，日本文学の教師のサイト，民主党の政治スクールのサイトなどでさえ誤用が見られる．ちなみに「講議　site:go.jp」での検索結果が 344 件あった．公的なところでも間違いが広がりつつあるといったところだろう．

4.3.4 「あくどい」に「悪どい」をあてはめる

		別	参	個	ブ	掲	団	政	辞	二	他	表
「"悪どい" -"あくどい"」	約 225,000 件	0	0	18	33	32	4	0	1	0	0	0

＊上記 11 分類以外に，本の題名に「悪どい」が含まれるケースが 100 件中 12 件あった．

この語は，本来「あくどい」であって，「あく」の部分を漢字で書くのは間違いである．「あくどい」の語源はいろいろあるようで，『日本国語大辞典 第 2 版』によれば，クドイに接頭語アのついた語〔大言海〕，アクツヨイ（灰強）の略〔菊池俗言考〕，アクドイ（灰汁鋭）の意〔国語拾遺語原考〕，アク（灰汁）クドイの約〔両京俚言考〕といった語源説がある．いずれにせよ「悪」との関連はないといってよい．

4.3.5 「意外と」を「以外と」

		別	参	個	ブ	掲	団	政	辞	二	他	表
「"以外と" -"意外と"」	約 10,800,000 件	38	1	10	25	5	8	1	0	0	0	2

ここで「別意味」としたのは「正しい用法」（「意外と」のつもりでないもの）である．日記・ブログでは，「意外と」の意味で「以外と」を使うのはごく一般的な用法である．

4.3.6 「症候群」を「症侯群」

		別	参	個	ブ	掲	団	政	辞	ニ	他	表
「"症侯群" －"症候群"」	約21,300件	5	0	17	14	5	49	4	1	4	1	0

　企業団体サイトとして挙げたものでは，病院や大学，研究機関，医師会などの間違いがほとんどだった．単語の性質として，そういうところに現れることは理解できるが，一方では，公的機関のサイトで誤字があることは残念である．カナ漢字変換でも通常正しく変換できる漢字なので，間違いが多数見つかることは信じがたい結果である．

4.3.7 「朝令暮改」を「朝礼暮改」

		別	参	個	ブ	掲	団	政	辞	ニ	他	表
「"朝礼暮改" －"朝令暮改"」	約9,490件	8	2	13	46	10	12	1	0	6	0	2

　これもけっこう多い誤用である．ユーザーが「ちょうれい」で区切ってカナ漢字変換している可能性がある．100件を見ていく中で，『朝礼暮改の発想』という題名の本があるように書かれている例があった．本自体の題名は『朝令暮改の発想』であるが，それを記事にするときに間違えたものである．

4.3.8 「予行演習」を「予行練習」

		別	参	個	ブ	掲	団	政	辞	ニ	他	表
「"予行練習" －"予行演習"」	約1,760,000件	0	0	4	38	5	17	33	0	2	0	1

　団体のサイトには，私立中学，高校，幼稚園の行事など，政府や公的なサイトには，公立の小学，中学，高校の行事などが含まれる．きわめて検索ヒット件数が多く，今や社会の中で一般化している間違いといっていいだろう．

4.3.9 「ご清聴」を「ご静聴」

		別	参	個	ブ	掲	団	政	辞	ニ	他	表
「"ご静聴ありがとうございました"」	約118,000件	0	3	13	15	10	23	7	0	3	24	2

＊検索時の指定は，実際には「"ご静聴ありがとうございました" －"ご清聴ありがとうございました"」としている．

　この間違いもかなりあった．「その他」は，パワーポイントを使用した論文や研究発表のスライドショーの最後に使用されていた．「静聴」という言い方もあり，「静かに聞くこと」という意味である．「清聴」は「自分の講演・演説などを相手がきいてくれることを言う尊敬語」という意味である（いずれも『学研国語大辞典』）．したがって，「ご静聴」も「ご清聴」もカナ漢字変換できるようになっている．いかにも間違いが起こりやすい例であった．

4.3.10 「案の定」を「案の上」

		別	参	個	ブ	掲	団	政	辞	二	他	表
「"案の上" -"案の定"」	約142,000件	28	0	14	43	11	4	0	0	0	0	0

　WWWを検索したところ，「勘案の上」など別の句の一部や，神道の玉串を置く台の「案」など別意味が多かった．しかし，それ以外の「案の定」の文脈で「案の上」が使われている場合もかなりあった．

4.4 複合語

4.4.1 「うろ覚え」を「うる覚え」

		別	参	個	ブ	掲	団	政	辞	二	他	表
「"うろ覚え" -"うる覚え"」	6,500,000件	3	0	21	42	9	3	0	4	3	15	0
「"うる覚え" -"うろ覚え"」	490,000件	0	3	9	50	21	6	0	0	0	9	2

　日記・ブログに「うる覚え」の誤用が多い．こんな内容を書きそうなのは日記・ブログの類だということで結果は納得できよう．

4.4.2 「人間ドック」を「人間ドッグ」

		別	参	個	ブ	掲	団	政	辞	二	他	表
「"人間ドック" -"人間ドッグ"」	9,930,000件	0	0	1	0	0	98	1	0	0	0	0
「"人間ドッグ" -"人間ドック"」	778,000件	4	2	4	31	2	56	3	0	0	2	0

　「人間ドッグ」は企業・団体のサイトでたくさん見つかるが，その性格上，病院でたくさん使われる誤用である．ブログでもすっかり間違えている．

4.4.3 「心機一転」を「心気一転」

		別	参	個	ブ	掲	団	政	辞	二	他	表
「"心機一転" -"心気一転"」	6,890,000件	0	0	5	56	5	15	0	0	18	1	0
「"心気一転" -"心機一転"」	67,000件	0	0	17	56	5	16	0	0	1	1	4

　誤用は比率でいえば非常に少ないが，絶対値としてはかなり大きいといえよう．日記・ブログで使われるのは内容的な特性で説明できる．

4.4.4 「手持ちぶさた」を「手持ちぶたさ」

		別	参	個	ブ	掲	団	政	辞	二	他	表
「" 手持ち無沙汰 " -" 手持ちぶたさ "」	629,000 件	1	2	16	46	10	8	0	2	7	4	4
「" 手持ちぶさた " -" 手持ちぶたさ "」	194,000 件	0	0	21	31	4	26	0	3	12	1	2
「" 手持ちぶたさ " -" 手持ちぶたさ "」	76,800 件	1	0	15	56	3	19	0	0	2	1	0

＊三つ目の指定文字列は，実際には「" 手持ちぶたさ " -" 手持ちぶさた " -" 手持ち無沙汰 "」であった．

実際に検索されたサイトを見てみると，個人の日記やサイトのような私的なものから楽天市場[*1]や禁煙用特殊タバコ通販の企業サイト[*2]のようなオフィシャルなものまで実に広く間違われている．また NHK 公式サイト内 NHK ボランティアネット：防災もの知りノート[*3]でも，「手持ちぶたさや暇を気にせず～」といった誤用が見られた．このような誤用が広まった原因として，「誤字等の館」では「この言葉を形容詞の名詞形として使いたいという思いにあるのではないか？」という仮説を挙げている[*4]．

この誤用についても，参照例が少なく，人々の話題にのぼらないが，誤用が浸透しつつあることを示している．

[*1] http://www.rakuten.co.jp/shopfield/460332/600892/

[*2] http://www.bidders.co.jp/sitem/20594202

[*3] http://www.nhk.or.jp/nhkvnet/bousai/vol/kokoro_set.html

[*4] http://www.tt.rim.or.jp/~rudyard/kaego004.html

4.4.5 「絶体絶命」を「絶対絶命」

		別	参	個	ブ	掲	団	政	辞	二	他	表
「" 絶体絶命 " -" 絶対絶命 "」	2,730,000 件	80	0	5	6	1	5	0	0	6	1	1
「" 絶対絶命 " -" 絶体絶命 "」	687,000 件	51	0	9	20	1	13	0	0	2	3	1

「絶体絶命」は，ゲーム名や映画の題名になっているものが多かった．これらを「別意味」として扱ったので，ここの数字が大きくなっている．

間違いの「絶対絶命」の表記はブログや個人サイト（個人のブログの題名），多人数が書き込むサイトなどで多く見られた．

4.4.6 「人間不信」を「人間不振」や「人間不審」

		別	参	個	ブ	掲	団	政	辞	二	他	表
「" 人間不信 " -" 人間不振 " -" 人間不審 "」	1,730,000 件	2	0	19	32	18	4	0	2	17	2	4
「" 人間不振 " -" 人間不信 " -" 人間不審 "」	21,500 件	0	0	22	42	25	6	0	0	1	0	0
「" 人間不審 " -" 人間不信 " -" 人間不振 "」	12,900 件	0	0	19	43	22	9	0	1	2	0	4

「人間不振」や「人間不審」と間違っている言葉を使用しているサイトの多くが，個人のブログなどであった．

4.4.7 「〜的する」という表現

		別	参	個	ブ	掲	団	政	辞	ニ	他	表
「" 具体的する "」	約 278 件	1	0	11	25	8	20	22	0	2	10	1
「" 比較的する "」	約 1,310 件	0	0	2	53	18	14	3	0	1	7	2
「" 本格的する "」	約 649 件	0	0	3	29	33	26	0	0	7	1	1
「" 象徴的する "」	約 588 件	0	0	10	39	3	35	4	1	7	1	0
「" 代表的する "」	約 16,300 件	0	0	7	15	4	55	14	3	0	0	2

論文などの用例は,「その他」に分類しておいた.

いずれも,自分では耳・目にしたことのない表現であり,まさかこんな言い方はないと考えられるものばかりであるが,現実に存在する.「代表的する」などは 16,300 例もあるので,簡単に無視できない量ともいえるだろう.

4.5 語や句の形

4.5.1 「しゃっくり」を「ひゃっくり」

		別	参	個	ブ	掲	団	政	辞	ニ	他	表
「" しゃっくり "　−" ひゃっくり "」	1,390,000 件	0	0	24	26	9	32	0	4	0	5	0
「" ひゃっくり "　−" しゃっくり "」	38,000 件	0	0	20	60	10	6	0	0	0	4	0

「しゃっくり」で検索した際に団体サイトが多く,中でも薬局や漢方屋,病院など医療系のサイトが多かった.記事内容から,当然の結果である.ブログや個人サイトでも医師によるものがいくつかあった.一方「ひゃっくり」では医療系のサイトはほとんどなく,あったとしても掲示板など一般人からの質問でのものであった.個人サイトで誤用が多いことがわかる.

4.5.2 「情けは人のためならず」を「情けは人のためにならず」

		別	参	個	ブ	掲	団	政	辞	ニ	他	表
「" 情けは人のためにならず "」	約 1,810 件	0	2	7	69	12	9	1	0	0	0	0
「" 情けは人の為にならず "」	約 831 件	0	0	6	69	17	5	0	0	1	0	2

＊検索時の指定は,実際には「" 情けは人のためにならず "　−" 情けは人のためならず "」および「" 情けは人の為にならず "　−" 情けは人の為ならず "」としている.

「ため」の表記が 2 種類あるので,それぞれを検索した.ことわざを正しく記憶していないと,こういう間違いを産み出してしまう.もともと,このことわざの意味を「人のためにならない」と誤解している人が増えつつあるが,その結果,そもそもことわざの表現自体が変わってしまったというべきだろう.

件数自体は,さほど多くないが,それでも,合計して 2,600 件ほど存在す

るということは，無視できない程度になっていると見るべきであろう．

4.6 助詞か他の語の一部か

4.6.1 「やむをえない」を「やむおえない」

		別	参	個	ブ	掲	団	政	辞	二	他	表
「"やむをえない"」	2,930,000 件	0	0	5	8	5	62	20	0	0	0	0
「"やむを得ない"」	13,300,000 件	0	0	3	0	5	22	41	0	28	1	0
「"止むをえない"」	46,300 件	0	0	17	21	3	50	6	0	3	0	0
「"止むを得ない"」	1,710,000 件	0	2	7	8	7	55	9	1	9	2	0
「"やむをえず"」	1,440,000 件	0	2	4	11	4	69	3	2	3	2	0
「"やむを得ず"」	7,180,000 件	0	2	4	5	3	40	20	2	22	2	0
「"止むをえず"」	149,000 件	0	1	14	19	9	56	2	0	0	0	0
「"止むを得ず"」	950,000 件	0	2	11	9	5	66	4	1	2	0	0
「"やむおえない"」	145,000 件	0	3	22	12	17	43	2	0	0	1	0
「"止むおえない"」	1,550 件	1	0	17	34	13	31	0	0	3	1	0
「"止む負えない"」	1,480 件	0	0	18	32	14	27	1	0	8	0	0
「"止むおえず"」	1,280 件	0	0	5	46	11	33	4	0	0	0	1
「"やむ負えず"」	20,800 件	0	2	13	24	19	38	0	0	0	2	2
「"止む負えず"」	396 件	0	1	19	38	13	22	1	0	3	3	0

＊上の検索結果は，実際には以下のような指定をしている．
「"やむをえない" −"やむおえない" −"やむ負えない"」　　「"やむを得ない" −"やむおえない" −"やむ負えない"」
「"やむをえず" −"やむおえず" −"やむ負えず"」　　「"やむを得ず" −"やむおえず" −"やむ負えず"」
「"止むをえない" −"止むおえない" −"止む負えない"」　　「"止むを得ない" −"止むおえない" −"止む負えない"」
「"止むをえず" −"止むおえず" −"止む負えず"」　　「"止むを得ず" −"止むおえず" −"止む負えず"」
「"やむおえない" −"やむをえない" −"やむを得ない"」　　「"やむ負えない" −"やむをえない" −"やむを得ない"」
「"止むおえない" −"止むをえない" −"止むを得ない"」　　「"止む負えない" −"止むをえない" −"止むを得ない"」
「"止むおえず" −"止むをえず" −"止むを得ず"」　　「"止む負えず" −"止むをえず" −"止むを得ず"」

　上の 8 例が正用であり，下の 6 例が誤用である．比率でいえば，誤用は圧倒的少数であるが，絶対値で考えるとかなりの誤用があるといっていい．この例では，個人サイトだけでなく企業団体のサイトでも誤用がかなり見つかっており，企業団体は政府自治体より右側の公的なページと性格が異なっていることがわかる．

　「やむ負えず」の検索結果において，ブログや FAQ 集のほかにホテルの申込規約その他サービスの利用規約，事業評価カルテのような報告書の類にも間違いが見られた．

4.6.2 「〜ざるをえない」を「〜ざるおえない」

		別	参	個	ブ	掲	団	政	辞	二	他	表
「"ざるをえない"」	2,150,000 件	0	6	13	20	6	23	2	1	23	6	0
「"ざるを得ない"」	9,340,000 件	1	0	8	22	5	16	2	2	34	10	0
「"ざるおえない"」	171,000 件	0	1	17	25	14	39	0	0	1	2	1
「"ざる負えない"」	39,900 件	0	0	12	23	22	35	1	0	3	2	2

＊上の検索結果は，実際には以下のような指定をしている．
「"ざるをえない" −"ざるおえない" −"ざる負えない"」
「"ざるを得ない" −"ざるおえない" −"ざる負えない"」
「"ざるおえない" −"ざるをえない" −"ざるを得ない"」
「"ざる負えない" −"ざるをえない" −"ざるを得ない"」

ここでも，誤用が個人サイト中心に広がっている様子が見て取れる．

4.6.3 「こんにちは」を「こんにちわ」

		別	参	個	ブ	掲	団	政	辞	二	他	表
「"こんにちわ" −"こんにちは"」	約 27,100,000 件	4	1	4	45	16	19	2	1	0	0	1

　この間違いはきわめて一般化している．上記以外に，本の題名，ラジオ番組名，絵画名，CD 名に「こんにちわ」が含まれるものが 7 件あった．
　現代仮名遣いでは，わざわざ例として挙げて「こんにちは」と書くことにしているが，考えてみれば，「は」と書くのはあまり理由がない．語源的には「名詞＋助詞」であっても，現代語では「こんにちは」が一語の感動詞となっており，「は」は助詞ではない．だとすると，「わ」と書くべきだという議論も成り立つ．話し言葉では「こんちわ」「ちわーす」などの言い方もされるが，これらではますます「は」が使いにくい．日記やブログは，個人的なメディアであり，表現もかなり話し言葉的になっているので，「こんにちわ」のほうが自然に感じられる場合も多いだろう．

4.7　コロケーション

4.7.1　畳語的表現

		別	参	個	ブ	掲	団	政	辞	二	他	表
「"加筆を加える"」	約 174 件	2	0	16	45	25	8	0	0	2	0	2
「"あとで後悔する"」	約 189,000 件	0	5	23	37	10	22	1	0	2	0	0
「"頭痛が痛い"」	約 520,000 件	6	12	4	67	8	3	0	0	0	0	0

　一般的には，「加筆を加える」「あとで後悔する」「頭痛が痛い」は畳語的表現であり，間違いとみなしていいだろう．しかし，いずれもネット内ではそ

れなりに存在する．数十万件も見つかるということは，それなりに日本語として認められてもいいのかもしれない．ただし，実際に使われているところは個人のサイトや掲示板が主であり，改まった場では使われにくいものである．

4.7.2 「疑心暗鬼を生ず」を「疑心暗鬼を抱く」

	別	参	個	ブ	掲	団	政	辞	二	他	表
「"疑心暗鬼を抱く" －"疑心暗鬼を生ず"」 約543件	0	13	7	36	10	30	0	0	4	0	0

「疑心暗鬼」だけで使う例もあるので，「を＋動詞」をつなげるときに，記憶が定かではなくなっているのであろう．企業団体のサイトに多く見られた点が気になる．

4.7.3 「お求めになりやすい」を「お求めやすい」

	別	参	個	ブ	掲	団	政	辞	二	他	表
「"お求めやすい"」 約1,180,000件	0	0	2	0	3	90	0	0	1	0	4

＊検索時の指定は，実際には「"お求めやすい" －"お求めになりやすい"」としている．

これは有名な誤用である．いろいろな調査がなされている．正しい「お求めになりやすい」が長い言い方なので，簡略化されたというべきであろう．使われるサイトは，企業団体サイトに偏っているが，表現の意味を考えれば当然である．

4.8 WWW 中の間違いの位置づけ

以上，さまざまな例を見てきたが，現実に，誤用がたくさんあることがわかった．単純に検索エンジンで数えただけでは，参照例などが含まれてしまうので，現実を正しく把握することはできない．今回のように先頭100例を人手で見ていくようなチェックが必要であろう．

使用状況を見ることで，個人が書く文章に間違いがたくさんあることもわかった．なぜWWWには（特に個人サイトで）間違いが多いのだろうか．

第1に，校正をきちんとしていないことが考えられる．ブログなどは手軽な発信手段として発達してきた．正確な文章を書くよりは，さっさとタイムリーな話題について書くことが普通である．従来の出版であれば，編集者や校正者の目を通ってから世の中に出たのだが，WWWではそうではない．

第2に，書き手に若い人が多いことが影響していることが考えられる．特にブログや掲示板では，書き手の年齢は若い傾向がある．gooのブログ検索

第4章　WWW中の表現の間違い

で年代別の集計ができるが，そういう結果から見ても，利用者が若い人に傾いていることは明らかである．WWWへの親近感や使用状況において，若い人が中心になっているのが現実のようである．若い人は，各種経験が少なく，どうしても間違いが多くなりがちなのではないだろうか．

　第3に，このような間違いは，実は間違いではなく，新しい変化なのかもしれない．新しい変化は若い人が受け入れやすい．

　第4に，日本語に関する知識が充分でない人でも文章を公開する傾向が強まったということもあるかもしれない．第1の指摘とも関係するが，「手軽に書ける」ことは「誰でも書ける」ことにつながり，つまりは日本語レベルが必ずしも高くない書き手が相対的に増えているということがあるかもしれない．

　上に個々に述べた間違いをまとめると図1.2のようになる．

　図1.2の結果から明らかなように，間違いの大部分は「日記・ブログ」で見つかる．「個人サイト」や「掲示板」も多い．こういうところに間違いがあふれているというわけである．ただし，「企業団体サイト」にも間違いがかな

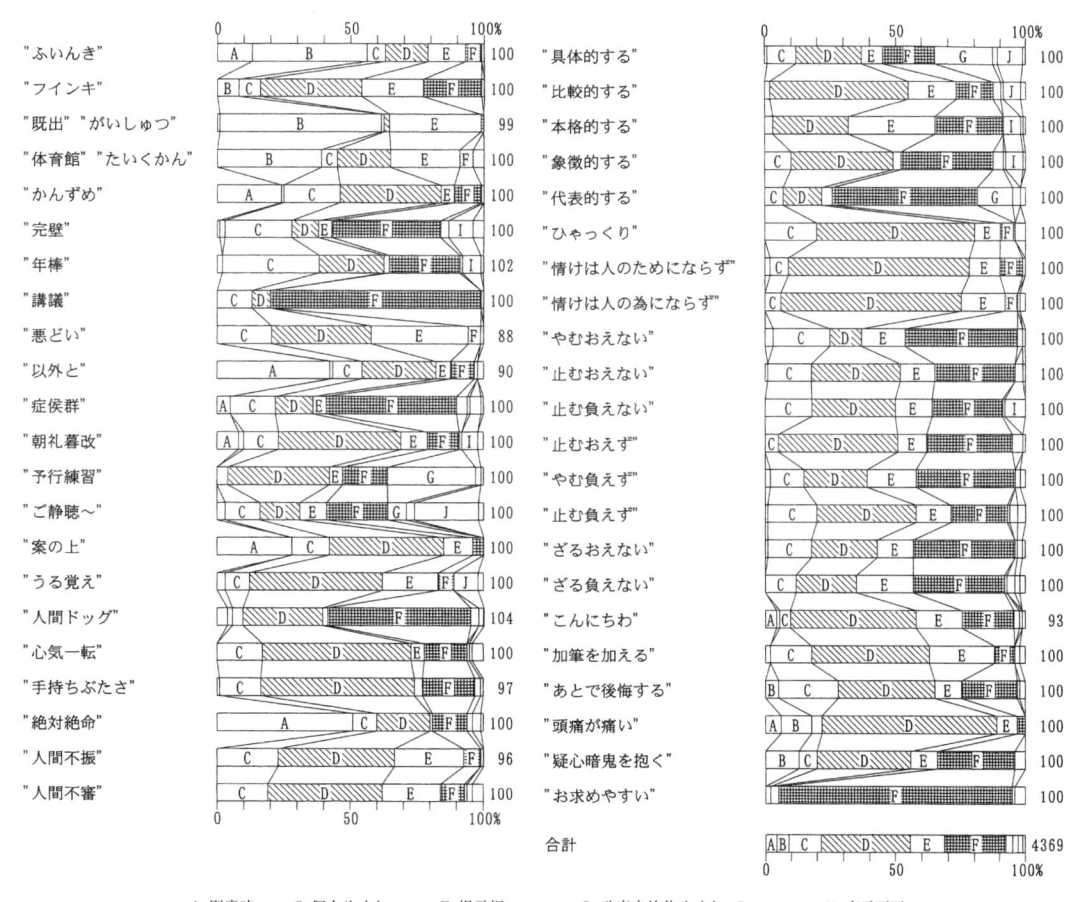

A=別意味　　C=個人サイト　　E=掲示板　　G=政府自治体サイト　　I=ニュース　　K=表示不可
B=参考例　　D=日記・ブログ　　F=企業団体サイト　　H=辞書　　J=その他

図1.2 WWW中の間違い表現の出現場所

りあることに留意しなければならない．間違いが比較的少ない「政府自治体サイト」にも掲載されている場合がある．

それぞれの間違い表現は，使われるサイトごとに大きく偏っていることも見て取れる．「お求めやすい」や「講議」は企業団体サイトでたくさん使われるし，「情けは人のためにならず」や「頭痛が痛い」は日記・ブログに多い．

ともあれ，個人が書くものが大量にアップロードされたものがWWWであるという性質は変わらない．もちろんそれだけでなく，さまざまなものが混在しているのであるが，それにしても，個人の書くものの割合が多いことを感じさせる結果である．WWWを言語資料（コーパス）として扱うときは，この点の注意が必要である．

第5章　WWW検索の方法論

5.1　WWW検索結果の基本的分類

WWW検索をした結果として，大量の「用例」が得られる．これらをどのように扱うべきか．これらの検索結果およびそこに提示されるヒット件数が正しいかどうかは，用例をきちんと1例ずつ調べてみなければわからない．あまりに大量に検索された場合の話は5.2節に回し，ここでは検索結果を確認する方法について述べる．

一般に，検索結果つまり用例は，不適例，参照例，引用例，使用例のように4区分できる．

5.1.1　不適例

不適例は，別語の一部だったり，別の意味だったりして，検索しようとしたものではないものが検索された場合である[*1]．実例を見てみよう．

昆虫の一種「かまきり」を検索してみよう．「川上弘美「水かまきり」小説感想」という記事がある[*2]．これは，「かまきり」ではなく「水かまきり」という別物のことを書いた，しかも小説のタイトルである．この記事はその小説を読んだ感想を書いている．こういうのを「不適例」として扱う．

しばしば，お店の名前やペットの名前がヒットすることがあるが，これらは求めている表現とまったく意味が異なるものなので不適例として扱うべきである．「おつかまきり」が出てくる記事[*3]も，「かまきり」は別語の一部を切り出したものなので，不適例と扱っていいだろう．

ただし，「かまきり拳法」「かまきり夫人」「怪人かまきり男」などの複合語

[*1] 以前，自分なりに「ゴミ」と呼んでいたが，その言い方が広まったり，当然の用語として何の断りもなく使われたりすると，違和感があるので，「不適例」と呼ぶことにしたい．

[*2] http://blog.livedoor.jp/blueskytheory/archives/1841066.html

[*3] http://d.hatena.ne.jp/xepigramx/20120409/1334462450

は，別語の一部で不適例と見るべきか，もともとの意味を残しているので使用例と見るべきかは，分析目的などにもよるので，扱い方はケースバイケースであろう．

5.1.2 参照例

その表現を使っている使用例と異なり，その表現について，議論，解説，説明，批判，考察している場合，それが参照例である．「かまきり」を検索すると，トップにwikipediaの記事が検索されるが[*1]，辞書記述は典型的な参照例である．辞書でなくても，辞書的な説明をしている記事はたくさんある．方言語形（俚言）などでは参照例がたくさん見つかる．使用例よりも多いくらいである．

名詞の場合は参照例と使用例の区別が付けにくい場合がある．「かまきりの卵」について説明している記事では，「かまきり」を参照例とする必要はない．

[*1] http://ja.wikipedia.org/wiki/%E3%82%AB%E3%83%9E%E3%82%AD%E3%83%AA

5.1.3 引用例

引用例はブログに多い．引用しているものは，本人の発話ではない．実例は，以下のようなものである．

「友人と話していて出た話題です．
友人A：かまきりに茶色のと緑のといますが、あれは同じ種類のものが変色したもので、住んでいる環境に合わせて色が変わったものである。更に環境が変われば、次々と変色するのだ。」[*2]

ブログは書き手がはっきりしていることが特徴である．たとえばブログの書き手の男女差を調べるために，書き手が男性であるブログを調べているときに，その中に女性の発話を引用したところがあると，それを「男性の使用例」として数えるのはまずいことは明らかである．

しかし，引用とはいえ，その表現を使用しているといえば使用しているので，場合によっては，引用例を区別することなく，使用例に含めて集計・分析することがあってもいいだろう．

[*2] http://okwave.jp/qa/q5209.html

5.1.4 使用例

使用例は，上の区分に入らず，普通に使っているものである．用例といえば普通には使用例のことである．

ブログの表題などでは，文脈が短くて，意味が十分くみとりにくいので，なるべくなら本文記事の中にある用例を扱いたいものである．

5.2 用例は100例調べればたいてい十分

　使用例を分類して，たとえば，どういう意味で使われることが多いか，検討したとする．何例くらい見ていけば十分な用例数といえる（こういう意味が多いと断定できる）だろうか．

　用例をいくつ調べればよいかということに関しては，理論的な根拠はない．しかし，経験的に，100例調べれば十分なことが多いようである．そもそも，検索エンジンでは用例が1,000例までしか調べられない．ということは，もともと数千〜数万例を調べるのは大変だということである．

　5.1節で見たように，検索結果つまり用例は，不適例，参照例，引用例，使用例のように4区分できる．ここで重要なことは，使用例が100例あれば十分としていることである．検索語によっては，不適例や参照例がやたらに多い（8割を占めるとか）場合がある．それらを除外して，残った使用例が100例ということであるから，実際にはそれ以上調べておかなければならないということである．

　どのくらい不適例が出てくるかを調べるためには，用例100例を調べて，その中の不適例の比率を数えれば，ほぼ不適例の比率が求められるであろう．この場合は，使用例100例ではなくて，不適例を含む用例全体で100例あればいいということである．この方法は，ヒット件数から実際の使用例数を推定するときに使えるものである．

　不適例が多くて，検索エンジンで1,000例を調べても，とても使用例が100例に達しない場合はどうするといいだろうか．不適例は，あるパターンで現れる場合が多い．たとえば「かまきり」を調べたいときに「おつかまきり」がたくさん出てくるといったことである．そのときは，NOT（マイナス）検索で，不適例を表示させなくすることができる．

　具体的には，「"かまきり" -"おつかまきり"」という検索語を入れるわけである．この検索式で1,000例調べれば，その中には使用例が100例くらいはあるものであろう．さらに不適例がたくさん出てくるようならば，それらを順次NOT（マイナス）検索で追加して指定するようにすればよい．

第2部　基　礎　編

検索エンジンの動作の再確認

　第1部でWWW検索の入門を終えた．検索のしかたもだいぶわかってきたように思えるだろう．しかし，WWW検索に関しては，まだまだ基礎的な知識をしっかり身につけておいたほうがいい場合が多い．

　ここでは，第1部の入門編で触れたことを検索エンジンできちんと確認してみよう．ここを終えると，検索エンジンの使い方がさらによくわかってくるはずである．

　WWW検索の豊かな海にこぎ出す前に，検索エンジンの動作を再確認しよう．

第1章　複合語の認識とフレーズ検索

　まずは，利用者が検索窓に入れた検索語が検索エンジン内部でどのように扱われるのか，基本を押さえることにしよう．

1.1　WWW検索の行われ方

　WWW検索を行う際に，検索窓に，たとえば「日本大学櫻丘高等学校」を入れる．gooでは，約28,900件見つかる．これらの用例を見ていくと，全部の検索結果に「日本大学櫻丘高等学校」が現れているようだ．普通のWWW検索では，こういう検索のしかたをするものである．

　しかし，実は，このやり方は正しくない．「日本大学櫻丘高等学校」では，ちょっと文脈が短いので，助詞「が」を付けて「日本大学櫻丘高等学校が」を検索するとしよう．約28,800件見つかる．これらの用例を見ていこうとすると，ほとんどが「日本大学櫻丘高等学校」の用例であって，「が」が後続するものはほぼないに等しい．

　つまり，検索窓に入れた検索語は，それがそのまま検索される（そしてヒット件数と具体的な用例がリストアップされる）わけではないのである．ということは，「日本大学櫻丘高等学校」と入れた場合でも，そこで検索できた

ものが全部「日本大学櫻丘高等学校」の用例ではないということである．

では，どうするべきなのか．

検索語を" "で囲うべきなのである．これがフレーズ検索と呼ばれる検索法である．" "でくくると，指定された単語がその順序で現れるものだけを検索することができる．「"日本大学櫻丘高等学校が"」を入れてみよう．フレーズ検索を指定すると，ヒット件数はたった3件しかないことがわかる．

このことから，検索エンジンの動作が推定できる．利用者が指定した検索語は，フレーズ検索でない場合，検索エンジン側で単語に分割し，それぞれの単語を全部含んでいるものを検索しているのである．「日本大学櫻丘高等学校」は，単語の区切りを「/」で表すと，「日本/大学/櫻丘/高等/学校」という5語になる．それらの5語を含んでいる記事を検索しているわけである．

では，最初に" "を付けないで検索したとき，なぜ「日本大学櫻丘高等学校」を含むものがずらりと検索できていたのか．これは，検索エンジンの側で，この順番に並んでいるものを優先して先頭のほうに並べるようにしていて，したがって，用例1,000件を表示すると，28,900件の先頭1,000件だけが表示され，そこには「日本大学櫻丘高等学校」がずらりと並んでいることになるわけである．つまり，「日本大学櫻丘高等学校」を入れて「28,900件」と返ってきたとしても，28,900件の記事すべてに「日本大学櫻丘高等学校」が含まれているということではないのである．

では，実際，「日本大学櫻丘高等学校」を含んでいる記事は何件あるのか．それを調べる場合，" "でくくってフレーズ検索するべきで，「"日本大学櫻丘高等学校"」と入れると，「約3,350件」と出てくるが，この件数こそが正しい数値である．

このように，日本語研究として考えると，いつも" "を付けてフレーズ検索をするのが当然だということになる．この話は，第1部3.1節で簡略に述べたが，重要なことなので，再度解説しておく．

フレーズ検索には，もう一つ，用例検索にとって隠れた利点がある．「日本大学櫻丘高等学校」を検索窓に入れた場合，ヒットしたものを見ていくと「日大櫻丘高等学校」とか「日本大学櫻丘高校」，さらには「日大桜ヶ丘」（実は誤字であるが）が含まれていることがわかる．つまり，日本大学＝日大，櫻丘＝桜ヶ丘，高等学校＝高校という同義語（略称）を検索エンジンの内部で処理して，「日本大学」が検索窓に指定され，記事の中に「日大」が含まれていればそれを見つけて表示するというわけである．

一方，「"日本大学櫻丘高等学校"」と入れると，そのような略称はヒットしない．つまり，フレーズ検索は，単に指定した順序に単語が並んでいるということではなく，指定した単語が（同義語や略称でなく）そのままの形で並んでいるという指定でもあったというわけである．

この延長上に，ちょっと不思議なことだが，ひらがな1文字の「ざ」を検索する場合でも「"ざ"」を検索するほうがいいということがある．1文字の

単語だから,それ以上単語分割できないし,「フレーズ検索」の意味はなさそうだが,「ざ」を検索する際に,同義語検索が行われている可能性がある.実際,gooで試してみると,「ざ」は約 29,400,000 件ヒットするが,「" ざ "」は約 4,420,000 件ヒットする.ざっと 1/7 になってしまう.検索されたものを見ていくと,「ざ」の検索結果の場合は「ザ」というカタカナ語(英語 the の音訳)が検索されている場合が含まれるのに対して,「" ざ "」の場合は,カタカナ語「ザ」はまったく含まれない.このように,フレーズ検索のほうが,そうでない検索よりも日本語研究には有用であることがわかる.

1.2 検索語の指定とヒット件数

表 2.1 は,いろいろな検索語の入れ方をしてみた結果である.a と b は同じ結果になる.c と d も同じ結果である.検索窓に入れるときは,単語ごとに切っても切らなくても同じ結果になるということである.a と b では,単語の順番がバラバラなものも多く検索されているはずであるが,検索結果の先頭 1,000 件しか表示されないため,それを直接確認することはできない.

表 2.1 検索語の入れ方とそれぞれの検索件数

種 類	入力検索語	検索件数
a	「日本大学櫻丘高等学校」	28,900
b	「日本 大学 櫻丘 高等 学校」	28,900
c	「" 日本大学櫻丘高等学校 "」	3,350
d	「" 日本 大学 櫻丘 高等 学校 "」	3,350
e	「日本 櫻丘高等学校」	28,000
f	「日本 " 櫻丘高等学校 "」	3,410
g	「" 日本大学 " " 高等学校 "」	279,000
h	「日本大学 高等学校」	690,000

e のように一部の単語を区切っても結果は大した変化がない[*1].

f のように一部をフレーズ検索で,一部を非フレーズ検索でという指定も可能である.c や d よりも少し大きな検索件数になっている.

g はフレーズ検索二つを指定した場合である.こういう書き方だと,二つの検索語の前後は指定されないということになる.したがって,検索件数はかなり大きな値になる.

h はフレーズ検索でないので,一番大きなヒット件数になった.「櫻丘」がないこともももちろん影響している.

表 2.1 の検索件数の数値から,どんな検索が行われているかも推定できそうである.

なお,検索窓で単語を区切りながら指定するのはよろしくない.もしも単語の区切り方を間違えたら,検索できるものでも検索できなくなってしまうかもしれない.したがって,検索窓には,長い複合語でも文でも,つなげた

[*1] 本来は,「大学」を指定していないので,28,900 件よりも多くなってしかるべきである.

形で指定するべきである．

1.3 フレーズ検索の問題点

　日本語研究のためには，検索語にはいつもフレーズ検索を指定する．これが基本である．しかし，フレーズ検索にも問題点がある．ここでは，二つだけ指摘しておこう．

　第1に，記号があることで，本来検索されるべきでないものが検索されてしまうということである．「"日本大学櫻丘高等学校が"」を指定すると，次のような用例が見つかる．

　　「レーヴィ級は高橋良治（日本大学櫻丘高等学校）が見事な復活劇をみせた。」[*1]

　これは，「"日本大学櫻丘高等学校が"」の用例ではない．むしろ「高橋良治が」の用例である．

　このように，もとの記事が記号などで区切られている場合でも，それらの区切りを無視して指定された単語が順番に並んでいるものを検索する．したがって，フレーズ検索を指定すれば全部が求めている用例だとは限らない．記号は，どの検索エンジンでもうまく扱えないところでもあり，逃げ道はない．検索された用例を注意深く見ていくしかない．

　第2に，ヒット件数がおかしくなる点である．検索語を長く指定すると，逆にヒット件数が増えるというトラブルがありうる．

　実例を見ておこう．やや古い例であるが，「"日本道路公団"」と入れたら約642,000件，「"日本道路公団が"」といれたら約685,000件というヒット件数になったことがある．フレーズ検索の場合も，非フレーズ検索の場合も，ある検索語に何かを付けて長くすれば，一般にヒット件数が小さくなるものである．しかし，そうでない場合がある．これは，フレーズ検索の問題というよりは，検索エンジンのヒット件数の不安定さの問題である．これについては，第1部第2章で述べたのでそちらを参照してほしい．

[*1] http://www.if-pro.com/taikai/gi/gi2008/kantou/0320repo.html

第2章 AND 検索

2.1 AND 検索の意味と使い方

　AND 検索は，二つ（以上）の語を両方とも（全部）含んでいる文書を探

すときに指定する．AとBの二つの語を含む文書を探す場合，検索窓に「A AND B」と入れることになる．「A and B」や「A & B」という指定のしかたもある．しかし，検索窓に「A B」と入れると，AND検索が行われるので，事実上，AND検索を意図的に使う必要はなく，AND検索は「検索語を複数入れる場合」のことだと思っていても問題はない．

実際に検索してみよう．以下の4種類の検索結果はほぼ同一である．

```
「"りんご" "みかん"」(334,000件)
「"りんご" and "みかん"」(339,000件)
「"りんご" AND "みかん"」(339,000件)
「"りんご" & "みかん"」(334,000件)
```

さて，AとBの二つの語を検索する場合，それらの関係を集合のベン図を用いて表すと図2.1のようになる．

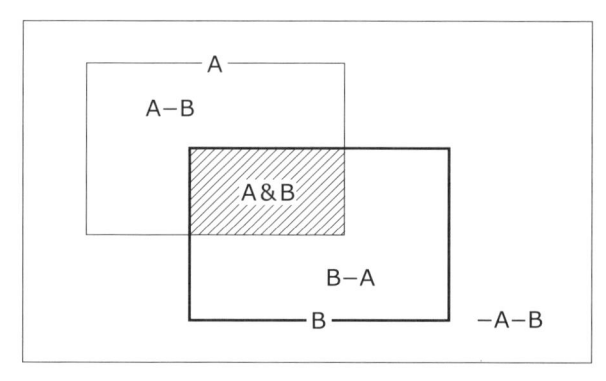

図2.1 A AND Bの検索をする場合の両者の関係

図2.1のAで囲まれた部分は，単語「A」を含んでいる文書であり，Bで囲まれた部分は，単語「B」を含んでいる文書である．両者の積集合（AとBの両方とも含んでいる文書）は，図2.1の「A & B」で表されている．「A−B」は，単語「A」を含み，単語「B」を含まない文書であり，「B−A」は単語「B」を含み，単語「A」を含まない文書である．「−A−B」は，単語「A」も単語「B」も含まない文書である．AND検索というのは，図2.1の「A & B」を探すものである．

では，検索エンジンで実際こういうことが行われているのか，goo検索エンジンについて調べてみよう．

2.2 比較的ヒット件数が小さい場合

2.2.1 将棋用語

「"ミレニアム囲い"」を検索すると549件検索される．「"金無双"」を検索すると3,490件検索される．また，「"ミレニアム囲い" "金無双"」とAND検索すると231件検索される．「"ミレニアム囲い" −"金無双"」と

NOT（マイナス）検索すると343件検索され，「"金無双" −"ミレニアム囲い"」とマイナス検索すると3,310件検索される．この四つの検索件数は正しいものとして話を先に進める．

論理的には，

　　　　Aのヒット件数＝「A−B」のヒット件数＋「A & B」のヒット件数

である．実際に計算してみると，

「"ミレニアム囲い"」(549件) ≒ 「"ミレニアム囲い" −"金無双"」(343件)
　　＋「"ミレニアム囲い" & "金無双"」(231件)

ということで，ほぼ納得できる結果になる．同様に，

　　　　Bのヒット件数＝「B−A」のヒット件数＋「A & B」のヒット件数

が成り立つはずである．実際のヒット件数を見ると，

「"金無双"」(3,490件) ≒ 「"金無双" −"ミレニアム囲い"」(3,310件)
　　＋「"ミレニアム囲い" & "金無双"」(231件)

ということで，こちらもほぼ納得できる結果になる．

2.2.2　漁業用語

もう1例，比較的ヒット件数が小さい場合を見ておこう．

```
"三崎まぐろ"　13,200件　　"水揚げ港"　4,070件
「"三崎まぐろ" "水揚げ港"」　47件
「"三崎まぐろ" −"水揚げ港"」　13,200件
「"水揚げ港" −"三崎まぐろ"」　4,030件
```

という結果になる．この結果から

$$A = (A - B) + (A \& B),\ B = (B - A) + (A \& B)$$

を計算してみると，以下の通りである．

「"三崎まぐろ"」(13,200件) ≒ 「"三崎まぐろ" −"水揚げ港"」(13,200件)
　　＋「"三崎まぐろ" & "水揚げ港"」(47件)

「"水揚げ港"」(4,070件) ＝ 「"水揚げ港" −"三崎まぐろ"」(4,030件)
　　＋「"三崎まぐろ" & "水揚げ港"」(47件)

これも納得できる結果である．

2.2.3　風に関する用語

比較的ヒット件数が小さい場合でも，結果が納得できない場合もある．

```
"筑波おろし"　約1,110件　　"からっ風"　約31,900件
「"筑波おろし" "からっ風"」　28件
「"筑波おろし" −"からっ風"」　約31,900件
「"からっ風" −"筑波おろし"」　約1,080件
```

という結果になる．この結果から

$$A = (A - B) + (A \& B),\ B = (B - A) + (A \& B)$$

を計算してみると，以下の通りである．

「"筑波おろし"」(1,110 件) ≠ 「"筑波おろし" －"からっ風"」(31,900 件)
　　＋「"筑波おろし" ＆ "からっ風"」(28 件)
「"からっ風"」(31,900 件) ≠ 「"からっ風" －"筑波おろし"」(1,080 件)
　　＋「"筑波おろし" ＆ "からっ風"」(28 件)

というわけで，予定通りの結果にはならない．

2.3 比較的ヒット件数が大きい場合

2.3.1 くだもの

今度は，比較的ヒット件数が大きい場合を見てみよう．

```
"りんご"  4,940,000 件  "みかん"  3,610,000 件
「"りんご"  "みかん"」 334,000 件
「"りんご"  －"みかん"」 5,010,000 件
「"みかん"  －"りんご"」 1,570,000 件
```

という結果になる．2.2 節と同様の計算をしてみると，

「"りんご"」(4,940,000 件) ≠ 「"りんご" －"みかん"」(5,010,000 件)
　　＋「"りんご" ＆ "みかん"」(334,000 件)
「"みかん"」(3,610,000 件) ≠ 「"みかん" －"りんご"」(1,570,000 件)
　　＋「"りんご" ＆ "みかん"」(334,000 件)

ということで，誤差がかなり大きく出て，あまり信用できない結果になる．

2.3.2 カラスとゴミ

もう一つ，ヒット件数が大きいものを見てみよう．

```
"ゴミ"  約 9,780,000 件  "カラス"  約 1,480,000 件
「"ゴミ"  "カラス"」 約 142,000 件
「"ゴミ"  －"カラス"」 約 5,990,000 件
「"カラス"  －"ゴミ"」 約 376,000 件
```

という結果になる．上と同様の計算をしてみると，

「"ゴミ"」(9,780,000 件) ≠ 「"ゴミ" －"カラス"」(5,990,000 件)
　　＋「"ゴミ" ＆ "カラス"」(142,000 件)
「"カラス"」(1,480,000 件) ≠ 「"カラス" －"ゴミ"」(376,000 件)
　　＋「"ゴミ" ＆ "カラス"」(142,000 件)

ということで，ここでも誤差がかなり大きく，あまり信用できない．

2.4 AND 検索の有効性と問題

2.2 節で見たように，比較的ヒット件数が小さい場合は，それぞれの数値

は論理的に納得できるものが多いようである．ただし，全部で5組しか調べていないので，これがどこまであてはまるかは問題が残る．

一方，2.3節で見たように，比較的ヒット件数が大きい場合は，それぞれのヒット件数が整合性のないものになってしまうことが多い．こちらも，全部で5組しか調べていないが，数百万件のヒット件数を示すような語でAND検索を行うと，整合性のある結果にはならない場合が多い．

なぜ，このような結果になるのか．一つの理由は，検索エンジンのヒット件数の不安定さの問題かもしれない．そもそも，検索したときのヒット件数が信頼できなければ，それを加工した結果としてのAND検索の結果も信頼できない．さらには，AND検索の処理のしかたに問題があるのかもしれない．積集合を求める演算の問題ということである．なぜこのような結果になるのかは現状ではわからないが，少なくとも，ヒット件数が大きい場合はAND検索の結果は整合性がないことが多いと心得ておく必要があろう．

もしも，信頼できるかどうかを直接確認する場合は，検索された用例を一つずつ調べてみるということができる．AND検索を指定して検索されたそれぞれの用例に，指定した検索語が全部入っているかを見るわけである．確認した限りではそうなっていた．

ヒット件数が小さい場合はこういう直接確認も可能であるが，ヒット件数が大きい場合は，直接確認はできない．小さい件数でわかったことを大きな件数にもあてはめて推定するしかないのが現状である．

第3章 OR 検 索

3.1 OR 検索の意味と使い方

OR検索は，二つ（以上）の語のどちらか（あるいは全部）を含んでいる文書を探すときに指定する．AとBの二つの語を含む文書を探す場合，検索窓に「A　OR　B」と入れることになる．「A | B」という指定のしかたもある．しかし「A　or　B」と入れても，「or」という単語を検索してしまうので，この指定はできない．

実際に検索してみよう．以下の3種類の検索結果のうちはじめの二つは同一の結果を返してくる．

第3章 OR 検 索

```
「"りんご" OR "みかん"」(5,510,000 件)
「"りんご" | "みかん"」(5,510,000 件)
「"りんご" or "みかん"」(50,200 件)
```

ところで，検索語を追加して OR 検索を指示していくと，逆にヒット件数が減るという現象が現れる（表 2.2 では，「" の " OR " を "」と入れて検索したものを単に「の を」と示している）．

表 2.2 OR 検索で指定する単語数を増やしていった場合

OR 検索で指定した単語	ヒット件数
の を	1,130,000,000
の を に	1,590,000,000
の を に は	1,980,000,000
の を に は で	2,270,000,000
の を に は で が	2,140,000,000
の を に は で が て	2,100,000,000
の を に は で が て と	1,980,000,000
の を に は で が て と し	1,930,000,000

表 2.2 で明らかなように，OR 検索で，次々と単語を追加していくと，ヒット件数が単純に増加するわけではなく，どこかからは減少に転じてしまう結果となる．

検索語を追加して AND 検索を指示すると，ヒット件数が小さくなっていき，最終的にゼロに近づいていくので，AND 検索では，このような矛盾を簡単に見つけることはできない．しかし，OR 検索では，検索語を追加すると，ヒット件数が大きくなっていき，最終的に（理屈の上では）全文書の数に近づいていくことになる．

OR 検索の，このような性質を利用すると，検索エンジンがカバーする文書量を推定することができると考えられるのだが，実際は，OR 検索に上述のような問題点があり，全文書の件数を推定する目的には使えない．

さて，A と B の二つの語を検索する場合，それらの関係を集合のベン図を用いて表すと図 2.2 のようになる．

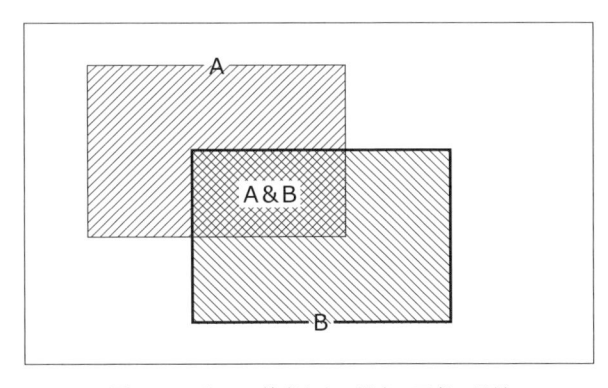

図 2.2 A と B の検索をする場合の両者の関係

図 2.2 の A で囲まれた部分は，単語「A」を含んでいる文書であり，B で囲まれた部分は，単語「B」を含んでいる文書である．両者の積集合（A と B の両方とも含んでいる文書）は，図 2.2 の「A & B」で表されている．OR 検索というのは，図 2.2 の「A」と「B」のカバーする全体（つまり和集合）を探すものである．ヒット件数は A のヒット件数と B のヒット件数を足したものから「A & B」のヒット件数を引いたものになるはずである．

では，検索エンジンで実際こういうことが行われているのか，goo 検索エンジンについて調べてみよう．

3.2 比較的ヒット件数が小さい場合

3.2.1 将棋用語

「"ミレニアム囲い"」を検索すると 513 件検索される．「"金無双"」を検索すると 5,620 件検索される．また，「"ミレニアム囲い" OR "金無双"」と OR 検索すると 5,930 件検索される．「"ミレニアム囲い" AND "金無双"」と AND 検索すると 216 件検索される．

論理的には，
   A | B のヒット件数 = A のヒット件数 + B のヒット件数
      −「A & B」のヒット件数

である．実際に計算してみると，
「"ミレニアム囲い" OR "金無双"」(5,930 件) ≒「"ミレニアム囲い"」(513)
  +「"金無双"」(5,620 件) −「"ミレニアム囲い" & "金無双"」(216 件)
ということで，ほぼ納得できる結果になる．

3.2.2 漁業用語

もう 1 例，比較的ヒット件数が小さい場合を見ておこう．

```
"三崎まぐろ"  18,900 件   "水揚げ港" 3,500 件
「"三崎まぐろ" OR "水揚げ港"」22,200 件
「"三崎まぐろ" AND "水揚げ港"」44 件
```

という結果になる．この結果から
   A | B のヒット件数 = A のヒット件数 + B のヒット件数
      −「A & B」のヒット件数
を計算してみると，以下の通りである．
「"三崎まぐろ" | "水揚げ港"」(22,200 件) ≒「"三崎まぐろ"」(18,900 件)
  +「"水揚げ港"」(3,500 件) −「"三崎まぐろ" & "水揚げ港"」(44 件)
     = 22,356 件
これも納得できる結果である．

3.2.3 風に関する用語

```
"筑波おろし" 約 1,110 件  "からっ風" 約 31,900 件
「"筑波おろし" OR "からっ風"」 32,9000 件
「"筑波おろし" AND "からっ風"」 28 件
```

$$A | B \text{のヒット件数} = A \text{のヒット件数} + B \text{のヒット件数} - \lceil A \& B \rfloor \text{のヒット件数}$$

を計算してみると,

「"筑波おろし" | "からっ風"」(32,900 件)≒「"筑波おろし"」(1,110 件)+
「"からっ風"」(31,900 件)−「"筑波おろし" & "からっ風"」(28 件)
　　=32,982 件

という結果になる. これも納得できる結果である.

3.3 比較的ヒット件数が大きい場合

3.3.1 くだもの

今度は, 比較的ヒット件数が大きい場合を見てみよう.

```
"りんご" 4,940,000 件  "みかん" 3,610,000 件
「"りんご" OR "みかん"」 5,510,000 件
「"りんご" AND "みかん"」 334,000 件
```

という結果になる. 3.2 節と同様の計算をしてみると,

「"りんご" | "みかん"」(5,510,000 件)≠「"りんご"」(4,940,000 件)
+「"みかん"」(3,610,000 件)−「"りんご" & "みかん"」(334,000 件)
　　=8,216,000 件

というわけで, ヒット件数に整合性がなく, 検索結果も信頼できない.

3.3.2 カラスとゴミ

もう一つ, ヒット件数が大きいものを見てみよう.

```
"ゴミ" 約 9,780,000 件  "カラス" 約 1,480,000 件
「"ゴミ" OR "カラス"」 約 9,100,000 件
「"ゴミ" AND "カラス"」 約 142,000 件
```

という結果になる. 上と同様の計算をしてみるまでもなく,「"ゴミ"」を単独で指定した場合よりも「"ゴミ" OR "カラス"」としたほうがヒット件数が小さくなるので, あまり信用できない.

3.4 OR 検索の有効性と問題

3.2 節で見たように, 比較的ヒット件数が小さい場合は, それぞれの数値

は論理的に納得できるものが多いようである．ただし，全部で5組しか調べていないので，これがどこまであてはまるかは問題が残る．

一方，3.3節で見たように，比較的ヒット件数が大きい場合は，それぞれのヒット件数が整合性のないものになってしまうことが多い．こちらも，全部で5組しか調べていないが，数百万件のヒット件数を示すような語でOR検索を行うと，整合性のある結果にはならない場合が多い．

こうなる理由については，AND検索のときに述べたので，ここでは繰り返さない．

第4章 NOT検索（マイナス検索）

4.1 マイナス検索の意味と使い方

4.1.1 マイナス検索の意味

マイナス検索は，NOT検索ともいい，指定された検索語を含まない文書を探すときに指定する．Aという語を含み，Bという語を含まない文書を探す場合，検索窓に「A　NOT　B」と入れることになる．「A　-B」や「A not B」という指定のしかたもある[*1]．

実際に検索してみよう．以下の4種類の検索結果のうちはじめの二つは同一の結果を返してくる．

```
「"りんご"　NOT　"みかん"」(8,760件)
「"りんご"　not　"みかん"」(8,760件)
「"りんご"　-　"みかん"」(290,000件)
「"りんご"　-"みかん"」(602,000件)
```

[*1] 2014年2月1日現在，検索エンジンGoogleでは「A NOT B」や「A not B」の指定ができず，「A -B」だけが可能である．

検索語を指定するときに，「"りんご"　-　"みかん"」というようにマイナスの後ろに空白を入れると，検索された文書の中に「みかん」が含まれているものがたくさんある．したがって，この指定のしかたは間違いである．

「"りんご"　NOT　"みかん"」と「"りんご"　-"みかん"」はヒット件数が大きく違うが，どちらが正しいかはよくわからない．しかし，マイナス検索のほうが正しい結果が返されるようなので，以下ではマイナス検索と呼び，「-」を指定することにする．このような結論に至った経緯について説明する．

「"高校の友人に会う"」を入れて検索すると，29件の文書が見つかる．それを見ていくと，「両方行きたい！！と思って、私が高校の友人に会うのは諦めた。」[*2] という用例が1例あることが確認できる．そこで「"高校の友人に会う"　NOT　"私が高校の友人に会う"」とすると，28件の文書が見つかる

[*2] http://sweetson.seesaa.net/index-5.html

はずだが，実際にやってみると見つかるのはゼロである．一方，「"高校の友人に会う" -"私が高校の友人に会う"」とすると，きちんと 28 件が見つかる．この場合，マイナスが付くほうの" "を削除して「"高校の友人に会う" -私が高校の友人に会う」と指定しても 28 件見つかる．

というわけで，NOT 検索は，利用者が求める NOT 検索になっておらず，マイナス検索が本来の NOT 検索であると判断する．

4.1.2 マイナス検索を使うとき

マイナス検索を使うときは，どういうときか．典型的な使い方を 2 例示すことにする．

第 1 に，検索できる用例数を増やすためである．検索エンジンでは，1 回の検索で用例が何万件見つかろうとも，具体的な用例は 1,000 例までしか得られない（場合によっては 1,000 例よりもずっと少ない）．しかし，目的によっては用例がもっとたくさんほしい場合がある．そんなときにマイナス検索を応用する．

今，X という単語の用例を検索するとしよう．単純に「"X"」と入れるのではなく，ありふれた単語 A と B を用意して，「"X" "A" "B"」「"X" "A" -"B"」「"X" -"A" "B"」「"X" -"A" -"B"」の 4 個を検索する（つまり 4 回検索する）ことで用例を 4,000 例を得ることができる．別の単語を 3 語用意すれば 8,000 例が得られる計算である．

第 2 に，検索したとき，不適例や参照例を減らすためである．

たとえば「まったり」という副詞の用例を調べたいとしよう．検索エンジンで「まったり」と入れると，グルメサイトの「食べログ」で「まったりや」や「まったり食堂」などのお店の名前がヒットしてしまう．これが多いということで，自動的にカットしたい場合は「"まったり" -食べログ」とすればよい．

「ふいんき」（「ふんいき」ではない）を調べようと思ったとする．各種動画サイトのタイトルで「そんなふいんきで歌ってみた」というのがたくさんヒットする．これを省いて「ふいんき」の用例を検索したいという場合は，「"ふいんき" -そんなふいんきで歌ってみた」とすればよい．このように，ある語の用例のうち，特定の文脈中の用例を検索しないようにするには，検索語を含んで，それより長い文脈をマイナス検索で指定するという手がある．また，2 ちゃんねるを中心に「ふいんき（←なぜか変換できない）」という言い方がたくさんヒットする．これは「ふいんき」という間違った言い方に関して議論している場合が多い．そこでこれらの参照例を検索しないために「"ふいんき" -なぜか変換できない」という指定で検索するとよい．

4.2 マイナス検索の問題点

4.2.1 マイナス検索でヒット件数が増えることがある

マイナス検索を指示して，逆にヒット件数が増えることがある．

たとえば，「" 高校の友人に会う "」を検索すると約29件と表示される．そこで出てくる文脈を確認して，「" 高校の友人に会う " －機会あって高校の友人に会う」のようにすると，ヒット件数は減るはずなのだが，逆に約30件と増えてしまうことがあった．検索エンジンの不安定さのためかと思うが，マイナス検索を指定した場合に，しなかった場合よりも件数が増えるというのは奇妙である．

4.2.2 ヒット件数が大きくなると，マイナス検索がきちんと行われない

マイナス検索は，ヒット件数が小さいときには，正常に（件数に矛盾なく）行われるが，ヒット件数が大きくなると，変な件数を返してくる場合がある．

実例で見てみよう．いずれも検索エンジン goo を使った結果である（2013年7月18日検索）．

(1)
```
" から急に冷え込んできました "  約 495 件
" 昨日から急に冷え込んできました "  約 58 件
「" から急に冷え込んできました " －昨日から急に冷え込んできました」 約 492 件
```

(2)
```
" 急に冷え込んできました "  約 2,900 件
" 急に冷え込んできましたね "  約 1,720 件
「" 急に冷え込んできました " －急に冷え込んできましたね」 約 2,900 件
```

(3)
```
" 冷え込んできました "  約 19,400 件
" 冷え込んできましたね "  約 11,200 件
「" 冷え込んできました " －冷え込んできましたね」 約 19,400 件
```

(4)
```
" 冷え込む "  約 173,000 件
" 冷え込むでしょう "  約 687 件
「" 冷え込む " －冷え込むでしょう」 約 173,000 件
```

(5)
```
" 冷え "  約 3,870,000 件
" 冷えない "  約 159,000 件
「" 冷え " －冷えない」 約 487,000 件
```

(1) から (5) の検索結果は，文脈を長くしたり短くしたりして，ヒット件数を調整したものである．当然のことながら，文脈が長ければヒット件数は

小さくなる.これらの例で,マイナス検索を指定した場合のヒット件数を見てみると,(1) から (4) は,マイナス検索を指定してもヒット件数が変わらない場合があったりして,ちょっとおかしいが,明らかな間違いはない.しかし,(5) は明らかにおかしい.

上では 1 組 5 例だけを示したが,全部で 12 組 60 例弱を調べた.その結果,ヒット件数が大きい場合にマイナス検索の不都合がおきやすいことがわかった.

第 5 章 ワイルドカード検索

5.1 ワイルドカード検索の意味と使い方

検索エンジンで,検索語を指定するとき,検索語の中の任意の語を「*」で表して,「何にでも一致する」ものとして検索することが可能である.このとき「*」をワイルドカードといい,このようにして検索することをワイルドカード検索という.

では,具体的にどう指定するとどんな検索ができるのか,表 2.3 を見てみよう.これは,検索エンジン goo で 2013 年 4 月 25 日に検索した結果である.

表 2.3 検索語の入れ方とそれぞれの検索件数

種 類	入力検索語	検索件数	備 考
a	「日本大学櫻丘高等学校」	28,700	略称も検索されている
b	「" 日本大学櫻丘高等学校 "」	3,330	指定されたものだけが検索されている
c	「" 日本大学 * 高等学校 "」	323,000	さまざまな付属高が検索されている
d	「" 日本大学*高等学校 "」	28,300	さまざまな付属高が検索されている
e	「" 日本 * 櫻丘高等学校 "」	9,110	
f	「" 日本大学櫻丘 * 学校 "」	12,300	
g	「" 日本大学 " * " 高等学校 "」	344,000	この指定法では「*」の意味はない
h	「" 日本大学 "*" 高等学校 "」	785,000	この指定法では「*」の意味はない
i	「" 日本大学櫻丘高等 *"」	8,220	この指定法では「*」の意味はない
j	「日本大学 * 高等学校」	847,000	非フレーズ検索では「*」は無意味である
k	「日本大学*高等学校」	691,000	非フレーズ検索では「*」は無意味である

表 2.3 の a と b は,参考までに検索したもので,ワイルドカード検索以外で何件くらい見つかるかを示している.c のように検索語を指定する(「*」の両側に半角空白を入れる)と,ワイルドカード検索がなされ,日本大学関連のさまざまな付属高が検索できる.

d は c と違って,「*」の両側に空白を入れないようにして検索した結果で

ある．cと同様の検索ができるが，cよりも件数がグッと小さい．cとdを比べると，cでは「*」に該当するものが2語以上の場合があるのに対し，dでは1語だけに限られるようである（詳しくは後述する）．

eやfのように適当な1語の部分を「*」にして検索することもできる．

gやhは，「*」を" "の外に出した形になっている．こうすると，（ワイルドカード検索でない）普通の検索がなされ，「*」は記号として扱われて無視される．iでは「*」を検索語の最後に指定しているが，これでは，「"日本大学櫻丘高等"」を検索することとほぼ同義になってしまい，このように指定する意味はない．もっとも「"日本大学櫻丘高等"」という指定では，その表現で文書が終わっている場合も検索するが，「"日本大学櫻丘高等 *"」では，その後ろに何かの単語がないとマッチしないことになるから，厳密には同一ではない．とはいえ，こういう指定をする必要があるケースは考えにくい．一般論として，「*」は検索語の列の途中に入れるものであると考えておくべきである．

jやkは" "が付いていないので，一般の検索（非フレーズ検索）である．その場合は，gやhと同様，「*」が記号として扱われて無視される．

5.2 ワイルドカード検索で実際に検索できること

ワイルドカード検索の基本については，5.1節で解説したとおりであるが，実は，ワイルドカード検索には，あまり知られていない固有のクセがあるので，そこまで含めて解説しておきたい．以下の検索は，goo検索エンジンで2012年3月に行ったものである．

［1］"強い酒を*飲んだ"（約23件）

こういう指定で，23件が検索された．どんなものが検索されたか，23件をリストアップすると，以下のようになる．文末の（ ）の中がヒット件数である．

強い酒をはじめて飲んだ（7）	強い酒を多く飲んだ（1）
強い酒をどうやって飲んだ（3）	強い酒を少量飲んだ（1）
強い酒をたくさん飲んだ（3）	強い酒をしたたか飲んだ（1）
強い酒を初めて飲んだ（2）	強い酒を一気に飲んだ（1）
強い酒を沢山飲んだ（2）	強い酒をこれだけ飲んだ（1）
強い酒をあれこれ飲んだ（1）	

これらの例からわかるように，「*」は「はじめて」「どうやって」「たくさん」「初めて」「沢山」「あれこれ」……のような1語とマッチしていることがわかる．

「どうやって」は，学校文法では「どう/やっ/て」と切って，副詞＋動詞＋接続助詞と扱うが，これを1語（副詞）として扱ってもよかろう．何を1語

として扱うかは検索エンジンが持っている（それに組み込まれた）文法の考え方による．同様に，「あれこれ」や「これだけ」を1語とは見ない見方もある．しかし，全体としてはこれらを1語とみなしていると考えてよさそうだ．

　[2] "強い酒を* 飲んだ"（約23件）

　「*」の右側に半角空白を置き，左側には置かなかったが，(1)と同じ結果になった．

　[3] "強い酒を *飲んだ"（約23件）

　「*」の左側に半角空白を置き，右側には置かなかったが，(1)と同じ結果になった．

　[4] "強い酒を * 飲んだ"（約9,180件のうちの100件）

強い酒をストレートで飲んだ（15）	強い酒をあれこれ飲んだ（1）
強い酒を割らずに飲んだ（6）	強い酒をうまれてはじめて強いお酒ばかり（1）
胃があれている飲んだ（5）	強い酒を生まれて初めて飲んだ（1）
強いお酒をストレートで飲んだ（5）	強いお酒をガンガン飲んでも（1）
強いお酒を、シャンパンを1本ほど飲んだ（5）	強いお酒を一気に飲んだ（1）
強いお酒をキュッと飲んだ（5）	強いお酒を一杯だけ飲んだ（1）
強いお酒をストレートや オンザロックで飲んだ（4）	強いお酒をすきっ腹に飲んだ（1）
強いお酒をロックで飲んだ（3）	強い酒を少量飲んだ（1）
強い酒を何杯も飲んだ（3）	強いお酒をたくさん飲んだ（1）
強いお酒を。シャンパンも1本ほど飲んだ（3）	強いお酒をガツンと飲んだ（1）
強い酒を半瓶（250ミリリットル）ほど飲んだ（2）	強い酒を立て続けに飲んだ（1）
強いお酒と、シャンパンを一杯ほど飲んだ（2）	強い酒を食前酒として飲んだ（1）
強い酒ばかりを5杯飲んだ（2）	強いお酒をかなり飲んだ（1）
強い酒を十五杯も飲んだ（2）	強いお酒）をたくさん飲んだ（1）
強いお酒ばかり・・・胃があれている（2）	強い酒をあびるように飲んだ（1）
強いリンゴ酒を朝食として飲んだ（2）	強い酒を、ストレートで飲んだ（1）
強いお酒を はじめて飲んだ（2）	強い薬膳酒をたくさん飲んだ（1）
強いお酒を初めて飲んだ（2）	強い酒を多く飲んだ（1）
強い酒をどうやって飲んだ（2）	強い酒を 沢山飲んだ（1）
強い酒をたくさん飲んだ（2）	強いお酒をコップ1杯飲んだ（1）
強いお酒を久々に飲んだ（1）	強い酒を大量に飲んだ（1）
強いお酒をたくさん飲んだ（1）	強い酒を一本飲んだ（1）
強いにがい酒を一度でも飲んだ（1）	強い酒を四，五杯飲んだ（1）

＊このほかに不適が4例あったが，これは無視する．

　さて，「*」の両側に半角空白を入れて検索すると，9,180件というたくさんの用例がヒットした．ここでは，そのうちの先頭100件をまとめて示した．

　これらの例から，「 * 」は「ストレートで」「割らずに」「シャンパンを1本ほど」……のような2語以上とマッチしていることがわかる．「たくさん」「あれこれ」「一気に」「かなり」……のように1語とマッチしている例（[1]に挙げた用例）もヒットしている．つまり「 * 」は1語以上とマッチしているということになる．

　もう一つ，注意するべき点がある．「強いお酒を〜」のように接頭辞「お」

が付いているものも検索されているという事実である．「"強い酒を * 飲んだ"」と指定したのであるから，" "が（フレーズ検索として）指定されたものがそのままの形で，そのままの順序で現れているものだけを検索するようになっているならば「お」が付いているものは検索されないはずであるが，実際にはそうではない．「強い酒ばかりを」「強いにがい酒を」「強い薬膳酒を」……などもヒットしているわけである．そのように検索が甘く（条件がゆるく）なっているために，ヒット件数が9,180件と大きくなったのであろう．「強いお酒と、シャンパンを一杯ほど飲んだ」の場合も，「お」に加えて「と、シャンパン」が間に挟まっている形である．

[5] "強い酒を**飲んだ"（約33件）

強い酒をストレートで飲んだ（22）	強い酒を、ストレートで飲んだ（1）
強い酒を大量に飲んだ（3）	強い酒をこっそり仕入れ、飲んだ（1）
強い酒をロックで飲んだ（2）	強い酒をガブガブと飲んだ（1）
強い酒を一本飲んだ（1）	強い酒を思い切って飲んだ（1）
強い酒を立て続けに飲んだ（1）	

「**」ということで「*」を2個並べて指定した．すると，マッチしたものは「ストレート/で」「大量/に」「ロック/で」「一/本」「立て続け/に」……というように2語に分割できるものであった．つまり「**」は2語とマッチすると考えることができる．

[6] "強い酒を** 飲んだ"（約33件）

　　[5]と同じ結果になった．

[7] "強い酒を* *飲んだ"（約33件）

　　[5]と同じ結果になった．

[8] "強い酒を **飲んだ"（約33件）

　　[5]と同じ結果になった．

[9] "強い酒を ** 飲んだ"（約33件）

　　[5]と同じ結果になった．

[10] "強い酒を* * 飲んだ"（約7,790件のうちの100件）

強い酒をストレートで飲んだ（13）	強いお酒を飲んだりたくさん飲んだ（1）
強い酒を割らずに飲んだ（9）	強いお酒を多量に飲んだ（1）
強い酒を半瓶（250ミリリットル）ほど飲んだ（4）	強いお酒をすきっ腹に飲んだ（1）
強いお酒を。あとシャンパンを1本ほど飲んだ（4）	強いお酒を一杯だけ飲んだ（1）
強いお酒と、シャンパンを一杯ほど飲んだ（4）	強い酒を一気飲みし、「今お酒飲んだ（1）
強いお酒を、シャンパンを1本ほど飲んだ（4）	強いお酒をガツンと飲んだ（1）
強いお酒をストレートで飲んだ（4）	強い酒をうまれてはじめて飲んだ（1）
強いお酒をストレートやオンザロックで飲んだ（3）	強いリンゴ酒を朝食として飲んだ（1）
強い酒を大量に飲んだ（3）	強いお酒をあびるように飲んだ（1）
強い酒を何杯も飲んだ（3）	強いお酒をキュッと飲んだ（1）
強いお酒を（空腹時に）飲んだ（2）	強い酒を四、五杯飲んだ（1）
強い酒を生まれて初めて飲んだ（2）	強い酒をやたらと飲むよ（1）

強い酒ばかりを5杯飲んだ（2）	強い白乾酒をとって飲んだ（1）
強い酒を飲む人（2）	強い酒をすんなり飲めた（1）
強い酒をロックで飲んだ（2）	強いお酒を久々に飲んだ（1）
強い酒を、ストレートで飲んだ（2）	強い酒をこっそり仕入れ、飲んだ（1）
強いお酒を含め、たくさんのお酒を飲んだ（2）	強い酒を一本飲んだ（1）
強い酒、あとシャンパンを1本ほどという記憶テキーラも飲んだ（1）	強い酒を十五杯も飲んだ（1）
強い蒸留酒を得意としない私は、ストレートでも飲んだ（1）	強い酒を買ってきて二人で飲んだ（1）
強い酒を何でもかんでもコカ・コーラで割って飲んだ（1）	強いにがい酒を一度でも飲んだ（1）
強いお酒を水とか炭酸水（チェイサー）と飲んだ（1）	強いお酒をストレートなどで飲んだ（1）
強い酒をガンガン注がれ、ガンガン飲んだ（1）	強い酒を生まれてはじめて飲んだ（1）
強いお酒をストレートやロックで飲んだ（1）	強いお酒をコップ1杯飲んだ（1）

「＊＊」という形で，1個目の「*」の左側は半角空白がなく「を」に接していることに注意してほしい．

7,790件検索されたが，そのうちの先頭100件を分類・整理した．その結果「＊＊」とマッチするのは「2語以上」であることがわかった．最初の「*」が1語とマッチし，次の「＊」が1語以上とマッチしたのだろう．

[11] "強い酒を ＊ ＊飲んだ"（約7,790件のうちの100件）

ほぼ [10] と同じ結果になった．[5] と [6] のように，ヒット件数が小さい場合は，全件照合が可能であり，完全に一致することが確認できるが，何千件もヒットする場合は，全件照合ができない．先頭100件を取り出すことにすると，何らかの原因で検索結果が並ぶ順序が違ってしまうことがあり，そうすると，完全に一致しているかどうかがはっきりしなくなる．その意味で，「ほぼ同じ」と判断するしかない．

[12] "強い酒を ＊ ＊ 飲んだ"（約7,790件のうちの100件）

ほぼ [10] と同じ結果になった．

以上，見てきたようなことからワイルドカード検索の重要な規則がわかった．「*」を，左右どちらかに空白をおかずに他の語（あるいは「*」）とつなげてしまうと，それは「任意の1語」とマッチするが，「 ＊ 」のように両側に空白をおくと「任意の1語以上」とマッチするということである．

なお，「*」が何個まで連続して指定できるか，試してみたが，上限はわからなかった．50個くらい連続したものを入れても，受け付けて検索するようである．ただし，その検索結果に意味があるかどうかはわからない．検索エンジンでは記号類を無視して検索するようになっていて，「。」（句点）も無視される．そこで，「"強い酒を******飲んだ"」と指定しても，「強い酒を買った。しかし、やっぱりあきらめてジュースを飲んだ。」というような用例を検索してしまうことになる．検索対象が文の範囲を越えると，言語研究としては異質のものになってしまうので，注意が必要である．

5.3 ワイルドカード検索は何語までマッチするか

5.2節では,「 * 」のようにアステリスクの両側に空白をおくと「任意の1語以上」とマッチするということを述べた.では,「1語以上」というのは,いったい,何語までマッチするのだろうか.10語や20語のような長いものでもマッチするのだろうか.いや,そんな長いものにマッチするとしたら,検索エンジン側の負担が大きくなるし,そもそも,そんな長いものを「 * 」で示して,果たして意味があるのかという問題がある.

さっそく,goo 検索エンジンを使って調べてみよう.

[1] WWW にアップロードされている記事の適当なものからある程度長い一連の句を取り出す

適当に,「"簡体字は日本で使う通常の漢字に直しておきました。"」を選んだ.

[2] 検索語としてこれを指定して検索エンジンで WWW を検索し,この記事一つしか検索されてこないことを確認する

[3] 「 * 」に該当する単語を一つから順番に長くしながら検索し,この記事が検索されるかどうか確認する

```
「"簡体字は * 通常の漢字に直しておきました。"」→検索できた
「"簡体字は * の漢字に直しておきました。"」→検索できた
「"簡体字は * 漢字に直しておきました。"」→検索できた
「"簡体字は * に直しておきました。"」→検索できない
```

このように,「 * 」は「日本で使う通常の」とマッチするが,「日本で使う通常の漢字」とはマッチしない.「日本で使う通常の」までは検索可能だが,「日本で使う通常の漢字」は長過ぎて検索不可能なのだろう.「日本で使う通常の」を単語に区切ると,「日本/で/使う/通常/の」となる.つまり5語である.ワイルドカード検索では「 * 」のように両側に空白をおくと「任意の1語以上5語以内」とマッチすると考えるといいのではないか.

ちなみに,「"簡体字は******に直しておきました。"」のように空白をおかずに「*」が6個続く形にすると,当該の記事が検索できる.というわけで,「日本で使う通常の漢字」は goo 検索エンジンによれば6語とみなされていることが確認できる.

もう1例示してみる.「"福島県から遠くの弁護士では地名などがわからず"」を取り上げよう.

```
「"福島県から * では地名などがわからず"」→検索できた
「"福島県から * 地名などがわからず"」→検索できた
「"福島県から * などがわからず"」→検索できた
「"福島県から * がわからず"」→検索できない
```

という結果から,検索できる最大長は「遠く/の/弁護士/では/地名」ということになる.これも5語である.「"福島県から******がわからず"」とすると検

索は可能である．

類例を 10 例ほど試してみたが，その限りでは，5 語が最長の場合が多いようであった．しかし，中には，もっと長い単語連続が検索できた場合もあった．

```
[" 初めて行きましたが、緑がいっぱいで人も少なくて、心地よい風 "] 2 件（同じ記事）
[" 初めて行きましたが、 * 人も少なくて、心地よい風 "]（4 語）→検索できた
[" 初めて行きましたが、 * も少なくて、心地よい風 "]（5 語）→検索できた
[" 初めて行きましたが、 * 少なくて、心地よい風 "]（6 語）→検索できた
[" 初めて行きましたが、 * て、心地よい風 "]（7 語）→検索できた
[" 初めて行きましたが、 * 心地よい風 "]（8 語）→検索できない
```

この例では，7 語まで検索できた．この例文の「*」が 7 語に該当することは，「" 初めて行きましたが、*******て、心地よい風 "」を指定するとこの例が検索できることで確認できる．大部分は 5 語まで検索可能なのに，なぜ，この例だけ 7 語まで検索できるのかはわからない．ともあれ，当面は，「*」によるワイルドカード検索が任意の 1 語から 5 語までとマッチすると考えておいていいのではないか．

次に，「 * * 」という形で半角空白に挟まれた形で「*」が 2 個続いた場合は，何語までとマッチするのだろうか．

```
[" 簡体字は * * に直しておきました。"]→検索できた
[" 簡体字は * * 直しておきました。"]→検索できた
[" 簡体字は * * ておきました。"]→検索できた
[" 簡体字は * * おきました。"]→検索できない
```

このように，「 * * 」は「日本で使う通常の漢字に直し」とマッチするが，「日本で使う通常の漢字に直して」とはマッチしない．「日本で使う通常の漢字に直して」は長過ぎて検索不可能なのだろう．

「日本で使う通常の漢字に直し」を単語に区切ると，「日本/で/使う/通常/の/漢字/に/直し」となる．つまり 8 語である．「 * * 」は 8 語までとマッチするといえよう．「" 簡体字は********おきました。"」のように「*」を 9 個並べたもので検索できるので，9 語の連続を「 * * 」では表現できないということになる．

一方，次のような結果もある．

```
[" 簡体字は * * で使う通常の漢字に直しておきました。"]→検索できない
[" 簡体字は * * 使う通常の漢字に直しておきました。"]→検索できた
```

つまり，「 * * 」は 1 語（「日本」）とはマッチできず，2 語（「日本/で」）とはマッチする．結論として，「 * * 」は，2 語以上 8 語までとマッチするということである．ただし，類例を 10 例ほど調べたところ，9 語まで検索できる例も 1 例あった．

> 「"さておき、私は何度も書くとおり、ピアノ弾いて、歌って、音楽に触れている時間が一番好きです。"」1 件
> 「"さておき、私は ＊ ＊ 歌って、音楽に触れている時間が一番好きです。"」(8 語)→検索できた
> 「"さておき、私は ＊ ＊ て、音楽に触れている時間が一番好きです。"」(9 語)→検索できた
> 「"さておき、私は ＊ ＊ 音楽に触れている時間が一番好きです。"」(10 語)→検索できない

「"さておき、私は＊＊＊＊＊＊＊＊＊て、音楽に触れている時間が一番好きです。"」が検索できることで、「＊＊」で9語の単語列が検索できることになる．なぜこれが可能かはわからない[*1]．ともあれ，ここでは，シビアに考えて，8語までマッチすると考えておくことにする．

5.4 ワイルドカード検索の応用例

ここでは，どんな問題にワイルドカード検索が有効なのか，応用例について述べておこう．

5.4.1 世界の中心で何をさけぶか

『世界の中心で，愛をさけぶ』という青春恋愛小説がある．映画にもなっている．したがって，「世界の中心で何をさけぶか」といえば「愛」ということになる．しかし，本当に全部が全部「愛」だけなのだろうか．有名な小説の題名であるからこそ，「愛」以外のものをさけぶような用例もあるのではないか．こういうとき，「"世界の中心で＊をさけぶ"」を検索するとよい．

結果として，「政策」「NT」……のようなものが検索できる．しかし，見つかった用例65,600件の大部分が「愛」であり，それ以外のものは大量の「愛」にじゃまされて，ほとんど得られない．

そういう場合は，「愛」をマイナス検索すればよい．きちんと書くと長くなるが，「"世界の中心で＊をさけぶ" －世界の中心で愛をさけぶ」という検索指定が望ましい．これで，膨大な「愛」以外の用例が見つかる．なお，この問題は「叫ぶ」という漢字表記で検索すると，また違った結果が出てくる．

5.4.2 パーマはかけるのかあてるのか

名詞ごとに使われる動詞は決まっていることが多い．メガネをかける，将棋を指す，囲碁を打つ，靴下をはく，……といった調子である．中には，使われる動詞が複数あって，ゆれている場合もある．手袋をはめる/つける/する，ご飯をよそう/よそる/もる/つぐ/つける，などがある．

パーマの場合は「かける」が普通だろうが，「する」もありそうだ．関西では「あてる」も使うと聞く．さて，どんな動詞が使われるのだろうか．

goo で検索する場合は「"パーマを"」と指定するのでもいいが，それだとその次にさまざまな表現がくるので，動詞を効率よく取り出すことができな

[*1] 9語というのは「何/度/も/書く/とおり/ピアノ/弾い/て/歌っ」であろう．『何度』を一語と考えると，「～＊＊＊＊＊＊＊＊＊～」で検索できることが説明できない．

い．たとえば，「綺麗に長持ちさせる」「もっと活かしたい」「どうする」……のようなものが位置する．

そこで，動詞一つが後続する文脈を考え，「"パーマを*こと"」「"パーマを*の"」で検索するのはどうだろうか．「"パーマを*こと"」では 69,000 件がヒットし，たくさんの動詞が得られる．「"パーマを*の"」では，60,700 件がヒットし，こちらもたくさんの動詞が得られる．いずれも「かける」や「かけた」が圧倒的に多いので，それを除外して検索してみよう．

「"パーマを*こと" −パーマをかけること −パーマをかけたこと」を指定すると，次のような動詞が使われることがわかった．

　　あてる，行う，する，施す，……

「あてる」は（「かける」を除外すると）かなり多い言い方であった．ちなみに「掛ける」もマイナス検索を指定するほうがよかったかもしれないが，用例があまり多数でないので，指定しなくてもよかろう．

このように，当初は試しに検索し，試行錯誤しながらだんだん検索式を妥当なものにしていき，不適例が少なくなるような検索を行うことがコツである．1 回でスパッと正しい検索をすることはきわめてむずかしい．検索と，確認・分類・分析・考察とを交互に行いながら検索方法を洗練させるべきである．

なお，「パーマをあてる」が関西の言い方だというのは，荻野綱男他（2005.3）において，谷口香織が WWW 検索で確認していることである．

5.4.3 検索エンジンにおける「単語」とは何か

第 2 部第 1 章で述べたように，検索エンジンは，「文字」単位で検索するのでなく，「単語」単位で検索するようになっている．しかし，「単語」がどんなサイズなのか，どこにも説明はない[*1]．もしも，ある検索エンジンの「単語」がしかじかのものだとわかったとしても，他のエンジンが同じ「単語の定義」で動いているとは限らない．その検索エンジンごとの特有の「単語の定義」があるかもしれない．

「*」を使うことによって，「単語」とは何か，どんなサイズかを調べることができる．「*」が 1 語とマッチすることを活かして，「"～～*～～"」のように「*」（両側に空白を入れない）を使うことによって，1 語とはどういうものかを調べることができる．

たとえば「"各種*機能"」と入れると，「*」とマッチするものとして，次のようなものが上がってくる．

　　の，出力，計算，サービス・，特殊，注文，代替，窓口，通信，高，管理，裏，……

この中で興味深いのは「高」である．「高」が文法論的に 1 語かどうかは，議論が分かれるところであろう．これを独立して単独で使う用法はほとんどなく（スイッチの「高・低」くらいか），たいていは，次の名詞と一緒に使われ

[*1] 以前は，Google で検索した結果から「キャッシュ」を見るという抜け道があったが，2013 年 5 月現在，この機能はなくなっている．

るから，ある意味で「接頭辞」のような働きをしているとも見られる．もしも「高」が接頭辞ならば，「単語」ではない．接頭辞（接尾辞も含めて「接辞」）は単語よりも小さい単位である．しかし，goo の検索エンジンでは「単語」として扱っている．

「" 私が*ば "」と入れると，次のようなものが検索される．

　　　死ね，変われ，消えれ，働け，……

活用形では「死ねば」が1語ではなくて「死ね」が1語であることがわかる．学校文法でも「死ね」などが仮定形であり，「ば」は接続助詞としている．学校文法に合わせた「単語」になっていることがわかる．

このようなことを利用して，検索エンジンの「単語」について知識を得ることができれば，より効率的な検索が可能になるかもしれない．今後に期待したい．

第6章　活用形の検索

6.1　単語とは

検索エンジンは「単語」単位で検索を行う．これについては，第1部第3章と第2部第1章で述べた．では，検索する単位としての「単語」はどういうサイズなのか．

日本語の文法の研究者にとっては，「単語」はとても悩ましいものである．いろいろな研究者がそれぞれ自分の考え方によって「単語」を定義し，これこれは1語だ，こちらは2語だと述べているのだが，それらが研究者ごとにずれているのである．

検索エンジンは，日本語の研究者の「文法」に従う必要はなく，以前は，独自の「文法」を持っていた．そして，それに合わせて「単語」を認定していた．しかし，最近の検索エンジンは，独自の「文法」を捨て，「学校文法」（中学校の口語文法）に合わせるようになってきた．つまり，検索するとき，活用する語については，学校文法を意識して，そこでならった「単語」を検索するようにすればたいていうまくいくものである．逆に，単語の一部を検索するようなことは検索エンジンではできない．

たとえば，「いことはない」が検索できるだろうか．実際，検索できているかどうかを考えるとき，「ないことはない」よりも件数が大きいかどうかを見てみればわかる．goo 検索エンジンでやってみると，「" いことはない "」は 22,700 件となり，「" ないことはない "」は 219,000 件見つかる．つまり，「い

ことはない」と入れても，「ないことはない」よりもはるかに小さい件数しか見つからないということである．単語の一部（「い」は形容詞の一部）は検索できないということである．

しかし，一方では「いことはない」がゼロではなく 22,700 件見つかるということも重要である．単語の一部であっても，現実にそのような使い方があるのであって，したがって検索エンジンを使うとそういう用例が見つかるのである．

6.2 活用形の検索単位

活用する語は，文脈に応じて形を変える．つまり，文脈に応じて形を変えることを活用というわけである．ここでは，活用形を検索するとき，どんな単位で指定するべきかを議論する．

五段活用動詞「読む」を例にしよう．活用形として，「読ま，読み，読む，読め，読も」がある．「読ん」も活用形と考えるか音便形として別扱いするかは議論が分かれるところであるが，文脈に応じて形を変えることが活用だということを単純にあてはめれば「読ん」も活用形の一種として考えてよい．

ここで，「読む」の活用形が「読ま，読み，読む，読め，読も，読ん」の 6 種類あるということは，これらの 6 種類はそれぞれが（活用によって形を変えた）「単語」であるということである．これらの「単語」は，語幹「読」と，活用語尾「ま，み，む，め，も，ん」とに分割できるが，語幹も活用語尾も単語を作る部品のようなものであり，いいかえれば単語の一部である．したがって，「読」だけでは，「読ま」や「読み」を検索することはできないし，「ま」や「み」で「読ま」や「読み」を検索することもできない．

活用する語を検索するときは，したがって，「読」だけを入れて検索すれば全部の活用形が検索できるというのは間違いである（本当は，これができるととても簡単にいろいろな検索が可能になるわけだが）．この場合は，「読ま，読み，読む，読め，読も，読ん」の 6 種類をそれぞれ検索しなければならない．ヒット件数を求めるときには，それぞれの形で 6 回検索してその合計を求めるようなことをしなければならない．

6.3 五段動詞の未然形の検索

五段活用する動詞の未然形について，詳しく見ていこう．

この調査は goo 検索エンジンを用いて，2012 年 4 月 12 日と 17 日に行った．「"読ま"」を検索し，ヒット件数 4,810,000 件という結果を得た．先頭 1,000 件の用例をずっと見ていくと，「読まなくなる」「読まない」「読まず

に」「読まれる」などが検索されていることがわかる．未然形は単語として認識されているようである．

　しかし，このような調査では，「読まなくなる」の用例全体が「読ま」の検索結果に含まれていることを確認したわけではない．もしかすると「読まなくなる」のごく一部しか検索できていないのかもしれない．ただ，用例の件数が大きすぎて，全部が検索されているかどうか調べようがないということである．

　そこで，ヒット件数をしぼって，全例を確認できるようにしてみよう．「"作家の作品を読ま"」で検索すると61件の用例が見つかる．このように適当な文脈を付けて検索対象を長くしてやれば，ヒット件数が小さくなる．活用形を調べる場合は，右側がいろいろ形を変えたりして問題になるのだから，文脈を長くするときは左側に適当なものを付け加えてやればよい．

　次の段階で，「"作家の作品を読まれる"」を検索する．4件見つかる．この4件が，「"作家の作品を読ま"」で検索した61件に全部含まれているかどうかを確認する．全部含まれていた．

　同様に，「"作家の作品を読ませる"」1件，「"作家の作品を読まない"」23件，「"作家の作品を読まず"」7件を検索し，確認すると，これらの合計35件の用例は，すべて「"作家の作品を読ま"」の61件に含まれていることがわかる．

　少数例で確認できたことではあるが，このことは多数例でもあてはまるだろうと推定できる．つまり，goo検索エンジンでは，「読ま」だけを指定すれば「読まない」や「読まれる」などの例がすべて検索できることになる．

　このような検索が他の動詞についてもあてはまるのか，他の語でも調べてみた．

(1)
a	"自転車で歩道を走ら"	14件	
b	"自転車で歩道を走られる"	1件	0/1
c	"自転車で歩道を走らせる"	0件	
d	"自転車で歩道を走らない"	9件	9/9
e	"自転車で歩道を走らず"	2件	1/2

　bの「0/1」というのは，bの検索方法で見つかった1件はaの検索結果に含まれていなかったという意味である．dの「9/9」というのは，dの検索方法で見つかった9件は全部aの検索結果に含まれていたということである．

(2)
a	"恋愛小説を書か"	20件	
b	"恋愛小説を書かれる"	12件	0/12
c	"恋愛小説を書かせる"	9件	3/9
d	"恋愛小説を書かない"	9件	9/9
e	"恋愛小説を書かず"	0件	

こちらでは，bの検索結果が全然aに含まれていなかった．つまり，aのように検索してもbが見つけられないわけで，困ったことである．

(3)
a	"人ごみを歩か"	40件	
b	"人ごみを歩かれる"	1件	0/1
c	"人ごみを歩かせる"	9件	0/9
d	"人ごみを歩かない"	6件	6/6
e	"人ごみを歩かず"	6件	0/6

(4)
a	"マイクの前に立た"	86件	
b	"マイクの前に立たれる"	7件	7/7
c	"マイクの前に立たせる"	13件	13/13
d	"マイクの前に立たない"	17件	16/17
e	"マイクの前に立たず"	5件	3/5

(5)
a	"パソコンで年賀状を作ら"	4件	
b	"パソコンで年賀状を作られる"	6件	0/6
c	"パソコンで年賀状を作らせる"	0件	
d	"パソコンで年賀状を作らない"	2件	2/2
e	"パソコンで年賀状を作らず"	1件	1/1

(6)
a	"読書に励ま"	42件	
b	"読書に励まれる"	1件	1/1
c	"読書に励ませる"	1件	1/1
d	"読書に励まない"	7件	7/7
e	"読書に励まず"	0件	

(7)
a	"長い距離を泳が"	64件	
b	"長い距離を泳がれる"	3件	3/3
c	"長い距離を泳がせる"	8件	0/8
d	"長い距離を泳がない"	8件	8/8
e	"長い距離を泳がず"	4件	3/4

このように，いくつかの例について調べてみたところ，うまく検索できる（○/○が1に近い）場合もあるが，検索できない例（○/○が0である）場合もあった．

以上のようなことから，未然形を指定して検索することで，未然形が使われている全部の用例を検索できるわけではないが，かなりの部分が検索できることがわかった．なぜこのような不統一な結果になるのかはわからない．

6.4 五段動詞の連用形（音便形）の検索

同様の方法で五段動詞の連用形（音便形）について調べてみよう．連用形で終わるものを検索し，次に「〜た（だ）」と「〜て（で）」が付いた形を検索し，後者が前者の検索結果に含まれているかを調べた．

(1)
"新人作家の作品を読ん"	4件	
"新人作家の作品を読んで"	2件	2/2
"新人作家の作品を読んだ"	2件	2/2

(2)
"部活の練習に励ん"	20件	
"部活の練習に励んで"	18件	17/18
"部活の練習に励んだ"	1件	1/1

(3)
"深夜に高速を走っ"　18件
"深夜に高速を走って"　8件　8/8
"深夜に高速を走った"　1件　1/1

(4)
"街の人ごみの中を歩い"　6件
"街の人ごみの中を歩いて"　4件　4/4
"街の人ごみの中を歩いた"　1件　1/1

(5)
"高い木の上に立っ"　12件
"高い木の上に立って"　10件　10/10
"高い木の上に立った"　0件

(6)
"子どもの弁当を作っ"　99件
"子どもの弁当を作って"　83件　79/83
"子どもの弁当を作った"　3件　3/3

(7)
"ただがむしゃらに泳い"　5件
"ただがむしゃらに泳いで"　2件　2/2
"ただがむしゃらに泳いだ"　1件　1/1

結果は，ほぼうまくいった．以下，省略するが，仮定形，命令形についても検討するべきである．終止形，連体形は検討できない．

また，一段活用動詞についても同様の検討が必要であり，さらには形容詞，形容動詞についても同様である．それらが全部終わらないと，最終的な結論は出せないが，一応，ここまでの調査結果を拡大解釈して，検索エンジンによる活用形の検索はできるようだとしておきたい．

6.5　goo ブログ検索での活用形

6.5.1　goo ブログ検索では活用形の検索方法が違う？

goo 検索エンジンを使ってウェブ検索をする場合と，goo ブログ検索をする場合では，活用形の検索のしかたが違っているようである．2012年12月段階で調べたことを以下にまとめておきたい．

goo 検索エンジンによるウェブ検索の活用形の検索については第1部第3章（3.1.8 項）で触れたことがある．goo ブログ検索では，どうだろうか．

表 2.4 に示した「通り抜けられる」の例では，単語の一部では検索できず，ウェブ検索と同じであると判断される．

表 2.5 に示した「かまびすしい」の例では，「"かまびすし"」と指定して，「かまびすしい」や「かまびすしく」が検索されている点が気になる．ブログ検索では，「"かまびすしい"」687件，「"かまびすしく"」176件，「"かまびす

表 2.4　動詞活用形を短くしながら検索する

検索窓に入力したもの	ヒット件数
"通り抜けられる"	818
"通り抜けられ"	2,000
"通り抜けら"	2
"通り抜け"	50,000
"通り抜"	57

表 2.5　形容詞活用形を短くしながら検索する

検索窓に入力したもの	ヒット件数
"かまびすしかった"	31
"かまびすしかっ"	0
"かまびすしか"	0
"かまびすし"	991
"かまびす"	98

しかった"」31件となるので,「"かまびすし"」と指定して,それらを含む活用形全部が検索できる可能性がある.「"かまびす"」の場合は,「かまびす（しい）」などが多いようである.かっこなどの影響で単語が切れてしまった例である.

どうにも判断しにくいのは,「"かまびすし"」の場合,「"通り抜"」57件のように,明らかに単語の一部では検索できていない（「"通り抜け"」が50,000件あるのだから）ということと矛盾するようで,単語の一部で検索できるようだ.ただし,検索結果を検討すると,「"かまびすし"」の場合は,文語の終止形として検索されているとも思える.となると,「単語の一部で検索できる」と主張するのは言い過ぎということになってしまう.

このあたりは,もう少し語例を増やすなどして検討してみる必要がある.後日の課題としたい.

6.5.2 動詞の2区分がある？

gooブログ検索では,短い動詞では違う検索方式が用いられている可能性がある.「"が込む"」626件,「"が込"」18,000件は,この結果だけを見ると,五段活用の活用語尾は単語扱いされている可能性がある.いくつか検討してみると,2グループに分かれた.

(1)

"を通りがかる"	191件	"を通りがか"	4件
"がまとまる"	5,000件	"がまとま"	258件
"が止まる"	53,000件	"が止ま"	2,000件

(2)

"を書く"	660,000件	"を書"	2,500,000件
"を読む"	1,700,000件	"を読"	3,000,000件
"に陥る"	61,000件	"に陥"	240,000件

(1) グループは左側が件数が多く,活用語尾（「る」）が単語扱いされていない.(2) グループは,右側が件数が多く,活用語尾が単語扱いされている.

これらのことから,短い五段活用動詞（語幹が1文字）の場合は活用語尾が単語扱いされ,長い五段動詞（語幹が2文字以上）の場合は活用語尾が単語扱いされないのかもしれない.「が込む」は (2) グループに属するわけである.

ウェブ検索でも同様になるかということで,試してみると,次の通りであった.

(1)

"を通りがかる"	5,330件	"を通りがか"	47件
"がまとまる"	105,000件	"がまとま"	4,660件
"が止まる"	693,000件	"が止ま"	54,500件

(2)

"を書く" 15,100,000 件	"を書" 3,740,000 件	(「を書こう」が大半)
"を読む" 8,020,000 件	"を読" 1,050,000 件	(「を読もう」が大半)
"に陥る" 762,000 件	"に陥" 46,100 件	(不適例が多い)

というわけで，ウェブ検索では，(2) グループも，右側の件数が小さくなり，活用語尾が単語扱いされるようなことはないようである．

6.5.3 いろいろな五段動詞の活用語尾の有無を調べる

ちょっと見てみたように，「"を通りがかる"」191 件，「"を通りがか"」4 件のように，活用語尾が付いた形のほうが付かない形よりも多数検索される (1) グループと，「"を書く"」660,000 件，「"を書"」2,500,000 件のように，ヒット件数がその反対になる (2) グループがある．

そこで，いくつかの五段活用の動詞について goo ブログ検索で (1) になるか (2) になるか，試してみた．2012 年 12 月現在の調査結果である．

(1)

"が挟まる"	1,000 件	"が挟ま"	36 件	"をしゃべる"	6,000 件	"をしゃべ"	2 件
"が休まる"	6,000 件	"が休ま"	21 件	"をつかみ取る"	957 件	"をつかみ取"	3 件
"が強まる"	14,000 件	"が強ま"	179 件	"をもらう"	100,000 件	"をもら"	2,000 件
"が狭まる"	2,000 件	"が狭ま"	26 件	"をやり抜く"	667 件	"をやり抜"	2 件
"が広がる"	99,000 件	"が広が"	1,000 件	"を果たす"	77,000 件	"を果た"	489 件
"が始まる"	450,000 件	"が始ま"	2,000 件	"を楽しむ"	440,000 件	"を楽し"	7,000 件
"が収まる"	9,000 件	"が収ま"	67 件	"を及ぼす"	42,000 件	"を及ぼ"	177 件
"が終わる"	290,000 件	"が終わ"	1,000 件	"を駆け回る"	4,000 件	"を駆け回"	24 件
"が縮まる"	5,000 件	"が縮ま"	42 件	"を繰り返す"	140,000 件	"を繰り返"	259 件
"が生み出す"	13,000 件	"が生み出"	93 件	"を見守る"	40,000 件	"を見守"	324 件
"が静まる"	1,000 件	"が静ま"	6 件	"を見破る"	6,000 件	"を見破"	28 件
"が追いつく"	2,000 件	"が追いつ"	77 件	"を減らす"	100,000 件	"を減ら"	506 件
"が伝わる"	54,000 件	"が伝わ"	246 件	"を作り出す"	41,000 件	"を作り出"	45 件
"に関わる"	140,000 件	"に関わ"	290 件	"を写し出す"	764 件	"を写し出"	3 件
"に近づく"	63,000 件	"に近づ"	432 件	"を醸し出す"	13,000 件	"を醸し出"	13 件
"に携わる"	40,000 件	"に携わ"	171 件	"を増やす"	150,000 件	"を増や"	967 件
"に繋がる"	110,000 件	"に繋が"	525 件	"を打ち切る"	3,000 件	"を打ち切"	6 件
"に向かう"	400,000 件	"に向か"	5,000 件	"を無くす"	22,000 件	"を無く"	790 件
"に逃げ込む"	5,000 件	"に逃げ込"	29 件	"を欲しがる"	250,000 件	"を欲しが"	34 件
"に飛びつく"	5,000 件	"に飛びつ"	12 件	"を落とす"	140,000 件	"を落と"	1,000 件
"に誘い込む"	782 件	"に誘い込"	7 件	"を励ます"	12,000 件	"を励ま"	23 件
"に溶け込む"	48 件	"に溶け込"	21 件				

(2)

"が歌う"	60,000 件	"が歌"	250,000 件	"を許す"	37,000 件	"を許"	220,000 件
"が叫ぶ"	10,000 件	"が叫"	44,000 件	"を結ぶ"	81,000 件	"を結"	200,000 件
"が残る"	440,000 件	"が残"	710,000 件	"を見舞う"	2,000 件	"を見舞"	6,000 件
"が伴う"	15,000 件	"が伴"	48,000 件	"を言う"	300,000 件	"を言"	1,600,000 件
"が飛ぶ"	47,000 件	"が飛"	280,000 件	"を作る"	940,000 件	"を作"	4,000,000 件
"が付く"	120,000 件	"が付"	1,300,000 件	"を削る"	27,000 件	"を削"	130,000 件
"が落ち着く"	53,000 件	"が落ち着"	210,000 件	"を思う"	83,000 件	"を思"	580,000 件
"にとどまる"	20,000 件	"にとどま"	100,000 件	"を持つ"	920,000 件	"を持"	4,600,000 件
"に帰る"	310,000 件	"に帰"	2,200,000 件	"を拾う"	26,000 件	"を拾"	160,000 件
"に休む"	12,000 件	"に休"	54,000 件	"を祝う"	49,000 件	"を祝"	120,000 件
"に蒔く"	900 件	"に蒔"	12,000 件	"を除く"	140,000 件	"を除"	350,000 件
"に譲る"	10,000 件	"に譲"	51,000 件	"を承る"	4,000 件	"を承"	48,000 件
"に走り出す"	3,000 件	"に走り出"	10,000 件	"を笑う"	10,000 件	"を笑"	42,000 件
"に登る"	46,000 件	"に登"	220,000 件	"を飾る"	80,000 件	"を飾"	250,000 件
"に導く"	39,000 件	"に導"	140,000 件	"を浸す"	2,000 件	"を浸"	18,000 件
"に粘る"	907 件	"に粘"	8,000 件	"を煽る"	21,000 件	"を煽"	49,000 件
"に迷う"	29,000 件	"に迷"	190,000 件	"を潰す"	26,000 件	"を潰"	97,000 件
"に戻す"	93,000 件	"に戻"	2,300,000 件	"を渡る"	47,000 件	"を渡"	500,000 件
"に励む"	33,000 件	"に励"	160,000 件	"を踏む"	34,000 件	"を踏"	170,000 件
"をかじる"	7,000 件	"をかじ"	37,000 件	"を動く"	4,000 件	"を動"	18,000 件
"を握る"	54,000 件	"を握"	230,000 件	"を破る"	27,000 件	"を破"	130,000 件
"を引く"	130,000 件	"を引"	560,000 件	"を聞く"	290,000 件	"を聞"	2,300,000 件
"を飲み込む"	9,000 件	"を飲み込"	33,000 件	"を返す"	41,000 件	"を返"	190,000 件
"を泳ぐ"	10,000 件	"を泳"	28,000 件	"を歩く"	150,000 件	"を歩"	740,000 件
"を滑る"	5,000 件	"を滑"	18,000 件	"を望む"	110,000 件	"を望"	240,000 件
"を含む"	400,000 件	"を含"	570,000 件	"を貰う"	36,000 件	"を貰"	280,000 件
"を喜ぶ"	13,000 件	"を喜"	68,000 件	"を流す"	81,000 件	"を流"	410,000 件
"を記す"	7,000 件	"を記"	44,000 件	"を臨む"	6,000 件	"を臨"	8,000 件
"を救う"	110,000 件	"を救"	210,000 件	"を話す"	79,000 件	"を話"	390,000 件

このように (1) と (2) がだいたい半々であり，どちらかというと，(2) は短い（漢字1字で書ける）動詞が多いようである．goo ブログ検索ではこのように，単語単位でなく，一部に単語よりも小さい単位で検索できる場合があるようである．

この傾向がウェブ検索でどう現れるか，確認しておこう．(1) と (2) の区分は goo ブログ検索の場合と同じにして，ウェブ検索を行って，ヒット件数を書き直した．左右の大小の関係がブログ検索のときと違った（左右が逆になった）ものには右端に△を付けてある．

(1)

"が挟まる"	22,700 件	"が挟ま"	71,800 件△	"をしゃべる"	85,100 件	"をしゃべ"	6,460 件
"が休まる"	45,300 件	"が休ま"	9,580 件	"をつかみ取る"	11,600 件	"をつかみ取"	2,630 件
"が強まる"	225,000 件	"が強ま"	6,900 件	"をもらう"	1,310,000 件	"をもら"	64,300 件
"が狭まる"	33,700 件	"が狭ま"	1,890 件	"をやり抜く"	7,560 件	"をやり抜"	881 件

"が広がる"	1,970,000 件	"が広が"	25,500 件	"を果たす"	1,310,000 件	"を果た"	109,000 件
"が始まる"	3,680,000 件	"が始ま"	119,000 件	"を楽しむ"	11,100,000 件	"を楽し"	9,600,000 件
"が収まる"	146,000 件	"が収ま"	1,530 件	"を及ぼす"	1,190,000 件	"を及ぼ"	42,300 件
"が終わる"	2,250,000 件	"が終わ"	88,300 件	"を駆け回る"	55,800 件	"を駆け回"	2,170 件
"が縮まる"	60,900 件	"が縮ま"	5,150 件	"を繰り返す"	3,750,000 件	"を繰り返"	28,100 件
"が生み出す"	1,250,000 件	"が生み出"	19,800 件	"を見守る"	836,000 件	"を見守"	31,000 件
"が静まる"	13,500 件	"が静ま"	2,570 件	"を見破る"	107,000 件	"を見破"	27,400 件
"が追いつく"	32,800 件	"が追いつ"	1,900 件	"を減らす"	1,600,000 件	"を減ら"	215,000 件
"が伝わる"	674,000 件	"が伝わ"	9,340 件	"を作り出す"	571,000 件	"を作り出"	24,500 件
"に関わる"	4,030,000 件	"に関わ"	63,500 件	"を写し出す"	10,900 件	"を写し出"	303 件
"に近づく"	1,080,000 件	"に近づ"	24,900 件	"を醸し出す"	294,000 件	"を醸し出"	4,600 件
"に携わる"	986,000 件	"に携わ"	27,700 件	"を増やす"	2,490,000 件	"を増や"	34,500 件
"に繋がる"	1,270,000 件	"に繋が"	180,000 件	"を打ち切る"	78,100 件	"を打ち切"	34,200 件
"に向かう"	3,310,000 件	"に向か"	142,000 件	"を無くす"	389,000 件	"を無く"	371,000 件
"に逃げ込む"	71,800 件	"に逃げ込"	12,000 件	"を欲しがる"	209,000 件	"を欲しが"	328,000 件△
"に飛びつく"	90,100 件	"に飛びつ"	4,470 件	"を落とす"	1,650,000 件	"を落と"	183,000 件
"に誘い込む"	19,500 件	"に誘い込"	8,250 件	"を励ます"	183,000 件	"を励ま"	29,900 件
"に溶け込む"	185,000 件	"に溶け込"	10,400 件				

(2)

"が歌う"	806,000 件	"が歌"	433,000 件△	"を許す"	665,000 件	"を許"	454,000 件△
"が叫ぶ"	131,000 件	"が叫"	218,000 件	"を結ぶ"	1,750,000 件	"を結"	151,000 件△
"が残る"	2,040,000 件	"が残"	587,000 件△	"を見舞う"	36,000 件	"を見舞"	8,800 件△
"が伴う"	255,000 件	"が伴"	32,900 件△	"を言う"	4,580,000 件	"を言"	1,650,000 件△
"が飛ぶ"	513,000 件	"が飛"	113,000 件△	"を作る"	28,400,000 件	"を作"	11,100,000 件△
"が付く"	1,560,000 件	"が付"	716,000 件△	"を削る"	492,000 件	"を削"	142,000 件△
"が落ち着く"	333,000 件	"が落ち着"	5,610 件△	"を思う"	1,140,000 件	"を思"	90,100 件△
"にとどまる"	370,000 件	"にとどま"	23,200 件△	"を持つ"	3,050,000 件	"を持"	1,060,000 件△
"に帰る"	1,910,000 件	"に帰"	595,000 件△	"を拾う"	374,000 件	"を拾"	82,200 件△
"に休む"	93,800 件	"に休"	61,500 件△	"を祝う"	661,000 件	"を祝"	273,000 件△
"に蒔く"	12,000 件	"に蒔"	13,400 件	"を除く"	13,000,000 件	"を除"	277,000 件△
"に譲る"	224,000 件	"に譲"	45,800 件△	"を承る"	342,000 件	"を承"	22,500 件△
"に走り出す"	33,600 件	"に走り出"	5,540 件△	"を笑う"	242,000 件	"を笑"	362,000 件
"に登る"	484,000 件	"に登"	227,000 件△	"を飾る"	1,190,000 件	"を飾"	83,500 件△
"に導く"	709,000 件	"に導"	512,000 件△	"を浸す"	30,000 件	"を浸"	40,600 件
"に粘る"	13,700 件	"に粘"	17,400 件	"を煽る"	493,000 件	"を煽"	55,400 件△
"に迷う"	497,000 件	"に迷"	61,800 件△	"を潰す"	421,000 件	"を潰"	168,000 件△
"に戻す"	3,370,000 件	"に戻"	712,000 件△	"を渡る"	712,000 件	"を渡"	704,000 件△
"に励む"	491,000 件	"に励"	35,800 件△	"を踏む"	506,000 件	"を踏"	218,000 件△
"をかじる"	72,800 件	"をかじ"	21,800 件△	"を動く"	51,200 件	"を動"	184,000 件
"を握る"	795,000 件	"を握"	313,000 件△	"を破る"	444,000 件	"を破"	199,000 件△
"を引く"	2,230,000 件	"を引"	728,000 件△	"を聞く"	4,840,000 件	"を聞"	423,000 件△
"を飲み込む"	168,000 件	"を飲み込"	12,200 件△	"を返す"	724,000 件	"を返"	156,000 件△
"を泳ぐ"	138,000 件	"を泳"	15,100 件△	"を歩く"	1,920,000 件	"を歩"	362,000 件△
"を滑る"	91,400 件	"を滑"	9,220 件△	"を望む"	1,730,000 件	"を望"	150,000 件△
"を含む"	15,800,000 件	"を含"	448,000 件△	"を貰う"	456,000 件	"を貰"	34,100 件△

"を喜ぶ"	274,000件	"を喜"	29,600件△	"を流す"	1,460,000件	"を流"	665,000件△
"を記す"	162,000件	"を記"	450,000件	"を臨む"	154,000件	"を臨"	7,980件△
"を救う"	2,190,000件	"を救"	282,000件	"を話す"	934,000件	"を話"	686,000件△

　この結果から，(2) には△が付くものが多く，ブログ検索とウェブ検索では，違う傾向になっている場合が多いことがわかる．結論としては，あまり明確にはいえないが，goo では，ブログ検索とウェブ検索で異なる検索のしかたをしている可能性が高い．

第7章　ブログ検索

　ブログは，WWW のサービスの中でも比較的新しいものである．しかし，利用者が多く，毎日大量の記事が書かれている．WWW 検索も日本語研究に有効だが，ブログ検索も同様である．ここでは，ブログをめぐる話題をいくつか述べよう．

7.1　日本語のブログの特徴

　まず，検索の対象となるブログとはどんなものか，簡単にながめておこう．
　ブログはウェブログ（weblog）の省略形である．一言でいえば，ウェブに書いた日記である．大きな特徴として，個人が書く場合が圧倒的に多いということがある．もちろん，一部にはお店のブログなど，個人が書いているわけではない（数人が回り持ちで書いている）ものもあるが，これはごくわずかである．ブログの書き手の「個人」については，ブログにプロフィール欄があり，書き手の好みや趣味，興味を持っているものなども書いてあるが，プロフィール欄で年齢・性別などを明らかにしている人が多い．年齢と性別は，人間を見るときの基本的な区分で，どういう立場の人かを見る上では年齢・性別だけでかなりのことがわかるともいえる．当然のことながら，ブログはことばの年齢差・男女差の資料として使える資料となる．一部，方言差についての資料となる可能性もある．具体的にブログ検索をどう使うのかについては，7.2 節以降で例示していこう．方言差については第4部第2章で示す．
　日本語のブログは，世界的に見て特徴がある．それは「日本人はブログ好き」ということである．武部健一（2007.4）によれば，2006 年第4四半期は，投稿数で日本語ブログが世界最多だったということである．事実上の世界標準語の英語の 36% を超えて，日本語ブログが 37% を占めた．母語人口世界一の中国語ブログはたった 8% しかない．日本語の話し手は圧倒的に日

本人が多いから，つまり，日本人はブログ好きということになる．[*1]

なお，石井健一他（2000）では，日本，アメリカ，中国の個人ホームページ[*2]の内容を分析した結果，日記の掲載率は日本では24%であるのに対し，アメリカでは8%であるとしている．ここでも，日本では日記（つまり現在でいうところのブログ）を書く人が多いことが述べられている．このようにたくさんのブログが日本語で書かれているので，ブログは日本語研究の資料としても有用なものになっているというわけである．

7.2 goo ブログ検索の特徴

ブログに限定して検索する仕組みを「ブログ検索」と呼ぶ．ブログ検索の機能は，検索エンジンそれぞれが提供しているが，以下ではgooブログ検索をもっぱら扱うことにする．URLは http://blog.goo.ne.jp/ である．gooブログ検索は，以下に示すようないくつかの特徴を持ち，日本語研究のためには他のブログ検索よりも優れていると思われる．

7.2.1 全部のブログが調べられる

検索するとき，「ブログ全体検索」を選ぶことによって，gooブログだけでなく，FC2, Seesaa, アメーバブログ，……などの各種ブログシステムの全体を調べることができる．もちろん，gooブログだけを指定することもできるが，その意味はあまりない．どうせ検索するなら，なるべく広い範囲を検索したいものである．

7.2.2 記号の検索ができる

第1部3.1節で述べたように，WWWを対象にした検索エンジンは，一般に記号の検索ができない．ところが，gooブログ検索では記号の検索ができる．たとえば「"できるだろうね。"」を指定すると，87件検索されるが，すべてに句点付きの「できるだろうね。」が含まれている．「"できるだろうね"」を指定すると，179件検索されるが，句点が付いているものもあるし，付いていないものもある．87＜179であるから，句点をつけることで，句点をつけない指定よりも検索結果が絞られているということで，句点の検索ができているようだ．「"できるだろうね" -できるだろうね。」を検索すると，90件になることから，87＋90≒179ということで，ほぼ正確な検索ができていることがうかがえる．

「"だろうね。しかし"」のように検索語列の中に句点が入っても大丈夫である．これは，日本語研究にとって，きわめて重要な特徴である．句点は文の区切りとして使われるものであるから，句点を含めて検索できるということは，文の終わりやはじめが指定できるということとほぼ同義である．この

[*1] ちなみに日経ITpro（2007.3）でアメリカのcomScore Networks社の調査結果を引用して2007年1月現在の世界のネット利用者の統計を示しているが，それを見ると，アメリカ153,447,000人，中国86,757,000人，日本53,670,000人である．少ない利用者でたくさんのブログを書いていることがうかがえる．

[*2] 2000年ころにはまだブログが普及しておらず，石井健一他は「ホームページ」を分析対象にしている．

点だけでも goo ブログ検索は利用価値があるといってさしつかえない．

当然ながら，検索できるのは，句点に限られない．読点も丸カッコもカギカッコも検索語に含めて検索できる．

7.2.3 年齢差・男女差が手軽に調べられる[*1]

年齢差・男女差については，2013 年 5 月現在，goo ブログ検索では二つの調べ方がある．

第 1 の調べ方は，ブログ検索をしながら年齢別・男女別のグラフを作成するものである．ちょっと手間がかかるが，以下のように行う．

(1) 検索語を入力してブログ全体検索を行う
(2) 検索結果画面の右側のほうで「▼〜の評判分析」の「〜について、様々な分析結果を見る。」をクリックする
(3) 「評判分析」のページに飛ぶので，ここで「グラフを全て見る」をクリックする

このような 3 段階で，検索結果の年代比率と男女比率が見られる．一度検索してから指定する形になるので，わかりにくい．なお，検索結果の件数が小さい（数百件以下の）ときは年代比率・男女比率のグラフは見られない．それ以外にもグラフを出力しない条件がいくつかあるようだ．また，このあたりのインタフェース（グラフの出し方）はときどき変わるようなので，要注意である．

第 2 の調べ方は，ブログ検索をするときに，検索条件として年代がこれこれ，性別がこれこれと指定して検索することである．これは，以下のように行う．

(1) 検索語を入力してブログ全体検索を行う．性別は「両方」，年代は「全て」という条件で検索される
(2) 検索結果画面の左側の欄で「男性」をクリックしたり，年代をメニューから選んだりして，検索条件を限定する
(3) これを必要な回数繰り返して指定して検索する
(4) それぞれのヒット件数（つまりブログ記事数）を記録して，それぞれの比率を計算する

goo ブログ検索では，第 1 の調べ方で数百件以下しか検索できない場合は，比率が自動的に表示されなくなる．しかし，その場合でも，第 2 の調べ方で「検索条件」として各年代や性別を指定して検索して，件数を求め，それから自分でパーセンテージを算出すれば，年代差や男女差がわかる．ただし，ヒット件数が小さいときは，年代差も男女差もあまり信頼できないものであることに注意するべきである．

こうして，男女比率，年代比率がわかるとどんなことが読み取れるのだろうか．一例として表 2.6 を示す．2013 年 5 月現在の結果である．第 1 の調べ方では「を」だけがグラフが表示され，「お返事」と「ご返事」はグラフが表

[*1] ここの記述は 2016 年現在では行えなくなっている．

示されなかったので，第2の調べ方を使った．

表 2.6 goo ブログ検索でわかる年齢差と男女差（%）

検索語	全体件数	男性	女性	10代未満	10代	20代	30代	40代	50代	60代以上
"を"	約9千万	27	73	2	39	33	15	7	2	2
"お返事"	約26万	18	82	9	22	28	26	11	2	2
"ご返事"	約5千	56	44	6	7	17	24	21	10	15

「を」についての検索結果であるが，これは，ブログ記事の全体を推定するものである．日本語の文章を書くとき，「を」を使わずに書くことはほぼできない．日本語のまともな文章ならば「を」が使われているはずである．ブログの中には，写真を掲載することが主目的で，付属的に写真の説明を「題名」だけ示すような形式のものがあるが，そういうものは，日本語の文章のデータにはならないので，無視してしまってもさしつかえない．つまり，「を」を調べるとブログ記事全体を概観することができるということになる．

表 2.6 の「を」の男女比率を見ると，男性（27%）よりも女性（73%）が多い．ブログは女性が書いていることが多いということである．もちろん，厳密にいえば，表 2.6 でわかるのは書き手の人数の偏りではなく，書かれた記事数の偏りであるが，そのことはあまり気にするほどのことではない．

年代別に見ると，10代（39%）と20代（33%）が圧倒的に多いということになる．ブログは若い人のメディアということである．30代（15%）となるとだいぶ少なくなり，40代以降はごくわずかということになる．

表 2.6 の「お返事」は，女性（82%）のほうが男性（18%）よりも多い．「お返事」は女性的な言い方ということになる．この場合，82%と18%という二つの数字を比べてものをいうよりは，「を」が73%と27%であることを一種のものさし（基準）にして，それと比べて，女性（82%）のほうが多いというように見るほうがよい．「お返事」には年齢差もあり，「を」と比べると，やや使う年齢が高くなっている．

「ご返事」は，男性（56%）のほうが女性（44%）よりも多く使っている．「ご返事」は男性的な言い方ということになる．仮に，この数値が男性50%，女性50%となったとしても，「を」の比率と比べて，男性のほうが多く使っていると判断するべきところである．「ご返事」にも年齢差があり，30代から40代を中心にして使われる．「を」の比率と比べれば，50代から60代以上の人がよく使っていると見るべきである．10代から20代の人は「ご返事」をあまり使わないということである．

このように，「お返事」と「ご返事」には，年齢差も男女差もあることがわかった．なお，「お返事」の使用年齢がやや高く，「ご返事」の使用年齢はいっそう高いことから，（平均よりも）若い人は何といっているのか，気になる人もいるかもしれない．「返事」である．「お」も「ご」も付かない形が若い人に使われている．これを調べるためには，「"返事" -ご返事 -お返事」43

万件について年代別の比率を見ていけばよい．

7.2.4 執筆日時が明確である[*1]

ブログ記事はアップロードした日時が自動的に記録される．これで執筆時期が確定できる．中には，数年前に書いた記事をあとからアップロードするというケースもあるだろうが，そういうのは分量的に少ないであろうと考えられる．

gooブログ検索では，日付を指定した検索も可能である．「検索オプション」をクリックし，絞込み検索の画面で「検索対象期間」が指定できる．2006年1月1日以降の任意の日付が指定できる．1日ごとの検索も，1ヵ月の期間ごとの検索も可能である．これを使うと，ブログ記事が新語・流行語の研究の資料として使えることになる[*2]．

やや古くなったが，2010年にgooブログ検索で「ルーピー 鳩山」を含むブログ記事の件数を調べたことがあったので，その結果を表2.7に示す．

[*1] ここの記述は2016年現在では行えなくなっている．

[*2] TwitterやYahoo!知恵袋などで投稿の日時がはっきりしていることを利用した研究に岡田祥平（2013.10）と岡田祥平（2014.3）がある．ただし，そこで用いられるTOPSYというサービスは現在提供されていない．

表2.7 gooブログ検索による日ごとの「ルーピー 鳩山」の検索結果（件数）

日付	すべて	goo内	日付	すべて	goo内	日付	すべて	goo内	日付	すべて	goo内
4.14	1	0	4.25	110	12	5.06	137	19	5.17	49	4
4.15	107	8	4.26	113	14	5.07	115	14	5.18	58	5
4.16	356	24	4.27	100	8	5.08	82	11	5.19	45	7
4.17	406	24	4.28	140	15	5.09	102	16	5.20	64	10
4.18	261	27	4.29	217	24	5.10	78	14	5.21	261	22
4.19	177	17	4.30	201	24	5.11	78	5	5.22	181	30
4.20	197	21	5.01	106	13	5.12	96	4	5.23	138	23
4.21	162	14	5.02	73	13	5.13	145	14	5.24	139	21
4.22	232	30	5.03	74	15	5.14	119	10	5.25	99	16
4.23	167	11	5.04	154	28	5.15	79	11			
4.24	123	16	5.05	158	14	5.16	45	6			

2010年4月13日以前はすべて「0」だった．
「すべて」はブログ全体検索，「goo内」はgooブログに限定した検索である．

2010年4月14日ワシントン・ポスト紙のコラムでアル・ケイマン氏が鳩山首相を「increasingly loopy」と書いた．それが日本で大反響を呼び，ブログでも取り上げられることが多かった．4月15日から出現頻度が急増していることがわかる．その後，次第に落ち着いてくるが，4月29日，5月4日という連休の途中で再度少し増加する．さらに，5月21日にも増加が見られる．テレビなどのマスメディアに取り上げられたりするとブログ記事が後追いで増加するのであろう．

2013年5月現在，検索対象期間を指定した検索がうまく行われないトラブルがある．最近の時事用語であれば，たとえば「H7N9」とかを検索してみたいと思ったが，検索結果がゼロと表示されてしまう．そのうち修正されるであろう．

7.2.5 地域別に検索できるかもしれない

以前は，地域別に検索することで，地域差も見ることができたのだが，2012年ころから見ることができないようになっている．2013年5月段階では，「評判検索」の中で地域（都道府県）別のグラフが表示されるようになったが，検索件数が小さいとグラフが作られないので，機能として不十分である．地域を指定した検索ができるといいのだが，現在はできないようである．しかし，この機能が復活することもあるかもしれないので，一応，ここにメモしておく．ブログの地域別検索の応用例は第4部第2章で示すことにする．

7.3 ブログ検索による年齢差と男女差

7.3.1 gooブログ検索での年代・性別の申告は正しいか

gooブログを利用していると，中には，プロフィール欄の記載が間違っているとしか思えないようなケースも散見される．こういうブログが多数を占めるようだと，gooブログ検索の結果が信頼できないことになり，よくない．

そこで，実際に調べてみることにした．表2.8は，適当な検索語句を入れてgooブログ検索で男女別かつ各年代別に検索して，500本の記事を抽出し，それをプロフィール欄の記載や，そのブログ記事の内容などからブログ執筆者（管理者）の年代と性別を確認した結果である．執筆者の年齢はほぼプロフィール欄の記載に従うしかなかったが，性別に関しては，その執筆者の他の記事内容を読んで，出産の話，化粧やファッションの話などで女性と判断したり，女性の恋人がいることで男性と判断したりした[*1]．

[*1] 執筆者の年齢は，たとえば20代と30代とを正確に区別することは困難だった．プロフィール欄の年齢の記載とブログの内容が矛盾しない場合は「正確」と判断した．

表2.8 ブログ記事のプロフィール欄の年代と性別は正確か（件数）

プロフィール欄	年代：正確 性別：正確	年代：正確 性別：不明	年代：不明 性別：正確	年代：不明 性別：不明	不適例	合計
10代未満女性	5	0	481	14	0	500
10代未満男性	2	0	366	133	0	500
10代女性	453	1	34	11	2	500
10代男性	452	4	18	22	4	500
20代女性	454	3	28	10	5	500
20代男性	464	9	13	10	4	500
30代女性	372	6	104	18	0	500
30代男性	405	6	60	28	1	500
40代女性	377	14	75	35	0	500
40代男性	421	9	49	20	1	500
50代女性	309	13	106	68	4	500
50代男性	391	8	68	27	3	500
60代以上女性	110	13	244	133	0	500
60代以上男性	321	1	142	100	0	500

表2.8によると，「年代：不明，性別：正確」の数は，年齢が上がっていくと，女性の側の数値が高くなる．女性は（性別は隠さないが）年齢を隠す傾向があり，その傾向は年齢が高い人ほど強いということである．表2.8では，

10 代未満と 60 代以上のところで年代が不明な場合が多い．10 代未満のブログ記事を実際に読むと，明らかに大人が書いている．どんなテーマで書いているかを調べて表 2.9 にまとめた．

表 2.9 10 代未満と 60 代以上のブログ記事の内容の分類（件数）

	ペット	育児	店・会社	議員	介護	ゴミ	チェックしたブログ記事数
10 代未満女性	71	88	56	0	0	0	500
10 代未満男性	114	58	82	1	0	0	500
60 代以上女性	0	2	12	0	8	0	500
60 代以上男性	1	0	12	0	0	1	500

年齢を 10 代未満としているケースでは，ペットや子供の生年月日を申告（登録）しているもの，店や会社の設立年月日を生年月日としているものなどがあり，また，60 代以上としているケースでは，介護対象者の生年月日にして日々の介護記録をアップロードするなどの例があった．本来，ブログのプロフィールの年齢欄は，管理者＝執筆者の誕生日を書くべきところである．しかし，自分の子供や飼っているペットの誕生日を書いてしまう例がたくさんあるということである．考えてみれば，9 歳以下の幼い子供がパソコンなりスマホなりで仮名漢字変換しながらブログを書いているということ自体，想像しにくいものであろう．

というわけで，10 代未満と 60 代以上のところは，ブログ検索ではあまり信用できないという結論になる．しかし，逆に言えば，10 代から 50 代までは信用できるということであり，ブログによる年齢差・男女差の研究は有効であるといえよう．

7.3.2　若者語の年齢差

WWW で「若者語」を検索し，そこに書かれているものを手当たり次第に約 300 語ほどピックアップし，goo ブログ検索で年齢差を調べてみた．その中の 110 語の結果を表 2.10 にまとめた（2011 年 9 月現在の結果である）．実際の検索時にはすべて " " でくくって検索した．ただし，本書中にははじめとおわりの各 15 語だけを示し，中間の 80 語は省略した[*1]．各検索結果から先頭 50 例を確認し，当該の意味で（若者語として）使われているかどうか検討した．当該の意味以外の用例が多かったものは 110 語中に含めなかった．

表 2.10 では，左端と下段に「数量化」の結果を示しておいた．これは「交互平均法」[*2] による計算結果で，表の中の数値それぞれが，各行，各列で似ているかどうかを基準にして 1 次元的に並べた結果になっている．表 2.10 は横方向が「年齢差」を示す表なので，「数量化」の数値は年齢を基準にしていることになる．

左端の数値は，若者語の年齢差を表し，数値が大きいほど，若い人が中心に使っているということになる．各行はこの数値順に並べ替えてある．一番

[*1] 全体の表は朝倉書店のサイトに示した．

[*2] 以前は荻野綱男（1980.3）で「荻野の数量化の方法」と呼んでいたが，こちらのほうが呼び名としては正しい．計算法は 7 章末に記載してある．

下の「ネタプリ」や「デュクシ」はほぼ10代の人に限定されているかのごとき様相である．一方，上の方に位置する「ジャスフォー」や「孤族」「離活・リカツ」「イクメン」は，そういう立場がわかり，共感する年代の人が使っているので，「若者語」というよりも，「中年語」とでも呼ぶべきものであり，どちらかというと単なる「新語」に近い．

このように，同じく「若者語」と呼ばれるものの中でも，本当に若い人によって使われるものと，けっこう年上の人に使われるものとがあることが明らかになった．

下段の数値を見ると，各年代の数量化の結果がほぼその順に並んでおり，年齢が上がるほど数値が小さくなっていく．その例外になるのが10代未満と60代以上であり，若者語の使われ方に基づけば，10代未満と60代以上のブログ記事は，30代くらいの人が書いていると推定できる．

表2.10　若者語の年齢差（％）

数量化	検索した若者語	全体件数	10代未満	10代	20代	30代	40代	50代	60代以上
1.000	ジャスフォー	632	34	1	6	34	23	1	1
1.470	孤族	約2,000	4	9	7	19	35	13	13
13.322	離活・リカツ	約1,000	5	0	23	68	2	1	1
18.266	トモダチ作戦	約4,000	5	13	18	23	16	11	14
18.877	イクメン	約30,000	5	4	28	44	12	2	5
20.730	ダンシャリアン	約1,000	3	1	36	43	13	1	2
24.966	イラ菅	約3,000	1	18	18	25	13	10	15
26.157	朝ラー	約3,000	6	10	31	30	17	3	3
27.982	リア恋	約1,000	2	7	35	47	6	1	3
31.929	暖パン	816	3	12	36	28	18	1	3
33.202	ジロリアン	約2,000	5	9	41	32	10	2	1
34.321	香具師	約2,000	4	18	28	25	13	4	7
34.509	ホルモヌ	約2,000	5	6	47	32	6	2	2
35.134	だだ漏れ	約6,000	2	18	33	56	3	1	1
36.520	タイガーマスク運動	約10,000	3	21	27	28	15	3	3
		【中略】							
97.001	ピン写	約1,000	1	69	28	1	0	0	1
97.486	非リア充	約25,000	1	79	10	1	0	0	9
98.999	リア充	約290,000	1	76	20	2	0	0	2
99.932	ktkr	約66,000	1	76	20	2	0	0	0
101.019	あげぽよ	約17,000	1	75	22	1	0	0	0
102.704	貶し愛	約2,000	1	77	21	0	0	0	0
103.202	きめぇ	約10,000	0	80	18	1	0	0	1
103.717	リア友	約170,000	1	86	10	3	1	0	0
103.780	うぃる	約88,000	0	80	19	1	0	0	0
104.087	タヒる	約3,000	1	84	12	1	0	0	2
104.389	発ジャ	618	1	84	13	1	1	0	0
105.217	(ry	約400,000	1	83	14	0	0	0	1
107.283	わず	約71,000	0	86	12	1	0	0	0
107.357	デュクシ	約10,000	0	87	12	1	0	0	0
110.000	ネタプリ	758	0	90	9	0	0	0	0
	数量化		3.003	7.000	5.129	2.765	1.999	1.000	3.012

110語全体のデータは朝倉書店ウェブサイトでダウンロードできる．

参考までにそれぞれの単語の意味・用法などを以下に示す[*1]．（ ）の中は「先頭50件の確認結果」である．

[*1] すべての語の解説は朝倉書店ウェブサイトに示す．

○ジャスフォー…ちょうど 40 歳（50 件中 50 件）
○孤族…誰にも看取られずになくなっていく高齢者（50 件中 50 件）
○離活・リカツ…将来の離婚にむけての調査や準備のこと（50 件中 50 件）
○トモダチ作戦…米軍の支援活動．転じて助け合い（50 件中 50 件）
○イクメン…子育てを楽しむ男性（50 件中 50 件）
○ダンシャリアン…断捨離する人（50 件中 46 件）
○イラ菅…いらいらした菅首相（50 件中 50 件）
○朝ラー…朝からラーメンを食べること．朝食でパワーをつけることで 1 日を元気よく乗り切ろうということ（50 件中 50 件）
○リア恋…リアルな恋（50 件中 50 件）
○暖パン…カジュアル衣料のユニクロが 2010 年 11 月に売り出した，保温性を高めた冬物ジーンズ（50 件中 50 件）
○ジロリアン…「ラーメン二郎」の常連客（男性）のこと（50 件中 50 件）
○香具師…「ヤツ」→「ヤシ」を変換して「香具師」．特別な意味はない．「香具師」＝「奴」（50 件中 50 件）
○ホルモンヌ…ひとりでホルモンを食べに行く女性，肉食系女子（50 件中 49 件）
○だだ漏れ…まわりにわかってしまう（50 件中 50 件）
○タイガーマスク運動…児童養護施設にランドセルや学用品，現金などを贈る人が相次いでいること（50 件中 50 件）

【中略】

○ピン写…一人で自分自身の写真を撮ること（50 件中 50 件）
○非リア充…リア充の反対．友達が少ない．ひきこもり（50 件中 50 件）
○リア充…現実の生活が充実していること．またはそういった人（50 件中 50 件）
○ ktkr（ケーティケーアール）…「来たこれ」の省略で「出たぁ～～」とか「来た来た来たぁ～」の意味（50 件中 50 件）
○あげぽよ…テンションアゲアゲな状態を意味するギャル語．「ぽよ」は，なんとなくかわいいので語尾に付けるが特に意味はない．（50 件中 50 件）
○貶し愛…愛ゆえに悪く言ってしまうこと（50 件中 50 件）
○きめぇ…気持ち悪い（50 件中 50 件）
○リア友…本当の友達（50 件中 50 件）
○うぃる…いまから～します．近い将来のことを伝えるツイッター語（50 件中 50 件）
○タヒる…死ぬ．絶望的．非常に疲れていること（50 件中 50 件）
○発ジャ…北海道の発寒ジャスコの略（50 件中 50 件）
○(ry…以下省略．略（ryaku）の最初の 3 字から（50 件中 50 件）
○わず…「～した」「～しに行った」過去を意味するツイッター語（50 件中 48 件）
○デュクシ…日常会話で人に思わず突っ込みを入れるとき，なぐるジェスチャーを交えつつ「デュクシッ！」と添える．一部の日記やブログでちょっとしたノリツッコミの感覚で文末に「デュクシ」として締めることがある（50 件中 50 件）
○ネタプリ…ネタになるようなプリクラ（50 件中 50 件）

＊すべての語の解説は朝倉書店ウェブサイトに示す．

7.3.3 ブログに見る男女差

ブログで男女差がわかる．一例として，ここでは，荻野綱男（2007.4）（第 4 部第 3 章に収録）で扱った単語群をブログで検索してみる．

表 2.11 は，goo ブログ検索で「ブログ全体検索」を指定した場合の結果である（2012 年 12 月現在）．表 2.11 の左端にある「男女度」は「あたし」「俺」「僕」との共起を数えて算出した数値で，荻野綱男（2007.4）で算出した数値である．それぞれの単語が男性の書いたブログと女性の書いたブログで比率がどうなっているかを計算した．大部分は goo ブログ検索の検索結果のグラフで示される数値を引用している．

表2.11　ブログ検索による男女差（％）

男女度	検索語	全体件数	男性	女性	男女度	検索語	全体件数	男性	女性
13.507	かわいい	約8,600,000	14	86	57.390	願う	約330,000	33	67
16.282	とっても	約4,000,000	15	85	50.492	結構	約5,600,000	34	66
18.415	いっぱい	約7,000,000	18	82	56.237	映画	約3,300,000	34	66
19.128	砂糖	約520,000	19	81	39.722	気持	約170,000	35	65
28.618	嬉しい	約3,900,000	19	81	56.228	こちら	約11,000,000	35	65
1.000	あらまあ	約6,000	20	80	56.567	意味	約5,200,000	36	64
27.945	おいしい	約1,900,000	20	80	62.658	伺う	約51,000	36	64
30.175	すごい	約3,800,000	22	78	68.200	まあ	約5,100,000	36	64
34.140	絶対	約4,500,000	23	77	51.776	昔	約3,600,000	37	63
36.699	食べる	約3,000,000	23	77	59.890	女性	約4,300,000	37	63
43.973	先生	約5,200,000	23	77	41.146	あいまい	約67,000	38	62
29.118	好き	約15,000,000	24	76	54.377	酒	約2,500,000	38	62
38.699	やっぱり	約9,500,000	24	76	55.571	車	約5,500,000	39	61
38.742	鍋	約1,100,000	24	76	63.455	頼む	約390,000	39	61
38.987	けっこう	約1,100,000	24	76	56.815	はっきり	約940,000	40	60
40.547	全然	約4,300,000	24	76	52.401	男	約4,000,000	41	59
43.359	顔	約6,900,000	24	76	60.673	考える	約1,700,000	41	59
35.064	いろんな	約5,000	25	75	61.608	大体	約630,000	41	59
41.956	お子さん	約270,000	25	75	63.754	先程	約260,000	42	58
44.529	匂い	約970,000	25	75	50.674	よろしい	約140,000	43	57
26.494	きれい	約2,000,000	26	74	73.597	奴	約1,200,000	43	57
41.883	料理	約3,500,000	26	74	73.655	選手	約1,200,000	43	57
35.069	穏やか	約540,000	27	73	67.407	きわめて	約4,000	44	56
41.733	家族	約4,100,000	27	73	61.659	なるほど	約360,000	47	53
41.775	ちょっと	約15,000,000	27	73	74.656	バカ野郎	約15,000	47	53
46.246	子供	約7,800,000	27	73	61.174	場合	約5,400,000	48	52
49.989	勉強	約5,700,000	27	73	68.134	しかし	約7,100,000	49	51
51.459	本当に	約4,800,000	27	73	68.335	問題	約4,900,000	49	51
43.005	気持ち	約8,000,000	28	72	69.639	やはり	約3,300,000	50	50
45.895	こっち	約2,300,000	28	72	40.564	と断言	約43,000	54	46
37.953	じゃあね	約81,000	29	71	70.915	食う	約200,000	55	45
51.290	あのー	約52,000	29	71	76.148	おふくろ	約23,000	55	45
45.771	大変	約5,400,000	30	70	71.313	関する	約1,200,000	56	44
52.784	そして	約18,000,000	30	70	74.865	非常に	約860,000	60	40
47.997	どんどん	約1,800,000	31	69	78.190	丼飯	約1,000	61	39
49.990	夢	約4,400,000	31	69	71.044	と主張	約110,000	63	37
55.131	静かに	約460,000	31	69	64.303	と強調	約59,000	67	33
49.821	思う	約12,000,000	32	68	75.020	国民	約790,000	68	32
73.107	さらば	約150,000	32	68	79.632	腹一杯	約22,000	68	32
49.626	生活	約6,100,000	33	67	75.829	メシ	約110,000	69	31
51.163	悪い	約4,500,000	33	67	77.238	政治	約760,000	70	30
51.169	一番	約7,400,000	33	67	69.609	と明言	約21,000	73	27
53.982	とても	約6,300,000	33	67	86.000	お袋	約27,000	74	26

検索語はすべて" "でくくって指定した．

　表2.11によれば，「かわいい」「とっても」「いっぱい」などが女性が使うことが多い単語であり，「お袋」「と明言」「政治」「メシ」などが男性が使うことが多い単語である．

▶補説 「交互平均法」の計算方法◀

以下では，4×6の小さな行列を例にして，「交互平均法」の計算方法を示しておこう．

表2.12 変数Xと変数Yのクロス表

		変数X						合計
		x1	x2	x3	x4	x5	x6	
変数Y	y1	438	371	164	90	10	4	1077
	y2	39	110	280	279	243	195	1146
	y3	7	17	39	88	142	143	436
	y4	1	3	9	31	98	148	290
合計		485	501	492	488	493	490	2949

表2.12のようなデータがあったとする．変数Xが年齢層，変数Yが語形と考えてもよい．ただし，7.3節の例では，一度比率（パーセンテージ）に直してから交互平均法の計算を適用しているが，ここではクロス表の実数値そのものを計算の対象にしている点が異なっている．

（Ⅰ）変数Yの各カテゴリに次のような初期値を与える
$$y1=1,\ y2=2,\ y3=3,\ y4=4$$

（Ⅱ）表2.12のクロス表の数値をもとに，変数Yの各カテゴリの平均点で変数Yの各カテゴリの点数づけをする

例：$x1=(1\times438+2\times39+3\times7+4\times1)\div485=1.115$

結果：x1=1.115, x2=1.305, x3=1.783, x4=2.123, x5=2.665, x6=2.888

（Ⅲ）変数Xの各カテゴリの点を，最小が1，最大が6になるように比例変換する．いいかえれば，数直線上の1から6の範囲にマッピングする

例：$x3=\dfrac{1.783-1.115}{2.888-1.115}\times(6-1)+1=2.884$

結果：x1=1.000, x2=1.536, x3=2.884, x4=3.843, x5=5.371, x6=6.000

（Ⅳ）この変数Xの点数を用いて，今度は変数Yの各カテゴリの点数（平均点）を求める

（Ⅴ）変数Yの各カテゴリの点を，最小が1，最大が4になるように比例変換する

（Ⅵ）以上の（Ⅱ）から（Ⅴ）を1サイクルとして，数サイクル繰り返す．コンピュータやプログラム電卓を使うなら，前回の点数との差の絶対値の和を求め，たとえば0.001以下になるまで繰り返す．普通5～7サイクルで値が収束する

最終結果は次のようになる．

x1=1.000　　y1=1.000
x2=1.757　　y2=3.015
x3=3.655　　y3=3.619
x4=4.550　　y4=4.000
x5=5.717
x6=6.000

なお，上の方法では変数Yに初期値を与えて出発したが，変数Xに1から6の

初期値を与えて出発しても，最終結果は同じになる．ただし，最終結果が，y1＝4.000, y2＝1.985, y3＝1.381, y4＝1.000 となり，大小が逆転する結果になることがある．しかし，この場合でも点数間の間隔は同一である．

　比例変換の範囲は何でもよいが，最小を1，最大をクロス集計表の要素の数にしておくと，最終結果の変数Xおよび変数Yの各カテゴリ間の距離がたまたま1ならば，それぞれの丁寧さがちょうど等間隔になっていたことがすぐわかるし，初期値との比較が容易に行えるので，便利である．

　「初期値の与え方によって最終結果がどうなるか」だが，初期値にかかわらず，最終結果はまったく同じになってしまう．ただし，初期値によっては，大小が逆転する．

　交互平均法の結果は，数値の大小の方向もそれ自体で意味をもつものではなく，分析者が判断（解釈）する性質のものである．交互平均法は，計算のもとになったクロス表の数値のばらつき具合から，行と列の類似の程度を一次元的に抽出する手法であり，その「意味」は分析者の解釈にゆだねられている．

第8章　WWWの記事の偏り

　WWWは，日本語の一般の文章を代表しているかといえば，必ずしもそうとはいえない．WWW上の記事は，幾分か日本語一般から偏っていると考えられる．WWWにはどんな偏りがあるのか，見ておきたい．

8.1　WWWの記事を書く人の偏り

　WWW上の記事は，誰もが書いているわけではない．一部の人が書いており，つまり，書く人が偏っている．どんな偏りがあるかを知っておくと，WWWを利用する上で便利かもしれない．

8.1.1　若い人がたくさん書く

　典型的にはブログである．ブログもWWW上の文書のかなりを占めるものであるから，ブログに見られる傾向はWWW全体にもあてはまりそうだ．ブログの書き手の年齢差については，第7章で触れたが，明らかに10代から20代の若者がたくさん書いている．

　WWW一般では，ブログほどの偏りはないであろう．会社や各種団体，国や地方公共団体などがWWW上に大量の文書を載せている．WWWへのアップロードなどの実際の操作は若い人が行っているにせよ，年配の人間もそれなりに目を通し，内容や表現を確認しているはずである．その意味では，WWW上の文書は，多くの人の目を経て掲載されているといえそうだ．

しかし，最近の WWW の傾向は，ブログに限らず，2 ちゃんねるなどの掲示板に大量の書き込みがあり，Facebook や Twitter，LINE など，コミュニケーションツールとしても使われつつあり，昔からある電子メールも，メーリングリストでの議論が掲示板に掲載されるようなケースもある．コミュニケーションツールとして使う人は若い人が多く，使われる言語表現も若い人のそれを反映しがちである．

ネット利用者の統計については，総務省の平成 23 年通信利用動向調査[*1] の結果があるが，当然ながら，若い人がたくさん利用している．

以上のようなさまざまな状況から，WWW は若い人の日本語を反映する面が強いといっていいだろう．ただし，今後は，高齢者でもネット利用者が増加する（ネットを使う中年層が年齢を重ねて高齢者になっていく面もある）ので，「若い人がたくさん書く」傾向は薄れるかもしれない．

[*1] http://www.soumu.go.jp/johotsusintokei/statistics/data/120530_1.pdf

8.1.2 都市部の人がたくさん書く

そもそもネットの利用者というのは都市部の人に多い．総務省の平成 23 年通信利用動向調査では，都道府県別のネット利用率が掲載されているが，それによると，大都市のある都道府県を中心にネット利用率が高く，平均以上の利用率の都道府県は，北海道，埼玉県，千葉県，東京都，神奈川県，愛知県，京都府，大阪府，奈良県の 9 都道府県となっている．

したがって，WWW 上の記事も都市部の人が書いている場合が多いと予想される．

8.1.3 高学歴の人がたくさん書く

都市部には高学歴の人が多い．これは国勢調査の結果などからも明らかである．8.1.2 項で述べたようにネット利用者は都市部の人が多いということは，ネット利用者には高学歴層が多い可能性が高いということである．しかし，ここではちょっと別の側面から見てみたい．

新沼めぐみ（2010.10）は，文化庁国語課が行った「国語に関する世論調査」の結果と WWW の検索結果の違いについて論じている．たとえば，一つの表現に二つの意味がある（例：「煮詰まる」は「正：結論の出る状態になること」と「誤：結論が出せない状態になること」の二つの意味がある）場合があるが，WWW を検索した結果は，若者の傾向を強く反映する（「煮詰まる」でいえば，「誤」の用法が大半である）．文化庁の調査で若者が高齢者よりもたくさん使う意味が，WWW 検索ではよりたくさん使われるということである．

新沼は，意味を提示してその言い方を聞く質問調査を 19 項目取り上げ，正しい言い方と間違った言い方とが共存する現象がある（たとえば「正：取り付く島がない」と「誤：取り付く暇がない」）が，それらを WWW で検索すると，一般に WWW では正しい言い方が多く現れることを確認した．つま

り，WWWの書き手は正しい言い方をする人が多いということになる．WWWがメディアとして書き言葉に近い（したがって改まった場である）ということもあろうが，書き手が高学歴で，言語規範をきちんと持っているということであろう．

8.2 WWWの記事内容の偏り

　WWWの記事には分野の偏りがあるようである．とはいえ，何が日本語の平均（全体）かがとらえにくいという問題がある．日本語の使い手は，一人ひとり興味と関心が異なるから，WWWに自分の興味のないものがたくさんあると違和感を感じることになるが，それはWWWが偏っているのか，自分が偏っているのか，わからない．

　図書館にある本や出版された本を母集団と考えることはできるが，それは，書き言葉の一部を代表するものに過ぎず，「本」の形にならない書き言葉や電子媒体上の表現，さらには話し言葉がすっぽり抜けている．

　したがって，記事内容の偏りについては，ある程度主観的にならざるをえない．

　中でも，扱いに困るのがアダルト用語の問題である．かつて，「名詞＋を＋動詞」のコロケーションをいろいろ調べたことがあった．すると，アダルト用語にぶつかる．たとえば，「〜を吸う」を見てみると，使用頻度順に次のようになる．「タバコ」(8255)，「煙草」(3533)，「息」(3168)，「たばこ」(2680)，「空気」(1878)，「血」(1448)，「水」(997)，「汁」(707)，「蜜」(514)，「外の空気」(374)，「乳首」(363)（以下，略）というわけで「乳首を吸う」が11位に登場する．赤ちゃんの動作とも考えられるが，検索エンジンで「乳首を吸う」を検索すると，ヒットするのはアダルトサイトが多い．

　類例で，「〜を重ねる」を見てみると，「回」(3094)，「努力」(2624)，「年」(2565)，「唇」(2238)（以下，略）ということで，唇が第4位である．日常語の用法を基準に考えると，「唇」は（「〜を重ねる」の用法としては）いやに多いように思える．

　また，「〜を抜く」を見てみると，「手」(7188)，「気」(6375)，「群」(5336)，「力」(3169)，「肩の力」(2065)，「剣」(1951)，「歯」(1249) などと続くが，56位には，使用頻度130で「ペ××」が出てくるし，98位には，使用頻度73で「バ××」が，125位には，使用頻度55で「チ××」が出てくる（いずれもカタカナ語であるが，ここでは伏せ字にしておく）．どう考えても，これはアダルトサイトの影響である．

　こういうのは扱いに困る．アダルト小説などは，言語資料として，ある程度含まれていて当然なのかもしれないが，日本語の研究を目指す場合には不適当な場合が多い．調査結果を論文なり何なりで公表する場合にも，そのま

までいいのか，改変するべきか（改変していいのか，どこまで改変するべきか），悩ましい問題である．

同様のケースで，意味がわからなくて難儀したものとしてゲーム用語がある．抜く対象物が，ゲームの中で使うアイテム（剣のようなもの）の名前なのか，敵キャラクターの名前（競争で追い抜く場合）なのか，わからない．けっこう多種多様な名前が見つかり，困ったことがある．若い人はゲームに親しんでいるので，よく使う言い方なのかもしれない．

ほかにも，宗教用語や犯罪用語など，記事内容として偏りを感じるものがあったが，ここでは省略する．ともあれ，WWWの記事には，普段お目にかからないような分野のものがたくさんあることは確かである．これが「偏り」かどうかは断定できないが．

WWWが極端に大きなコーパスだからこんなことになるのであろう．

8.3　WWWの記事には間違いが多い

WWWの記事には間違いが多いことについては，すでに第1部第4章で具体例を述べた．これはあくまで「例」であって，ほかにも間違いはたくさんある．WWWを日本語のコーパスとして扱う場合，「間違い」はいろいろな問題を引き起こす．

一つは，間違いが非常に多くなると，それが間違いとも思われなくなるという問題である．今までの日本語の歴史を見ても，新しい変化の多くは，最初は間違いとして登場し，それが次第に定着し，受け入れられ，当然の言い方となったものである．

もう一つは，WWWでは，書き手の意図しない「間違い」（仮名漢字変換の間違いやキーボード操作の間違い）もあるが，意図的な「間違い」も混在しているということである．意図的であるから，本来は「間違い」ではないともいえる．掲示板では，たとえば「狂産主義」がある．「共産主義」の蔑称であるが，意図的に違う漢字をあてており，普通の仮名漢字変換では「狂産主義」とは変換できないから，意図しない「間違い」ではない．意図的な使用であるから，一度使われ始めると（そして認知されると），使用頻度が非常に高くなることもある．

掲示板などでは，「伏せ字」も使われることがある．何のこともない普通の記事に「み○ほ銀行」が出てきたりする．誰が読んでも「みずほ銀行」のことだとわかるのだが，伏せ字も意図的なものである．当該記事が検索エンジンに引っかからないようにしている意味がある．

さて，では，現状のWWWでたくさん見つかる「間違い」は「間違い」ではなく，正しい（あるいは普通に使われる）言い方なのか．これについては第9章で考察するが，いずれにせよ，「間違い」が多用されることは，そのよ

うな問題につながる重要な問題であり，WWW を用いた日本語の研究をしていく上では避けて通れない問題ともいえよう．

8.4 サイトによる偏り

サイト（ドメイン）によって，文体差がある．これについては，荻野綱男（2006.11）で述べたことがある．以下にはそれを一部変更して収録する．

8.4.1 今までの文体研究

文体差の研究というと，主として，文学研究の一環として行われてきた面が強い．日本語学の中でも，「文章」の文体を扱うのが普通であった．しかし，単語（の意味）にも文体が関わる．たとえば，文体（話し言葉～書き言葉）を単語の意味の一部（文体的特徴）としてとらえる考え方として，池上嘉彦（1975）や国広哲弥（1982）がある．

単語の文体差を明確に指摘したものとして，宮島達夫（1977, 1988）がある．沖裕子（1985.9）は，いくつかの先行研究を紹介した後，宮島達夫（1977）の「文体的意味」の言語観に触れ，文体的意味の体系を「品位」や「かたさ」やその他のいくつかの印象の束から成り立つととらえている．また，文体的意味を判断する直観のあり方について，非常に個人差が大きいことを述べ，個人差の大きさが研究の進展を妨げているという．沖裕子（1989.1）は形容詞の辞書記述の中で「文章語」や「日常語」となっているものが，どういう位置関係にあるかを考察している．野村雅昭（1993.7）は単語の意味と文体の関わりを論じた先行研究を概観し，宮島達夫（1977）や池上嘉彦（1975）を紹介している．漢語とそれ以外がどんな対立をしているかを位相面から述べるものである．これらは，いずれも理論的研究であり，単語の文体的特徴をいくつかのペアを相互に比べることで示そうとしている．

一方，単語の文体差を表としてとらえる見方も提案されている．松尾拾（1965.6）は今昔物語の巻 20 までと巻 22 以降でいくつかの「時」を表す単語や接続表現がそれぞれ何回現れるかを数えて表にした上で，これが文体差を表すことを述べている．寿岳章子（1970.9）はいくつかの古典作品ごとに，現れる語彙の数がどう違うかを考察している．これらは，カウントした結果を表にしただけで終わっており，その表を見れば「単語の文体差」がわかるとしているが，その意味はなかなか把握しにくい．

8.4.2 WWW による文体研究

WWW 上には膨大な文書が蓄積され日々更新されている．その意味で，WWW は膨大な文章を集めたコーパスと見ることができる．

検索エンジンを使うと，それらの情報に手軽にアクセスすることができる．

WWW の中には，書き言葉も話し言葉もあるし，現代共通語は当然ながら古典語も方言も含まれ，その性格が雑多であるから，言語資料としての性格が不明確であり，文体差の研究など，社会言語学的な研究には WWW は向かないと指摘する声もあった（田中ゆかり（2003.4）や後藤斉（1995.3, 2001.3）を参照）．

しかし，荻野は，多様な資料が含まれるからこそ，WWW は使い勝手がいいと考える．荻野は，さまざまなものが混在する WWW だからこそ，それを利用することで個々の単語の文体的特徴を明らかにすることができると考える．ここでは，WWW の検索を通して，単語の文体差を明らかにする．

WWW を眺めていると，話し言葉が多く現れるサイトと，書き言葉が多く現れるサイトがあることに気付く．話し言葉が多く現れるサイトとは，2ちゃんねるをはじめとする掲示板が典型的であるが，一部のブログでも話し言葉が頻出する場合がある．これに比べると，書き言葉が多く現れるサイトは，特に限定は不要である．WWW 内の文書類には基本的に書き言葉が多いためである．

話し言葉が多く出てくるサイトをどうやって探したらいいか．まずは，話し言葉でしか使わないような表現（たとえば「かっこいい」を意味する「かっけー」）を検索エンジンで検索し，それがどういうサイトで現れることが多いかを見ていく．そういう表現が使われるサイトの URL を記録する．その結果，いくつかの掲示板とブログがリストアップできた．

書き言葉が多く出てくるサイトとしては，新聞社（新聞記事を大量に含む）のサイトがある．ここでは，読売新聞を取り上げる．また，そのほかに，日本の代表的なドメインを見ていくことにする．ac.jp ドメインなどは，大学関係者が多く，書き言葉が多いことが予想される．

次に，多数のサイト（ドメイン）で，話し言葉・書き言葉の単語が何回使われるかを数える．検索エンジンとしては Yahoo! を使った．具体的なやり方であるが，Yahoo! のトップページで，たとえば「"きもい" site:ac.jp」と入れる．これで「きもい」という言い方が，「ac.jp」というドメインの何件のページに現れるかが検索できる．検索結果のうち，それぞれの先頭 100 例ほどを見て，予定しない意味の用例や参照例（実際の用例でなく，用法について議論やコメントしているもの）がないかどうか確認する．そういうものは，ごく少なかったので，以下では無視することにする（この結果，検索結果の件数は 1〜2% 程度の誤差がある可能性があるが，全体として大きな問題ではない）．

話し言葉，書き言葉の単語の例としては，明らかに文体差があると考えられる語のペアを中心に任意の 30 語を選んだ．その結果，表 2.13 ができる（ごく一部，12 ドメイン×4 語を例示する）[*1]．

実際に行ったときには，37×30＝1110 回の検索を行い，それぞれについて 100 例を確認する作業を行ったので，数ヵ月かかった．その間に，検索件数

[*1] 全体のデータは朝倉書店ウェブサイトでダウンロードできる．

表 2.13 12 ドメインで 4 語を検索した場合のそれぞれのヒット件数

ドメイン	きもい	気持ち悪い	うざい	うっとうしい	……
2ch.net	93,000	235,000	217,000	30,700	
milkcafe.net	4,340	3,690	6,100	139	
plaza.rakuten.co.jp	205	2,300	556	296	
www.geocities.jp	2,060	21,700	5,100	2,960	
geocities.co.jp	715	10,500	2,410	1,630	
www.yomiuri.co.jp	11	259	36	60	
co.jp	6,100	63,000	15,800	12,300	
or.jp	3,860	42,800	14,200	7,650	
ne.jp	24,200	284,000	59,500	38,700	
ac.jp	546	9,650	22,100	21,800	
go.jp	3	240	14	191	
lg.jp	0	11	1	32	

実際にカウントしたドメインは37種類，検索語は30語．これで37ドメイン×30語の表ができるが，大きすぎるので，ここには掲載しないことにする．
全体のデータは朝倉書店ウェブサイトでダウンロードできる．

が微妙に変わってしまう例もあったが，これについても，以下の処理には大きな影響を及ぼさないと考えられる．

8.4.3 交互平均法の適用

2次元の表があると，それを（クロス表の中の数字の類似をもとにして）各行・各列の類似度を計算し，各行各列に一次元の数値を与えることができる．その具体的な計算方法は荻野綱男（1980.3）で示した（本書第7章の末にも計算方法を示した）．

今回の37×30のクロス表に適用した結果は，表2.14，表2.15のようになる．

表2.14，2.15の結果からわかるように，数字が小さいほうが話し言葉的，大きいほうが書き言葉的である．

表2.14の検索語のほうは，「めんどい」「チャリ」の交互平均値が大きすぎるとか，「気持ち悪い」が小さすぎるなどの問題点はあるが，ほぼ直観で考えられるような値になった．

表 2.14 各検索語の交互平均値

きもい	気持ち悪い	うざい	うっとうしい	めんどい	面倒臭い
1.000	13.241	3.466	18.181	12.733	18.140
やっぱ	やはり	なにげに	何気なく	マジ	本気
15.018	23.612	15.399	23.203	13.579	18.162
チャリ	自転車	学ラン	学生服	チクる	告げ口する
17.461	30.000	16.766	28.009	14.174	23.500
パクる	盗む	でっけー	でかい	でっかい	大きい
5.838	21.971	16.671	17.589	20.285	28.908
すげー	すげえ	すごい	てゆうか	てゆーか	というか
13.274	13.422	20.568	7.172	14.572	24.810

数値が小さいほうが話し言葉的，大きいほうが書き言葉的．
関連する単語同士を線で結んだ．

表 2.15 各ドメインの交互平均値

交互平均値	ドメイン	交互平均値	ドメイン	交互平均値	ドメイン
1.000	milkcafe.net	12.927	exblog.jp	16.371	ad.jp
1.130	2ch.net	14.038	plala.or.jp	18.120	nifty.com
2.384	thebbs.jp	14.254	infoseek.co.jp	18.457	or.jp
2.523	www.nikkijam.com	14.382	blog.goo.ne.jp	18.798	gr.jp
6.957	jugem.jp	14.567	seesaa.net	20.421	www.geocities.jp
7.488	yaplog.jp	14.882	ne.jp	23.383	co.jp
7.787	diarynote.jp	14.890	geocities.co.jp	24.396	www.yomiuri.co.jp
7.789	aaacafe.ne.jp	15.213	blog.so-net.ne.jp	25.395	yahoo.co.jp
8.575	blog.livedoor.jp	15.310	plaza.rakuten.co.jp	31.562	ed.jp
8.613	fc2.com	15.999	blog.ocn.ne.jp	36.580	go.jp
9.570	blog.drecom.jp	16.003	ac.jp	37.000	lg.jp
12.175	ameblo.jp	16.128	diary.jp.aol.com		
12.864	hatena.ne.jp	16.144	blogs.dion.ne.jp		

数値が小さいほうが話し言葉的，大きいほうが書き言葉的．

　表 2.15 のドメインは，交互平均値順に並べ替えをした結果であるが，その数値を見ると，一番話し言葉的なサイトは milkcafe.net（ミルクカフェ）（1.000）で，2ch.net（2 ちゃんねる）（1.130）よりも話し言葉がたくさん出てくるようである．実際に http://www.milkcafe.net/ を見てみると，2 ちゃんねると同じスタイルの掲示板であり，「中高生コミュニティ」をうたっている．2 ちゃんねるは，言語量が多いので，話し言葉資料として使えるのだが，一方では，一部に固い文体の表現を含んでいることがある．この点，ミルクカフェは，固い文章をほとんど含まないので，量的には小さいものの，話し言葉への偏りは際だっていたことになる．また，各種ブログは，話し言葉と書き言葉の中間付近に位置するが，一般にやや話し言葉的である．yahoo.co.jp（25.395）は，やや書き言葉に偏った位置にある．ac.jp（16.003）は，当初予想したほど書き言葉的でないことがわかった．これは，学生のサークルなどのサイトなどが入っているからであろうか，性格のさまざまなものを含んでいるようである．www.yomiuri.co.jp（24.396）は，やや書き言葉的である．ed.jp（大学以外の教育機関）（31.562），go.jp（政府関係）（36.580），lg.jp（地方公共団体関係）（37.000）が書き言葉的ドメインである．実際，lg.jp を見てみると，各種報告書などが掲載されている例が多く，go.jp には白書などが多く，いかにも書き言葉による「お知らせ」が多かった．ただし，言語量は go.jp のほうが lg.jp よりも多いので，書き言葉資料としては go.jp のほうが使いやすいかもしれない．

8.4.4 宮島データの検証

　次に，宮島達夫（1977）で取り上げられている数十語の単語をこの方法で数値化してみよう．ドメインは，37 種類も数えなくてもよさそうだと判断し，言語量が多く，文体が適度にばらついているものを 12 種程度選んで用例数をカウントした．正確な用例数のカウントをすること自体，さまざまな問題があった．その一部を示しておく（この問題は，37×30 のデータにもあてはま

(1) 検索件数と用例数の違い

　検索件数が少ない場合に典型的だが，用例を見ていくと，まったく同じものが何回も検索されることがある．検索エンジンの問題だが，場合によってはWWWの利用者がミラーサイトに同じ文書をアップロードしている場合や，サイトを引っ越した場合などもあるようだ．何をもって用例数と判断するべきか，なかなか困難である．そこで，検索件数が1000件以下の場合は，似たページを除いた数を記録することにした．

　また，検索エンジンでは用例が1000例までは順次見ていくことができるが，100例ずつ見ていく場合，1～100例を見ているときと，901～1000例を見ている場合とでは，検索件数が変わって表示されることも普通にある．そこで，検索件数は901～1000例を見ているときの値を記録することにした．

　なお，このような操作をすると，ミルクカフェでは，検索件数が激減することが多かった．

　用例が1000例を超える場合は，「似たページを省いた検索件数」は示されない．あくまで，表示できる1000例までの中で「似たページを省く」ことができるだけである．

　このような方針をとることで，1000例以下の場合と1000例を超える場合の検索件数の扱い方が不統一であるという問題点が出てきた．これについては，今の検索エンジンを使う限り，やむを得ないと考える．いわば検索エンジンの問題であるということである．検索エンジンでは，非常に大きな件数の場合，検索件数が変動したりするので，もともとあまり正確な件数を返してこないことが多いようである．こういう問題を避けるためには自分で検索エンジンを作るという話になり，これはこれで大変な問題になってしまう．

(2) 表記のゆれは含めないことにした

(3) 検索対象とする言語は日本語のみに限定した

(4) 参照例は省いた

　用例について議論・批判・研究などをしているものを，参照例と呼ぶことにする．参照例は用例ではないので，省くことにするが，全部を検討することは不可能である．そこで，先頭の100例を見て，参照例の割合を求め，それを総検索件数にかけて用例数を推定した．この計算はドメインごとに行った．

(5) 固有名詞は省いた

　日本語の用例でなく，○○会館や○○高校などの固有名詞の一部として使われるものがある．それは参照例と同様の計算で除外した．

(6) 複合語の一部が検索される場合は省いた

　「中程」を検索すると「中程度」の用例が検索されてしまう．こういうときは，「-中程度」を指定して検索されないようにした．しかし，こうすると，「中程」と「中程度」が共存する文書が検索の対象にならないという問題が残

る．また，このような複合語は先頭の100例をチェックしただけであるから，101例以降に別の複合語が存在する可能性がある．

(7) 意味が違う用例は省く

宮島が取り上げた単語は，いくつかのペアの形で示されているから，どういう意味であるかはわかる．現実の用例では，そのような意味でない場合もある．

たとえば，「いくたび」は「幾たび」と対比され，「何回」の意味であるが，実際に検索すると〈行く都度〉の意味が大半を占める．こういう場合，ある程度の用例が見つかる場合は，100例中の割合で按分して用例数を求めたが，ほとんどが別文脈という場合は，そもそも用例数を算出することを断念せざるをえなかった．

「とおせんぼ」は，文字通りの意味でなく，Yahooショッピングに出ているダニ防止カバーの名前であった．「通せんぼ」にも，同様の例が見られた．

これらの問題点はあるものの，宮島達夫（1977）の挙げた語群から適宜判断して，100語を選び，12ドメイン×130語（うち，30語は前回と同じ語）のクロス表を作成し[*1]，交互平均法を適用した．結果は，表2.16, 2.17の通りである．

[*1] クロス表のデータは朝倉書店ウェブサイトでダウンロードできる．

語彙レベルでは，表2.16のように，かなりの部分で宮島達夫（1977）の記述が裏付けられたが，直観に反する結果もところどころに見られる．ドメイン別の点数（表2.17）を見ると，前回の結果とかなり重なっているといえよう．

このようなズレの原因として考えられることは，以下のようなことがあろうか．

(1) 宮島達夫（1977）の取り上げた語彙は，文体差が小さいものが多い

小さな文体差であっても人間は感じ取れる（意識できる）が，使用状況は，文体差以外のさまざまな原因が絡んで決まってくるものなので，それを基準にすると，細かい差は抽出できない．

なお，当初は，前回の30語を含まない100語で計算してみたのだが，かなり変な結果になってしまった．相互の差異が小さいものばかりをたくさん集めてみても，意味のある結果にはならない（文体差が抽出できない）ようだ．文体差の極端なものも含めて計算することで，いわば両極端をきちんととらえ，それをものさしにして個々の単語を位置づけるということが可能になってくる．

(2) 単語ごとに大きな頻度差がある

たとえば，今回のクロス表の中には，表2.18のようなデータがある．

ヒット件数にこれほどの大きな差があれば，交互平均法の計算の都合上，ドメインの位置づけには「意見」のほうが大きく効いてきて，「救い出される」はあまり影響しない．

表 2.16 宮島達夫の単語群 130 語の交互平均値

きもい—気持ち悪い		うざい—うっとうしい		めんどい——面倒臭い			
1.000	20.537	3.146	29.877	16.690	27.147		
やっぱ——やはり		なにげに——何気なく		マジ——本気		チャリ——自転車	
23.835	46.736	26.560	42.455	23.449	31.930	29.328	73.245
学ラン——学生服		チクる——告げ口する		パクる——盗む			
28.809	68.571	28.020	43.467	11.116	48.735		
でっかい——でかい——でっけー——大きい							
36.891	28.363	25.992	68.434				
すげー——すげえ——すごい——てゆーか——てゆうか——というか							
18.746	21.901	39.116	19.926	12.667	42.379		
漂着する	流される	流されてくる	流れ着く	救助される—救い出される			
65.955	45.054	63.555	43.226	55.151	50.818		
溺死する—おぼれ死ぬ		この点において——この点で		払暁			
37.857	45.781	102.935	96.451	58.408			
いつぞや—いましがた——今しがた			なかほど——中程——中ほど				
30.411	39.125	38.058	65.650	87.409	72.260		
あじわい——味わい		えがお——笑顔		ふりかざす——振りかざす		ただよう——漂う	
98.539	98.874	52.615	48.889	29.336	33.914	68.179	71.090
たちのぼる——立ち上る		わずらわす——煩わす		たしなめる——嗜める		くださる——下さる	
63.498	64.044	125.967	70.695	46.448	43.659	62.374	68.953
幾たび	さなか	みずから——自ら		なにびと	いきどおり——憤り		掟
53.995	70.816	109.797	74.551	61.784	41.774	47.046	44.618
もたらす	至る——到る		おもむく——赴く		したためる	かんがみる——鑑みる	
93.478	86.457	65.778	52.114	49.651	41.020	130.000	53.514
たんぼ——田んぼ——田圃			ちゃんばら—チャンバラ		しっぽ——尻尾		へんてこ—ヘンテコ
76.765	59.236	58.654	43.280	59.960	58.910	42.422	41.848 38.307
うっちゃる	でしゃばる——出しゃばる		ひっこぬく—引っこ抜く		おっこちる—落っこちる		
43.930	15.421	24.512	29.700	31.700	48.684	38.909	
こさえる	おやじ——親父——オヤジ			でぶちん——デブちん		ピンはね——ピンハネ	
36.142	45.209	31.853	39.183	22.437	28.974	33.586	14.596
とんずら——トンズラ		ピカいち——ピカイチ		へっちゃら	おんでる	ずらかる	だまくらかす
23.591	23.244	59.842	70.706	51.623	54.703	45.103	32.487
ばくる——パクる		ひよる	びびる——ビビる		庭園——庭		見解——意見
7.587	14.186	36.641	25.513	26.999	83.693	63.777	77.246 96.329
建築する——建てる		運搬する——はこぶ——運ぶ			回答する——答える		謝罪する——わびる–詫びる
106.806	87.097	107.651	75.468	66.233	87.256	54.748	32.073 49.813 38.296

数値が小さいほうが話し言葉的,大きいほうが書き言葉的.
関連する単語同士を線で結んだ.
クロス表のデータは朝倉書店ウェブサイトでダウンロードできる.

　人間は,語ごとに言語意識を持つことができ,またどちらかというと頻度は意識しにくい.このようなことから,人間の意識とここでの結果のズレが生じたものと考えられる.なお,「意見」(と「見解」)を省いて再度計算をしてみれば,「意見」の(高頻度語形としての)影響はなくなるが,こういう「調整」を始めたら,どこまでやったら(どこでやめたら)いいのか,わからなくなるし,分析者の恣意性が入ってくることになるので,好ましくないと判断した.

表 2.17　12 ドメインの交互平均値

ドメイン	交互平均値	
	新 30 語	旧 30 語 （表 2.15 の結果）
milkcafe.net	1.000	1.000
thebbs.jp	2.161	2.384
2ch.net	2.461	1.130
jugem.jp	2.672	6.957
blog.livedoor.jp	2.896	8.575
fc2.com	3.300	8.613
hatena.ne.jp	4.496	12.864
ne.jp	4.911	14.882
yahoo.co.jp	8.776	25.395
co.jp	9.354	23.383
lg.jp	11.442	37.000
go.jp	12.000	36.580

表 2.18　検索結果の例（件数）

ドメイン	救い出される	意　見
2ch.net	44	952,000
milkcafe.net	0	14,100
yahoo.co.jp	12	790,000
blog.livedoor.jp	28	243,000
fc2.com	78	739,000
thebbs.jp	5	96,100
hatena.ne.jp	23	392,000
jugem.jp	27	150,000
co.jp	133	6,070,000
ne.jp	563	2,950,000
go.jp	7	497,000
lg.jp	0	71,900

クロス表のデータは朝倉書店ウェブサイトでダウンロードできる．

8.4.5　交互平均法と「文体値」

　宮島達夫（1977）は，個々の単語の文体的特徴について論じ，それぞれの語の文体的特徴を分類しているが，それは宮島個人の直観に頼ったものであり，客観性が保証されないものである．しかし，交互平均法によれば，誰もが入手しうるデータに基づき，客観的な方法で「文体値」（話し言葉〜書き言葉の程度）を計算することができる．交互平均法は単語の文体差を計る一つの方法として実用的に使えるのではないかと考える．

　ただし，取り上げる単語（単語数とそれぞれの出現頻度）にもよるし，ドメインの区分（何をどこまで取り上げるか）にもよるので，この手法で，いつも「文体値」がきちんと計算できる保証はない．

　この調査結果をふまえ，表現の文体差を調べるために，いくつかのサイトを見ようとする場合は，固い（書き言葉的な）サイトとして go.jp を，柔らかい（話し言葉的な）サイトとして 2ch.net をこの場では推奨したい．

第 9 章　WWW でのヒット件数の意味

9.1　日本語の用例がいくつあったら確実といえるか

　WWW を検索すると，たくさんの用例を入手することができる．ものによ

っては，（ヒット件数を信用すれば）数万例，さらには数百万例もの用例があるようである．WWW 上に，いったいいくつの用例があれば「日本語の用例として確実である」といっていいのだろうか．

　『三省堂国語辞典』の編集主幹であった見坊豪紀は，見坊豪紀（1977）のp.17 と p.22 で確実な用例が独立して 3 例見つかったら国語辞典の見出し語として収録する候補になる旨を書いている．もちろん，3 例あれば，単に「候補」になるのであって，実際に国語辞典の見出し語として収録するには，諸々のことを考慮した上で編集主幹が判断するのだから，「3 例」を絶対的な基準にする必要はない．また，見坊のいう「3 例」は，自分の目で雑誌や新聞を読んで集めた見坊カード 150 万枚の中を検索した上での「3 例」ということであるから，WWW 上の用例数とはまったく性格が異なる．それにしても，ある単語を日本語として認知する基準が「3 例」としている点は傾聴に値する．

　WWW は，言語量としてきわめて膨大なので，間違いも膨大にある．間違いの例は第 1 部第 4 章に示したが，間違いを検索してみた経験からは，数十例くらい見つかっても日本語の用例として，確実にあるとはいえないように思う．数百〜数千例くらいあれば，日本語の用例として「ある」といえる（全部が間違いとはいえない）のではないか．

　なお，WWW を検索してみて，用例が見つからない（ゼロ例検索される）場合は，要注意である．きわめて不自然な日本語で誰もそういう言い方をしていない（つまりコーパス中にない）のかもしれないが，もしかすると，検索の指定を間違えていたり，検索システムに問題があったりして，検索できないだけなのかもしれない．数例見つかるほうが，それぞれの用例を確認でき，たった数例しかないということがわかるので，むしろ確実である．

9.2 「殴る」の尊敬語は「お殴りになる」である

　仁田義雄（1992）では，p.54 に「「殴る」の尊敬語は「お殴りになる」である．」という記述があった．荻野は読んだ瞬間に違和感を感じた．考えてみれば，確かに，「殴る」の尊敬語は「お殴りになる」である．動詞の連用形を「お〜になる」に入れれば，そういう言い方になる．しかし，文法的には正しくとも，そんな言い方が実際に使われるなんて信じがたい．日本語として間違いとはいえないが，使われない言い方は，どちらかといえば「間違い」に近いのではないか．そんなことを考えた．

　goo の検索エンジンで検索してみよう．2013 年 5 月現在の検索結果である．「"お殴りにな"」で「なられ」の形が検索でき，5 件．「"お殴りになっ"」で「なった」と「なって」の形が検索でき，5 件．「"お殴りになる"」で 3 件見つかった．合計で 13 件である．実際の用例では，主語は神や天皇などが多

い．それにしても 13 件しか用例がない．

　これくらいの件数では，実際に使われているとはいいにくいのではないか．

9.3　「胃に穴をあかせる」

　仁田義雄（1992）の p.62 の（16）の例文では「胃に穴を空かせてしまった」という言い方があがっている．これも，読んだときに違和感を感じた言い方である．「胃に穴を空けてしまった」が普通の言い方ではないか．goo 検索エンジンで WWW の用例を見てみよう．

　表記の多様性を考慮して 3 種類検索することにすると，次のような結果になる．

「"胃に穴をあける"」	157 件	「"胃に穴を空ける"」	31 件	「"胃に穴を開ける"」	1330 件
「"胃に穴をあけ"」	315 件	「"胃に穴を空け"」	109 件	「"胃に穴を開け"」	4590 件
「"胃に穴をあかせる"」	0 件	「"胃に穴を空かせる"」	0 件	「"胃に穴を開かせる"」	1 件
「"胃に穴をあかせ"」	0 件	「"胃に穴を空かせ"」	0 件	「"胃に穴を開かせ"」	0 件

　このことから，「胃に穴を空かせる」よりは「胃に穴を空ける」のほうが用例が多数見つかり，自然な日本語であることがわかる．この例のように，「胃に穴を開かせる」は（表記の違いを考慮しても）WWW 中に 1 例だけ現れるということで，かなり不自然な用例である．

第3部　問題解決編

日本語の問題にWWW検索を応用して解いてみよう

　ここまでで検索エンジンの使い方の基礎は習得できたはずである．これをいろいろな日本語の問題に応用して，解いてみよう．第3部の各章では，荻野が実際に授業中に宿題として学生たちに出した問題を取り上げて，代表的な回答を示しながら，どのようにWWWを活用したらいいか，考えていきたい．

第1章　「いらっしゃる」の意味

1.1　宿　　題

　水谷美保（2005.10）によれば，イラッシャルは，「行く，来る，いる」の尊敬語表現だが，近年は「行く」の尊敬語としては使われなくなってきているという．
　WWWを調べて「いらっしゃる」の用例150例を検討し，どういう意味で（＝「行く，来る，いる」のどの意味で）何例使われているか，分類せよ．参照例，不適例がそれぞれ何例だったのかを示し，それ以外の使用例を意味で3分類するというのが基本である．

検索エンジンとしてgooを使い，1画面で50例表示されるようにし，3画面分調べればよい．調査範囲の分担は，以下の活用形が，それぞれヒット件数が300以上であることを事前に確認し，一つの活用形を2人で担当するように割り当てた．

　　いらっしゃい，いらっしゃいました，いらっしゃいましたら，いらっしゃいます，いらっしゃいますか，いらっしゃいません，いらっしゃった，いらっしゃったら，いらっしゃって，いらっしゃらない，いらっしゃられる，いらっしゃり，いらっしゃる，いらっしゃれない，いらっしゃれば，いらっしゃれます，いらっしゃれません，いらっしゃれる，いらっしゃろう

1.2 調査結果

　一部，未提出の学生がいたが，提出分をまとめると，表3.1のような結果になった．この宿題は，1人あたり1時間くらいかかるようである．

表3.1 「いらっしゃる」の意味

検索語[*1]	用例番号[*2]	行く	来る	いる	参照例	不適例	不 明
いらっしゃって	151-300	3	134	44	1	0	
いらっしゃった	1-150	2	102	25	13	4	
いらっしゃらない	151-300	0	16	100	3	2	
いらっしゃれる	151-300	5	129	14	0	2	
いらっしゃいました	1-150	0	136	4	5	5	
いらっしゃいました	151-300	0	114	6	1	29	
いらっしゃいましたら	151-300	0	0	149	0	1	
いらっしゃられる	1-150	2	46	84	12	4	2
いらっしゃられる	151-300	4	29	95	3	9	10
いらっしゃり，	1-150	1	12	110	19	8	
いらっしゃいますか	1-150	0	1	117	29	3	
いらっしゃいますか	151-300	0	0	148	2	0	
いらっしゃろう	151-300	3	0	136	4	0	
いらっしゃって	1-150	2	122	23	— 3 —		
いらっしゃった	151-300	6	86	58	(省いて検索した)		
いらっしゃる	1-150	8	23	89	— 30 —		
いらっしゃる	151-300	7	43	86		14	
いらっしゃらない	1-150	0	42	74		34	
いらっしゃれば	1-150	0	0	148		2	
いらっしゃれば	151-300	0	4	141	0	5	
いらっしゃいます	1-150	0	15	135	25	0	
いらっしゃいます	151-300	0	4	139	4	3	
いらっしゃいません	1-150	0	28	103		19	
いらっしゃいません	151-300	0	29	93	1	27	
いらっしゃれる	1-150	16	119	9	3	3	
いらっしゃれない	1-150	0	27	0	13	110	
いらっしゃれない	151-300	0	21	1		128[*3]	
いらっしゃい	1-150	1	124	25			
いらっしゃれます	151-300	7	54	83		6	
いらっしゃい	1-150	0	100	0		50	
いらっしゃい	151-300	0	135[*4]	6		9	
合　計		67	1695	2245	138	33	475
					— 646 —		

[*1] 検索語は " " でくくってフレーズ検索を行った．
[*2] 用例番号は検索結果300例に付けた一連番号である．「151-300」は151例目から300例目までという意味．
[*3] 「いらっしゃらない」がヒットした．
[*4] 「いらっしゃいませ」が135件中90件だった．

「いる」か「来る」かのように，どちらの意味かわからないものは表3.1では「不明」とした．たとえば，以下のような例文である．

　「今回のパーティーは、六本木ヒルズにて開催されましたが、いらっしゃられるのは著名な監督、プロデューサー、海外も含めた映画祭の関係者ばかりです。」[*1]

　「盛岡の試合では被災された方々も沢山いらっしゃられると思いますので、そういう方々にとってもすごく良い時間を過ごしていただけるよう

[*1] http://www.dgj.or.jp/feature/article/000723.html

なプレーをお見せできればと思います。」*²

*² http://sp.rakuteneagles.jp/news/detail/2296.html

なお，表 3.1 で参照例と不適例の中間に数値があるところは，参照例と不適例を区分せずにカウントしてしまったケースである．

表 3.1 では，学生ごとに若干不統一が生じてしまったところもあるが，おおむね，全体の傾向を見ることができる．今や「いらっしゃる」は「行く」の尊敬語としてはほとんど使われていないということである．水谷美保（2005.10）の結果を WWW でも確認することができた．

第 2 章　[ei] の表記のゆれ

2.1　宿　　題

英語で [ei] と発音される外来語が日本語に入ってくると，「エー」と表記される場合と「エイ」と表記される場合がある．ベービー，メーキャップ，メーク，メール，メイド，ネイル，レイアウト，オスプレイ，……．
(1) どういうものがどちらになるのか，これこれの単語はこちらで表記されるというような傾向をさぐってみよ
(2) 「エー」と「エイ」で意味・用法が違うということはないだろうか
　　例：ネーチャー vs. ネイチャー
　　「自然」を表す場合はどちらだろうか．イギリスの科学雑誌の場合はどちらだろうか．
　　　(1) か (2) のどちらか一つをやってもらえればけっこうである．

(1) の場合は，さまざまな語について調べてみて，傾向を把握する必要がある．10 語から 20 語くらい調べないと傾向はわからないだろう．例では，「ベービー」から「オスプレイ」までで 8 語である．各語について二つの表記のどちらが多いかを見ていくことになるので，使用例の数を（ヒット件数から参照例や不適例の数を按分して）求めることになる．意味の分類ではないので，比較的早く数えられるだろう．

(2) の場合は，各語について，どちらが多いかということではなく，それぞれの意味・用法が違うのではないかということを調べる．こちらの課題は 10 語も調べる必要はない．1 語でもいいだろう．二つの表記のそれぞれ 100 例ずつを同じカテゴリーに分類することになるので，ちょっと時間がかかると思う．

2.2　調査結果（1）

課題（1）を調べた学生 A さんの提出結果は次のようである．

e: 比率	[e:] 語形	e: 件数	[ei] 語形	ei 件数
(0.8%)	テークアウト	165,000	テイクアウト	20,400,000
(3.6%)	ベークドポテト	26,900	ベイクドポテト	713,000
(5.9%)	カーチェース	92,000	カーチェイス	1,460,000
(8.4%)	シェーク	951,000	シェイク	10,400,000
(18.5%)	チームメート	823,000	チームメイト	3,620,000
(34.2%)	クラスメート	2,900,000	クラスメイト	5,580,000
(68.8%)	ワンデー	3,060,000	ワンデイ	1,390,000
(74.6%)	シェープアップ	14,600,000	シェイプアップ	4,960,000
(85.0%)	グレー	116,000,000	グレイ	20,400,000
(89.0%)	ベースキャンプ	1,390,000	ベイスキャンプ	171,000
(96.9%)	シェーバー	7,970,000	シェイバー	255,000
(97.1%)	フレーズ	29,400,000	フレイズ	884,000
(97.9%)	ブレーキ	56,700,000	ブレイキ	1,220,000
(98.1%)	ベースボール	20,700,000	ベイスボール	401,000
(99.3%)	グレード	126,000,000	グレイド	884,000
(99.3%)	グレープフルーツ	13,000,000	グレイプフルーツ	88,900
(99.4%)	ステーション	143,000,000	ステイション	906,000
(99.6%)	クレーム	60,800,000	クレイム	216,000
(99.9%)	イメージ	505,000,000	イメイジ	4,290
(99.9%)	テーブル	147,000,000	テイブル	19,200

＊実際にはすべての語形を " " でくくって検索した．

どちらがより多く使われているかを調べた結果，左の欄の［e:］語形（つまり長音符「ー」による表記）のほうが圧倒的に多く使われているということがわかった．

また，別の単語と区別するためにこのような形で表記されるものもあるということがわかった．

1. ワンデー…主にコンタクトレンズの商品名や種類を表す
   ワンデイ…作品の名前
2. ベイスボール…2ちゃんねる用語で横浜ベイスターズのお得意の野球という意味の皮肉言葉．
3. テイブル…本の名前
4. グレイ…歌手の名前，単位

◆荻野のコメント◆

　エイとエーは，単語ごとにどう表記されるかが決まっていると見るべきである．ちょうど半々でゆれているようなペアは見つからなかった．で

は，どんな単語がエイで表され，またエーで表されるか．
　どうも，古い時代に日本語に入ってきた単語がエーで表記される傾向がありそうである．本来ならば，単語ごとにいつごろ日本語に入ってきたかを追求するべきであるが，ここでは省略する．
　[e:]の比率が90%を超えるような語は，ずっと前から使われている語感がある．97.9%のブレーキなどは，最近は（イーブン）ブレイクのような形で使われることがある．
　一方，テイクアウト，ベイクドポテト，シェイクなどは，最近，ファーストフードの店などで使われるようになった言い方である．

2.3　調査結果（2）

　課題（2）を調べた学生Bさんの提出結果は次のようである．
　今回，「ネーム」と「ネイム」の二単語を取り上げることにした．「"ネーム"」をYahoo!にて検索すると，約43,900,000件ヒットする．その上位100件の内訳を見てみた．使用例が58件．商品名や会社名に使われることが多く，39件あった．また2ちゃんねるのスレッド名やニュース記事などで「キラキラネーム」という言葉の該当も多かった．使用例三つを以下に示す．
　「タイムマシーン・ジャーナル」：ネームの作り方編[*1]
　「シールDEネーム」：はんこDEネーム[*2]
　「三菱鉛筆株式会社」：なまえペン『パワフルネーム』[*3]
　参照例が8件．
　「はてなキーワード」：ネームバリュー[*4]
　不適例が34件．競走馬の名前が挙がっていた．
　「競走馬データ」：ネームヴァリュー[*5]
　「ネーム」の使用例，参照例の中で「名前」の意味を持つものが60件，「漫画の下書き」という意味を持つものが6件あった．
　続いて「"ネイム"」をYahoo!で検索したところ，約205,000件ヒットした．上位100件の内訳を見てみた．使用例は31件．
　「トークるズ」：「ホワッチュア　ネイム？」[*6]
　「アニメソングの歌詞ならここにおまかせ？」：コードネイムはLady-x[*7]
　参照例は0件．
　不適例は69件．「ノーネイムクランク」という釣り具がヒットすることが多かった．
　「ファイナルファンタジーブリゲイド完全図鑑」：ネイムレスダンス[*8]
　「競走馬データ」：スペシャルネイム[*9]
　「タックルアイランド」：ウッドリーム　ノーネイムクランク・フラット1/0DD[*10]

[*1] http://members.jcom.home.ne.jp/hikaru-n/kakikata/name.html

[*2] http://www.seal-de-name.com/

[*3] http://www.mpuni.co.jp/product/category/sign_pen/powerful_name/index.html

[*4] http://d.hatena.ne.jp/keyword/%A5%CD%A1%BC%A5%E0%A5%D0%A5%EA%A5%E5%A1%BC

[*5] http://db.netkeiba.com/horse/1998104591/

[*6] http://www.talkles.com/care/20063441905.php

[*7] http://www.jtw.zaq.ne.jp/animesong/ki/kyouran/code.html

[*8] http://x.dopr.net/card/1700009

[*9] http://db.netkeiba.com/horse/2003102525/

[*10] http://www.tackleisland.co.jp/onlineshop/woodream/no_name_flat10dd/no-name_flat10_dd.htm

100件の中で「ネイム」が使われていることが一番多いのは，動画系のサイトで24件だった．次いで音楽系のサイトの12件，通販サイトの12件となっていく．「ネイム」は曲名，歌詞で使われていることが多いようで，動画サイトはその曲を歌っているもの，音楽サイトは歌詞または曲名を載せているもの，通販サイトはCDの名前からヒットしていた．また，「ネイム」の使用例では「名前」の意味で使っているものが31件に対して，「漫画の下書き」という意味を持つのは0件だった．

まとめ

「ネーム」は全体的に会社名，商品名に使われることが多かった．特に筆記用具や表札，刺繍など，名前に関する業界の会社で使われていた．このことから「ネーム」は「名前」という意味として特定の業界で特に使われていることがわかる．また，漫画の下書きという意味が別にあることがわかった．ヒット件数や使用例の数から見ても，通常使われるのは「ネーム」が多いと考えられる．

「ネイム」では全体的に曲名への使用が多かったことがわかった．会社名に使われていることもあったが，すべてアパレルブランドだった．このことから，「ネーム」よりもおしゃれに使用したいなどの理由で「ネイム」と使用していて，そのため曲名やアパレルの会社名に多く使われると考えた．

また，「ネイム」では漫画の下書きという意味は出てこなかったので，「ネーム」には二種類の意味があり，「ネイム」だと「名前」だけの意味になると考えた．

◆荻野のコメント◆

このように，二つの表記の違いを調べて見ると，一般に，両者がまったく同じということはないので，何かしらの差が見えてくるものである．「ネイム」と「ネーム」の違いがはっきり把握されていて興味深い結果である．

第3章　外来語の「キ」と「ク」の違い

3.1 宿題

外来語の中で，原語が同じで，日本語の形では「キ」と「ク」が現れ，意味がほぼ同義のペアがいろいろある．適当なペアを取り上げ，検索エンジンでそれぞ

れの用例を100例ほど調べ，意味・用法の違いを確認せよ．
　たとえば，インキとインク，テキストとテクスト，エキシビションとエクシビション，マキシマムとマクシマム，マルキシズムとマルクシズム，……のように，通常同義語と思われているものを取り上げること．

　一見，ほぼ同義のように見えても，よく調べると，微妙に違っていることが多いものである．

　なお，違いが明らかな例もある．ストライキとストライク，ステッキとスティック，エキストラとエクストラ，……．こういったものは取り上げない．

3.2　調査結果

　学生Cさんの提出結果は次のようである．
○インク
　googleで「"インク" −インキ」で検索すると約33,300,000件がヒットした．
　しかし，「法人組織」を意味するINCORPORATEDの略のincや，ケーブルカーの一種であるインクラインが多数ヒットしたため「"インク" −インキ −inc −インクライン」で再度検索し，約31,700,000件がヒットした．
　上位100件を見てみると，製品として「インク」と表記しているページが65件，会社・通販名の一部が16件，商品名（インクボール，インクスケープ）が3件，不適例が16件となった．
　製品として「インク」表記している65件中，企業とは関係なく個人が「インク」を使用しているものは3件だった．
○インキ
　googleで「"インキ" −インク」で検索すると約3,440,000件がヒットした．
　上位100件を見てみると，製品として「インキ」と表記しているページが50件，会社・メーカー名の一部が45件，商品名（マジックインキ）が3件，インキを含む語（インキピット，インキリボン）の参照例が2件となった．
　製品として「インキ」と表記している50件中，企業と関係なく個人が「インキ」を使用しているものは0件だった．つまり，全部が企業による表記であった．
○ink
　インク・インキの英訳である「"ink"」で検索し，上位100件を見てみると，「インク」表記のものが50件，「インキ」表記のものが9件，参照例が1件，不適例40件となった．
　インク・インキともに意味は変わらないが，それぞれのヒット件数，

「"ink"」での検索結果を見てみると，「インク」のほうが普及している呼び方であると考えられる．また，「インキ」のほうが企業やメーカーの使用が多く，「インク」は一般に広く使われているという印象を受けた．

◆荻野のコメント◆

インキが古く日本語に入った形，インクが新しい形である．古くは，母音がないところ（単語末の -k）を日本語の発音として母音を補うときに，先行母音（「イン」の「イ」）が繰り返されて使われ，インキとなった．最近は，母音なしを「ク」で表記することが一般的である．古＝トロッコ，新＝トラックなどもその例である．古＝ステッキ，新＝スティックも類例である（「ステッキ」では，先行母音がそのまま繰り返されているわけではないが，母音エの影響で「キ」となっていると考えられる）．

インキが古い形なので，インキ関連の会社が設立されたころはインキの形が普通で，したがって，会社（インキメーカー）の名前を決めるときに，大日本インキ化学工業，東洋インキ製造株式会社など，「インキ」を使うことが当たり前だったのであろう．会社が設立され，名前が法務局に登記されると，簡単に会社の名前を変えるわけにもいかないし，インキの形で通じるので，ずっとそのままインキが使われ続けたということである．マジックインキも，かなり古い製品で，1953（昭和23）年から作られている．

最近はインクが使われるようになっているので，プリンタのインクリボンなどは最近の製品であり，インキリボンとは命名されなかった．最近の製品名は「インク」が使われるものである．

第4章　外来語の「ア」と「ヤ」

4.1　宿　　題

英語からの外来語で，イ列・エ列の次の「ア」が「ヤ」で現れることがある．たとえば，ダイアモンドとダイヤモンドのような場合である．

考えられるたくさんの単語について，それぞれが何例ずつあるのか検索し，どんな単語がどちらで現れる傾向にあるのか，確認せよ．

4.2 調査結果

まず，二つの単語をリストアップする．WWW 上にある国語辞典（あるいは電子辞書）で「後方一致検索」するとたくさんの例が簡単に集められる．次に，それぞれの単語を" "でくくって，goo の検索エンジンで調べてヒット件数を記録する．さらに，「ア」の比率を求める．計算は，（ア）÷{（ア）+（ヤ）}×100 で行う．

「エア」と「イア」を分けて，アの比率順に並べると，以下の表 3.2, 3.3 のようになる．

表3.2 エアとエヤのヒット件数

エア率（%）	エア語形	エアヒット件数	エヤ語形	エヤヒット件数
100	ケアサービス	約 227,000	ケヤサービス	0
100	カントリーベアー	約 3,850	カントリーベヤー	0
100	カントリーベア	約 14,800	カントリーベヤ	0
99.9	ミリオネア	約 250,000	ミリオネヤ	約 145
99.9	ヘルスケア	約 19,600,000	ヘルスケヤ	約 14
99.9	ベアリング	約 1,220,000	ベヤリング	約 1,040
99.9	ベアボーン	約 303,000	ベヤボーン	約 2
99.9	ヘアスタイル	約 2,530,000	ヘヤスタイル	約 1,120
99.9	ビリオネア	約 43,500	ビリオネヤ	約 3
99.9	テディーベア	約 33,200	テディーベヤ	2
99.9	デイケア	約 496,000	デイケヤ	約 24
99.9	テアニン	約 28,100	テヤニン	約 1
99.9	テアトロ	約 45,300	テヤトロ	約 4
99.9	ストレートヘア	約 151,000	ストレートヘヤ	約 73
99.9	ステアリング	約 1,910,000	ステヤリング	約 24
99.9	エアロビクス	約 285,000	エヤロビクス	約 16
99.9	エアロパーツ	約 696,000	エヤロパーツ	約 2
99.9	エアコン	約 8,860,000	エヤコン	約 6,350
99.9	エアギター	約 78,800	エヤギター	約 4
99.9	アイデア	約 7,300,000	アイデヤ	約 249
99.8	ベアー	約 437,000	ベヤー	約 685《くま》
98.9	ヘアー	約 4,300,000	ヘヤー	約 47,000
97.0	カシオペア	約 354,000	カシオペヤ	約 11,100
80.7	モヘア	約 331,000	モヘヤ	約 79,300
73.5	ベルトコンベアー	約 36,100	ベルトコンベヤー	約 13,000

表3.3 イアとイヤのヒット件数

イア率（%）	イア語形	イアヒット件数	イヤ語形	イヤヒット件数
99.9	ルーマニア	約 1,260,000	ルーマニヤ	約 868
99.9	リアリズム	約 186,000	リヤリズム	約 35
99.9	リアリスト	約 51,800	リヤリスト	約 2
99.9	ラフレシア	約 102,000	ラフレシヤ	約 75《植物名》
99.9	ユーラシア	約 326,000	ユーラシヤ	約 95
99.9	ユートピア	約 348,000	ユートピヤ	約 117
99.9	メディア	約 34,600,000	メディヤ	約 2,140
99.9	ミトコンドリア	約 174,000	ミトコンドリヤ	約 236
99.9	ミクロネシア	約 698,000	ミクロネシヤ	約 121
99.9	マレーシア	約 3,220,000	マレーシヤ	約 1,640

第 4 章　外来語の「ア」と「ヤ」

99.9	マニア	約 13,500,000	マニヤ	約 16,900	
99.9	ボリビア	約 501,000	ボリビヤ	約 294	
99.9	ポリネシア	約 185,000	ポリネシヤ	約 113	
99.9	ボスニア	約 383,000	ボスニヤ	約 47	
99.9	ポインセチア	約 295,000	ポインセチヤ	約 253	
99.9	ベネチア	約 296,000	ベネチヤ	約 102	
99.9	ペチュニア	約 134,000	ペチュニヤ	約 72	
99.9	ブラジリア	約 56,300	ブラジリヤ	約 22	
99.9	フットギア	約 66,100	フットギヤ	約 5	
99.9	フォックステリア	約 51,100	フォックステリヤ	約 73	《犬の種類》
99.9	ファンタジア	約 1,320,000	ファンタジヤ	約 266	
99.9	ファミリア	約 1,090,000	ファミリヤ	約 284	
99.9	ヒアルロン	約 1,210,000	ヒヤルロン	約 1,330	
99.9	ピアノ	約 10,300,000	ピヤノ	約 1,550	
99.9	ピアス	約 4,990,000	ピヤス	約 2,250	
99.9	バレンシア	約 518,000	バレンシヤ	約 98	
99.9	パプアニューギニア	約 266,000	パプアニューギニヤ	約 26	
99.9	パイオニア	約 1,920,000	パイオニヤ	約 1,270	
99.9	ノキア	約 279,000	ノキヤ	約 183	《通信機器会社》
99.9	ニューカレドニア	約 282,000	ニューカレドニヤ	約 34	
99.9	ナミビア	約 302,000	ナミビヤ	約 20	
99.9	ナイジェリア	約 477,000	ナイジェリヤ	約 67	
99.9	トリビア	約 1,450,000	トリビヤ	約 155	
99.9	チアノーゼ	約 76,500	チヤノーゼ	約 9	
99.9	チアガール	約 972,000	チヤガール	約 255	
99.9	タンザニア	約 371,000	タンザニヤ	約 119	
99.9	スペーシア	約 115,000	スペーシヤ	約 13	
99.9	スカンジナビア	約 263,000	スカンジナビヤ	約 174	
99.9	スーベニア	約 113,000	スーベニヤ	約 49	
99.9	シンフォニア	約 363,000	シンフォニヤ	約 13	《交響曲》
99.9	ジルコニア	約 358,000	ジルコニヤ	約 150	
99.9	ジョージア	約 575,000	ジョージヤ	約 124	
99.9	ジュニア	約 7,200,000	ジュニヤ	約 657	
99.9	シニア	約 5,050,000	シニヤ	約 1,900	
99.9	シチリア	約 391,000	シチリヤ	約 289	
99.9	シアバター	約 316,000	シヤバター	約 3	
99.9	シアノバクテリア	約 13,100	シヤノバクテリア	約 2	《藍藻》
99.9	シアヌーク	約 19,500	シヤヌーク	約 3	《カンボジア人名》
99.9	シアトル	約 976,000	シヤトル	約 538	
99.9	シアター	約 3,780,000	シヤター	約 344	
99.9	コロンビア	約 2,260,000	コロンビヤ	約 558	
99.9	コリアンフード	約 7,810	コリヤンフード	約 2	
99.9	クロアチア	約 1,070,000	クロアチヤ	約 25	
99.9	クリアファイル	約 954,000	クリヤファイル	約 928	
99.9	グラビア	約 10,100,000	グラビヤ	約 8,480	
99.9	キャリア	約 36,300,000	キャリヤ	約 49,000	
99.9	キャビア	約 476,000	キャビヤ	約 398	
99.9	カンボジア	約 1,870,000	カンボジヤ	約 700	
99.9	カリフォルニア	約 2,790,000	カリフォルニヤ	約 734	
99.9	カフェテリア	約 204,000	カフェテリヤ	約 279	
99.9	オセアニア	約 2,110,000	オセアニヤ	約 16	
99.9	オーストリア	約 2,310,000	オーストリヤ	約 1,120	
99.9	オーストラリア	約 6,990,000	オーストラリヤ	約 2,400	
99.9	エンジニア	約 6,410,000	エンジニヤ	約 2,320	
99.9	エリア	約 45,400,000	エリヤ	約 35,600	
99.9	エクステリア	約 2,620,000	エクステリヤ	約 674	
99.9	ヴァージニア	約 121,000	ヴァージニヤ	約 34	
99.9	インドネシア	約 3,920,000	インドネシヤ	約 1,250	
99.9	インテリア	約 36,000,000	インテリヤ	約 3,830	
99.9	アンダルシア	約 244,000	アンダルシヤ	約 66	

99.9	アレキサンドリア	約 62,200	アレキサンドリヤ	約 285	《マスカット》
99.9	アルジェリア	約 383,000	アルジェリヤ	約 85	
99.9	アタラクシア	約 17,400	アクタラシヤ	約 2	《心が平穏なさま》
99.9	アーキア	約 2,570	アーキヤ	約 3	《古細菌》
99.8	ラトビア	約 491,000	ラトビヤ	約 923	
99.8	メラネシア	約 11,900	メラネシヤ	約 26	
99.8	プレミア	約 5,040,000	プレミヤ	約 10,700	
99.8	ブルガリア	約 1,040,000	ブルガリヤ	約 1,750	
99.8	フリージア	約 207,000	フリージヤ	約 371	
99.8	ドリア	約 487,000	ドリヤ	約 1,150	
99.8	スロバキア	約 527,000	スロバキヤ	約 1,320	
99.8	ジアスターゼ	約 13,400	ジヤスターゼ	約 30	
99.8	サンタルチア	約 41,700	サンタルチヤ	約 90	
99.8	コリア	約 750,000	コリヤ	約 1,560	
99.8	グロリア	約 492,000	グロリヤ	約 880	
99.8	ギニア	約 174,000	ギニヤ	約 262	
99.8	ウィンダミア	約 11,400	ウィンダミヤ	約 24	《湖の名前》
99.8	イタリア	約 20,400,000	イタリヤ	約 38,200	
99.7	ピラニア	約 242,000	ピラニヤ	約 839	
99.7	バスチア	約 2,750	バスチヤ	約 7	
99.7	バクテリア	約 389,000	バクテリヤ	約 1,170	
99.7	シリア	約 1,680,000	シリヤ	約 5,880	
99.7	シャンデリア	約 969,000	シャンデリヤ	約 2,460	
99.7	シビア	約 751,000	シビヤ	約 2,420	
99.6	ヘッドギア	約 135,000	ヘットギヤ	約 571	
99.6	ベゴニア	約 170,000	ベゴニヤ	約 674	《植物名》
99.6	チェコスロバキア	約 83,400	チェコスロバキヤ	約 296	
99.6	スコッチテリア	約 14,400	スコッチテリヤ	約 62	《犬の種類》
99.6	サルビア	約 234,000	サルビヤ	約 851	
99.5	リアル	約 19,300,000	リヤル	約 101,000	
99.5	ラザニア	約 192,000	ラザニヤ	約 995	
99.5	ヘルニア	約 920,000	ヘルニヤ	約 4,570	
99.5	チアホーン	約 2,430	チヤホーン	約 12	
99.5	シアン	約 446,000	シヤン	約 2,210	
99.5	アラビア	約 1,440,000	アラビヤ	約 7,730	
99.4	ノスタルジア	約 250,000	ノスタルジヤ	約 1,620	
99.3	ユーゴスラビア	約 139,000	ユーゴスラビヤ	約 969	
99.3	バリア	約 4,060,000	バリヤ	約 27,100	
99.3	バイアグラ	約 482,000	バイヤグラ	約 3,390	
99.3	ターヘル・アナトミア	約 2,200	ターヘル・アナトミヤ	約 15	《解体新書》
99.3	アベマリア	約 28,300	アベマリヤ	約 197	
99.2	ジフテリア	約 42,800	ジフテリヤ	約 326	
99.1	アゼリア	約 139,000	アゼリヤ	約 1,280	
99.0	シベリア	約 1,270,000	シベリヤ	約 12,200	
98.9	ロシア	約 9,920,000	ロシヤ	約 110,000	
98.9	アリア	約 1,330,000	アリヤ	約 14,600	
98.6	ペルシア	約 146,000	ペルシヤ	約 2,090	
98.5	ニアミス	約 178,000	ニヤミス	約 2,710	
98.2	マリア	約 4,740,000	マリヤ	約 86,700	
98.2	チアリーディング	約 217,000	チヤリーディング	約 4,030	
98.2	ギリシア	約 600,000	ギリシヤ	約 11,000	
98.1	マグネシア	約 17,500	マグネシヤ	約 331	
97.8	ボヘミア	約 98,000	ボヘミヤ	約 2,250	
97.5	ビアガーデン	約 1,160,000	ビヤガーデン	約 30,100	
96.8	メソポタミア	約 81,500	メソポタミヤ	約 2,730	
96.7	アポロギア	約 350	アポロギヤ	約 12	《弁解》
96.4	ガイア	約 1,350,000	ガイヤ	約 50,400	
96.2	ビアホール	約 1,210,000	ビヤホール	約 48,100	
94.9	ビアパーティー	約 12,500	ビヤパーティー	約 666	
94.9	エクレシア	約 8,300	エクレシヤ	約 450	《教会．聖堂》

第4章 外来語の「ア」と「ヤ」

94.9	アッシリア	約 26,600	アッシリヤ	約 1,430	
94.5	バンパイア	約 496,000	バンパイヤ	約 28,700	
93.5	デザイア	約 129,000	デザイヤ	約 9,030	《欲望》
93.0	ケニア	約 696,000	ケニヤ	約 52,600	
92.8	ヒアリング	約 757,000	ヒヤリング	約 59,000	
92.6	マラリア	約 180,000	マラリヤ	約 14,300	
92.6	パエリア	約 407,000	パエリヤ	約 32,400	
90.4	リア	約 8,690,000	リヤ	約 928,000	《後ろ》
90.3	ギア	約 4,850,000	ギヤ	約 520,000	
90.0	メシア	約 140,000	メシヤ	約 15,600	
89.2	ダリア	約 772,000	ダリヤ	約 93,000	
88.2	カナリア	約 913,000	カナリヤ	約 122,000	
88.1	メサイア	約 180,000	メサイヤ	約 24,300	
87.8	エンパイア	約 400,000	エンパイヤ	約 55,800	
87.6	アンパイア	約 40,800	アンパイヤ	約 5,760	
86.8	クリアー	約 1,360,000	クリヤー	約 207,000	
86.2	ニアリー	約 3,980	ニヤリー	約 639	
83.6	イアーゴ	約 3,880	イヤーゴ	約 762	
82.7	アカシア	約 272,000	アカシヤ	約 56,800	
80.7	サファイア	約 1,240,000	サファイヤ	約 297,000	
76.9	ミスファイア	約 7,090	ミスファイヤ	約 2,130	
70.8	プリミア	約 1,950	プリミヤ	約 806	《過食症》
69.0	リタイア	約 776,000	リタイヤ	約 348,000	
49.3	ファイアー	約 1,760,000	ファイヤー	約 1,810,000	
46.4	カシミア	約 531,000	カシミヤ	約 613,000	
24.9	ベニア	約 53,300	ベニヤ	約 161,000	
18.1	リアカー	約 36,100	リヤカー	約 163,000	
15.3	キャンプファイアー	約 17,300	キャンプファイヤー	約 96,000	
14.5	ダイアモンド	約 1,110,000	ダイヤモンド	約 6,520,000	
11.4	パパイア	約 57,700	パパイヤ	約 447,000	
4.7	イアリング	約 79,500	イヤリング	約 1,630,000	
3.3	メリアス	約 3,160	メリヤス	約 93,300	
1.2	ワイアー	約 41,100	ワイヤー	約 3,510,000	
1.2	イアーマフ	約 2,530	イヤーマフ	約 206,000	
0.9	イアー	約 40,200	イヤー	約 4,220,000	
0.8	ヒアシンス	約 14,300	ヒヤシンス	約 175,000	
0.5	レイアー	約 11,800	レイヤー	約 2,210,000	
0.5	タイア	約 58,200	タイヤ	約 11,100,000	
0.5	イアホン	約 16,600	イヤホン	約 3,610,000	
0.3	ニューイアー	約 886	ニューイヤー	約 310,000	
0.002	プレイアー	約 1,660	プレイヤー	約 7,760,000	

　この二つのリストを見てみると，アとヤはゆれているというよりも，単語によって，どちらの言い方が強いかがはっきりしているといったほうがよさそうである．99％台のものがたくさんあるし，一方では0％台のものもある．
　なお，「エア」は「エヤ」よりもヒット件数が圧倒的に大きい場合が多い．ケア（世話），ヘア（毛），ベア（熊），エア（空気）など，単語の形が「エヤ」ではなく「エア」に固定化しているといえる．
　「イア」のほうは，アの比率が高低さまざまである．イアの比率が高く現れるのは，地名などの固有名詞が多い．地名は「イア」で表現するような慣習があるといっていいのではないか．また，最近の外来語は「イア」が多いようである．ここでいう「最近」は，日本語に入り始めてまだ時間がたっておらず，専門用語的なニュアンスがあり，ヒット件数もあまり多くない場合である．逆に，「イヤ」が多いのは，一般語であり，「イヤ」で表現する慣習が

確立している単語群である．イヤー（年，耳）が典型例である．

これらのことから，外来語は（母音連続を嫌って）「イヤ」で取り入れるのが昔の慣習だったが，最近は，（母音連続を嫌わなくなって）「イア」で取り入れるようになってきたことがうかがえる．

もっとも，「イア」と「イヤ」で意味・用法が違うこともありそうだ．たとえば，イア率が4.7%の「イアリング」と「イヤリング」だが，それぞれの先頭100件を見てみると，「イアリング」では，歌のタイトルの形で出てくる場合が多い．松田聖子の「ハートのイアリング」という歌のタイトルの使用例が49件であり，耳飾りは28件，ゲームの名前が22件である．一方，「イヤリング」では，耳飾りが94件で大部分である．こうなると，このペアが同義語なのかどうなのか，わからなくなってくる．

この場合も，手垢の付いた形である「イヤリング」を嫌って，作詞家（ないし何らかの関係者）があえて「イアリング」という新しい形を使うことにし，新鮮なニュアンスを出そうとしたのかもしれない．

第5章 「disられる」の意味

5.1 宿題

「disられる」あるいは「ディスられる」は，どういう意味か．検索エンジンで用例多数を調べ，それに基づいて考察せよ．

参照例を外して，用例から意味が抽出できるとベストである．意味を抽出する（そしてそれを他人に納得してもらう）ためには，やや文脈を長く取って用例を示さないといけない．

5.2 調査結果

学生Dさんの提出結果は次のようである．
日記では
　「朝起きてみたらいわゆるDISられていた．初めての経験でほんとこわかった・・・知らない集団にあれこれ言われるわけだからね．」[*1]
楽天ニュースでは
　「クリスティーナ・アギレラ，ケリー・オズボーンに"デブのビッチ"と

[*1] http://anond.hatelabo.jp/20080328121520

第5章 「disられる」の意味

ディスられる

歌手のクリスティーナ・アギレラが、オジー・オズボーンの娘で、マドンナと娘のローデスさんがプロデュースするブランドのモデルを務めるケリー・オズボーンに"デブのビッチ"と暴言を吐かれていた。」[*1]

ツイッターからは

「オサレサブカルは何してもディスられる傾向にあるんだなぁ。」[*2]

自己紹介では

「嫌いなこと（もの）：飲まない男　早起き　ディスられること」[*3]

また伊豆のブログからは

「これは「詐欺師野郎！」とディスられてもしょうがありません。まぁネットでディスられるような書き込みされるくらいなら全く問題はありません。勘弁して欲しいのは、台風がウチの建物までディスってきてることです。僕の部屋の通路を挟んで外のガラス戸枠が壊されかけてて、風が吹くたびガタガタいってて、今晩もつかどうか怪しいのです。TVでは八丈が台風に散々ディスられた様子を放映してたので、ウチの部屋もそうなるんじゃないかとかなり不安です。ウチの部屋を壊すのはマジ勘弁メーン。」[*4]

日記で解説しているものもある

「最近、仕事でもプライベートでもディスられることが多いですね…(^_^;)。ディスるとは、ディスリスペクトの略でリスペクト（尊敬する）の反対の意味になるので、（軽蔑する、バカにする）という意味です。ディスられたらディスり返すのが○マ○フ○ッ○ーのルールなんですけど、プライベートではできても、仕事ではさすがになかなかできないメーン！私としたことが取り乱しました…（笑）。」[*5]

「disられる」「ディスられる」という言葉が使われている文の次の文を見ると，「ディスられる」の意味を解釈できると思われる．主に第三者にマイナスのことを言われるという意味である．「あれこれ言われる」「暴言を吐かれていた」からもわかる．また，言葉だけでなく，「散々な目に合う」というような意味にも使われているようである．

学生Eさんの提出結果は次のようである．

「また産経にdisられている件（中略）というわけで憶測のdisり記事のオンパレードでいつまで俺を叩く気かと思ってしまうね。」[*6]

「和歌山がdisられるとどう思いますか？（中略）根拠の無い誹謗中傷言われると流石に頭にきますが、グンマーみたいな田舎ネタは好きですよ。」[*7]

「【速報】程高川島、映画評論家にディスられる

映画版「もしドラ」を映画を見もせずに「半年後にはゴミになっている」とTwitterで批判し、（以下略）」[*8]

「台風にディスられる。（中略）これは「詐欺師野郎！」とディスられて

[*1] http://woman.infoseek.co.jp/news/celebrity/story.html?q=hollywood_04Aug2011_18020

[*2] http://twitter.com/#!/kondoyuko/status/82173326226763776

[*3] http://www.med.kitasato-u.ac.jp/~bad/buin/buin-haneda-karenn.htm

[*4] http://www.izu-zukan.jp/izu_islands/1783.html

[*5] http://www.gyoseishoshiblog.com/gyoseisyoshi/item_7136.html

[*6] http://ameblo.jp/takapon-jp/entry-10484225867.html

[*7] http://theinterviews.jp/karasumi742/94304

[*8] http://logsoku.com/thread/hatsukari.2ch.net/livejupiter/1307845281/

もしょうがありません。（中略）勘弁して欲しいのは、台風がウチの建物までディスってきてることです。」*¹

[*¹ http://www.izu-zukan.jp/izu_islands/1783.html （前ページ注4と同じ）]

上記の使用例を見ると、「ディスられる」は（誰それから）叩かれる、批判される、誹謗中傷を受ける、という意味で使われていることがわかる。

ただし、最後の用例の「台風がウチの建物までディスってきてる」は他の4例とは異なり、「台風が建物を破壊する」という意味で用いられているようだ。「叩く」という意味合いが強められたものと思われる。

◆荻野のコメント◆

学生Dさんが引用するように、「ディスる」解説記事もヒットするが、これは参照例であり、参考にするのはいいが、これで結論を出してはいけないものである。また、Dさんは、WWWの記事をジャンル別に分けて、それぞれから使用例を引用しているが、これはあまり意味がない。ジャンルごとに違った意味で使われていると予想されるような場合は、こうした調査方法も有効だが、そうでなければ、ジャンル別に区分しても、得られる情報は多くない。

結果的に、DさんもEさんも、ほぼ同様の結論に達している。妥当な結論である。

なお、ここでは、受動形で課題を出したが、能動形との比較があるとよかったかもしれない。「ディスる」は、どちらかというと受動形で使われることが多い語形であると感じられる。これを確認するためには、たとえば、一般の動詞10種くらいと「disる」「ディスる」の能動形と受動形の頻度（ヒット件数）を比べるとかすればよい。

第6章 漢字語の読み方

6.1 宿題

配付資料（資料は省略）は、NHKが決定した漢字語の読み方である。一つの漢字語に二つ（以上）の読み方がある場合、両方ともOKとするか、一方に限定するかを決めている。

この資料は、ある意味で「日本語のゆれ」の一部を示している。WWWを検索して、ゆれの実態を述べよ。また、その結果、NHKの「決定」が妥当かどうか、検討せよ。

各学生に2～3語ずつ、課題を与えた。

6.2 調査結果

学生Fさんの提出結果は次のようである．

○「左官」の読み方について

検索エンジンは Yahoo! Japan を用いた．検索日は 2011 年 10 月 16 日である．

- 「"左官"」 約 6,010,000 件
- 「"サカン"」 約 21,500 件

    上位 50 件中

    店名　6 件

    用例：「株式会社布施サカン工業　外壁が甦る！お家も家族もリフレッシュ!!［左官業］」[*1]

    参照例　4 件

    不適例　40 件

- 「"シャカン"」 約 9,430 件

    上位 50 件中

    「左官」という意味で使用されているもの　5 件

    用例：タイトル「シャカン」，内容「今回は門柱まわりのしゃかん工事です。しゃかん？そうです。左官工事です。」[*2]

    意味が判断できないもの　1 件

    参照例　3 件

    不適例　41 件

- 「"さかん"」 約 2,120,000 件

    上位 50 件中

    雑誌名　2 件

    用例：タイトル「月刊「さかん」の発行と購読のお願い」，内容「「左官と土を意識する生活者のため」の月刊誌を目標とし、左官職人が扱う土と水と風に内在する場所から「塗り壁が時代を評価する」という視点で表現していきます。」[*3]

    参照例　3 件

    不適例　45 件

- 「"しゃかん"」 約 99,700 件

    上位 50 件中

    店名　1 件

    用例：「しゃかん　かとう屋　人・体に優しい土壁・漆喰・伊賀大好き職人です」[*4]

    参照例　2 件

    不適例　47 件

[*1] http://tel.so-net.ne.jp/SearchMap.php?mapkind=1&matomeid=KN1507092900001749TO0010041400000017

[*2] http://chofu.benry.com/diary.php?mode=m&ym=2010-04&d=27&SID=bpgzngynhmc

[*3] http://home.n06.itscom.net/sakan1/cn21/pg109.html

[*4] http://ict.easymyweb.jp/member/syakan/

「サカン（さかん）」のほうが「シャカン（しゃかん）」よりも検索結果の件数が多かった．しかし「シャカン（しゃかん）」も「左官」の読み方として使用されていることがわかった．

「左官」の読み方は「サカン」のほうが「シャカン」より多く使用されているようである．しかし，「シャカン」についても「左官」の読み方として使用されている．よって，「左官」の読み方は現行の規定のまま「サカン」「シャカン」2つの読み方を認めるというNHKの「決定」は正しいのではないかと思う．

◆荻野のコメント◆

「左官」の読み方を調べるのだが，それぞれの読み方を検索エンジンで調べ，両方とも使われているという結論に達している．この検索法でいいと思うが，一般には「"左官" "さかん"」のように，漢字表記と読み仮名の両方を一緒に指定して検索するほうが，他の語を検索してしまうことを避けることができて，望ましいと思う．

学生Fさんが行ったように，用例多数（50～100例くらい）を個々に見て，確かに「左官」のことに言及しているかどうかを確認すれば，問題にはならない．ただし，ここでは不適例がかなり多くなっており，本来の意味の使用例がかなり少数だとすると，どちらが多いかという問題は，簡単に断定できるものではなくなってくるだろう．

参照例をピックアップしてしまうことを少なくする方法の一つは，「"さかん" -しゃかん」のように，もう一方の読み方をマイナス検索で指定することである．

第7章　WWWによる問題解決の課題例

第3部では，荻野が授業中に学生たちに課した課題の中からいくつかを選んで結果を示した．このような「課題」はたくさん考えられる．以下は，その例である．過去に宿題などで出した場合もあるし，まったく思いつきだけの場合もある．ただし，これらの課題は，WWWを検索して必ず結果が求められる（しかるべき解答が得られる）というわけではない点に注意していただきたい．

(1)「へずる」は方言（俚言）か

学研国語大辞典の記述：へず・る【×剟ずる】〔歴史的かな遣い〕へづる　少しずつけずりとる．人の目を盗んで少しずつかすめとる．へつる．〔古風，かつ方言的なことば〕《文語形》《四段活用》

検索エンジンで用例多数を調べ，それに基づいて考察せよ．

(2)「洗濯物を込む」という言い方は方言（俚言）か

WWWの多数の用例について検討せよ．参照例と使用例を区別すること．

(3) 新語辞典にも載っていないような新語を取り上げ，用例を検索し，その新語の意味を調べよ

たとえば，「社会を映し出すコトバたち」[*1]には，（専門用語ではあるが）いろいろな新語が載っている．この記事で示されている意味が正しいのかどうか，確認せよ．

[*1] http://business.nikkeibp.co.jp/article/topics/20101015/216653/

(4)「ウイ」vs.「ウィ」の表記のゆれと意味の違い

「ウイ」と「ウィ」で表記がゆれている語がある．たとえば，ウイスキー vs. ウィスキー，ウイルス vs. ウィルス，ウイナー vs. ウィンナー，ウインク vs. ウィンクのようなものである．これらは表記がゆれていると見られるが，一部には，それぞれの表記で意味が違う場合がある．ウイスキーとウィスキーでは，指し示すものが異なるというわけである．それぞれの用例多数を検索し分類し，まったく同じ意味なのか，これこれの場合は一方に偏るということはないのか，検討せよ．商品名や会社名などに注意せよ．

(5)「末席」の読み方は「まっせき」か「ばっせき」か

どういう読みが多いか．専門分野，領域，職業などによってどれかに偏るということはないか．方言差はないか．

(6) gooブログ検索を利用して，日本語の男女差を調べよ

言語項目として何を調べるべきかがポイントである．過去の論文などを探して，男女差があるとされているものを材料にするといいだろう．

(7) gooブログ検索を利用して，日本語の年齢差を調べよ

年齢差がはっきりしている項目（たとえば，ズボン vs. スラックス）を何か一つ（あるいは数ペア）用意する．

http://www.goo.ne.jp/でブログ検索を選び，ズボンとスラックスがどの世代の人に何％使われているかを見る．よく使われる一般的な語（たとえば「を」）を同様に検索し，ブログ執筆者の年齢分布とみなし，それとズボンとスラックスとを比較する．

(8)「衝撃する」という動詞があるのか，普通に使われるものなのか，確認せよ

参考：『言語』メルマガ【げんごろう】第55号 07/09/15より一部改変

「月刊『言語』9月号「チャレンジコーナー」で題材になった「衝撃する」を筆者はネット上で文字として見た．6月某日，出かける前にJRのサイトで列車の運行状況を見たら，「東海道新幹線は，16時00分頃より，新横浜駅で，線路内に立ち入った人に通過列車が衝撃したため，上下線の運転を見合わせておりましたが，現在は運転を再開しております」と書いてあったのである．うーん，「衝撃する」という動詞があるのか，と思った．」

応用課題として，未確認する，未承認する，……のような，ありえない語

形が WWW 中にあるのか，いろいろなものに「する」を付けた動詞について調べてみよ．

(9)「定年」と「停年」はどう違うか

それぞれの用例多数を調べ，それぞれの意味，指し示すもの，使われる場所，使う人など，何か違いはないかを検討せよ．

ほかにも，ほぼ同義で音が同じで，漢字が異なるペアがある．基準と規準，製作と制作，……．

(10)「キューピッド」と「キューピット」はどう違うか

用例多数を調べて，どういう傾向があるか（どういう場合にどちらが使われるか）を検討せよ．

ほかにも，ブルドッグ→ブルドック，ハンドバッグ→ハンドバック，テトラポッド→テトラポットのようなものがある．

(11)「編み物」と「編物」はどう違うか

日本語の送り仮名は，いろいろな形があってゆれている．それはまったく傾向のない「ゆれ」なのだろうか．それとも，使う人，使う文脈，使う場面などで，傾向性（規則性）があるものなのだろうか．

WWW で用例多数を調べて検討せよ．

気持ち vs. 気持，申し込み vs. 申込など，類例はたくさんある．

(12)「ラーメン」を表す語の相互の違い

多数派の表記は，「ラーメン」「らーめん」「拉麺」「らあめん」である．これら以外に，少数ではあるが，「らー麺」「ラー麺」「老麺」「らうめん」なども見かけることがある．

これらは，具体的にどう違うのだろうか．WWW で，多数派の 4 語それぞれの意味・用法を確認し，お互いがどう違うのかを明らかにせよ．可能な人は，8 語について検討せよ．

さらに意欲のある人は，珍しい例（上記 8 種類以外にもいろいろある）にもチャレンジしてみるとよい．

(13)「ご拝読」は正しい敬語用法か

敬語の用法で，[A]「ご拝読」，[B]「ご拝読する（します）」，[C]「ご拝読いたす（いたします）」は正しい言い方かどうか．WWW で多数の用例を検索し，それに基づいて検討せよ．

(14)「つきぎめ」の漢字表記

「月極」と「月極め」と「月決め」と「月ぎめ」の違いは何か．用例多数をもとに考察せよ．

4 種類の表記について，どういう意味で何回使われたかをまとめ，それから結論を出すとよい．日本の中で地域差があることも考えられる．

第4部　研　究　編

実際の論文から研究の方法を見てみよう

第4部では，WWW検索を用いた日本語研究の例を紹介する．荻野の既発表の論文・学会発表などを収録したが，その後の状況の変化・変更などに従って書き改めた部分がある．また，必要に応じて解説的な追記を行った．学生諸君が卒業論文などを執筆する際の参考にもなるだろうと思う．

第1章　WWW検索による方言語形の全国分布調査[*1]

1.1　WWWによる方言研究

WWWが急速に普及した結果，方言研究にWWWを使おうという試みが現れ始めている．

松田謙次郎（2004.3）は，国会会議録を検索しているが，中には方言的な言い方が記録されている例があり，その場合，発言者（議員）が特定できるので，発言者の出身地や生年などを考慮することで，方言の研究が可能になると論じている．これは，国会議員という，ある意味で特殊な人を対象とするからこそ可能になる方法である．

塩田雄大（2004.5）は，Yahoo!グルメに掲載されているレストランや食堂のメニューにより「焼きめし」と「チャーハン」の出現率を調べ，東日本に「チャーハン」が多く，西日本にはさほど多くないことを示している．ほかにもいくつかの言い方についてWWWを調べているようである．このような地域差の研究は大変興味深いが，WWWの中のどこを調べるといいかという問題が残り，まさに問題に応じて最適なWWWの場所を探さなければならないという点で発展性に課題が残る．

このような状況も踏まえつつ，田中ゆかり（2003.4）は，方言語形をWWWで検索した結果を示した上で，「地域差や社会的属性による分布の偏りについても使えると嬉しいが，これは，ほとんど使えない」と述べている．

しかし，荻野は，自分のWWW検索経験から，そんなに悲観するべきこと

[*1] この章の内容は，荻野綱男（2004.11）を書き直したものである．検索件数は，2004年5〜9月現在の検索結果である．WWWの情報は，日々更新されるので，今日現在でこれをすべて再現して確認することはできない．しかし，だいたいは似たような結果になると考えられる．

ではないと感じている．WWWを検索することで，それぞれの語形の全国分布が把握できるのであって，それは今後の各種研究に有効な面がある．

1.2 WWWによる方言語形の分布の調べ方

ある方言語形をWWWで調べるには，検索エンジンを利用すればよい．以下では，もっぱらGoogle[*1]を使うことにする．検索時間が早く，その割に多数の用例検索が可能だからである．

[*1] http://www.google.co.jp/

WWWでは，訛音や特殊な音声があって語形（文字表記）を確定しにくいものは検索しにくい．沖縄方言などはそれに該当しよう．しかし，多くの方言は文字で表現される機会が多く（方言番付などの方言グッズを見よ），若者などはケータイで方言を使って友達とやりとりをしているという[*2]．ということは，WWWの検索の場合も，そのような一般的な書き方に従って方言語形を入れてみれば十分である．

[*2] ジャストシステムが仮名漢字変換システムATOKの方言対応を始めたのは，方言を使うケータイユーザーの声を反映してのことである．

WWWは，言語研究の立場から見ると，用例検索に力を発揮する．すでにその種の研究が次々と現れている．

検索の際，使用例と参照例を区別する必要があろう．使用例は，文字通り，実際にその表現が使われた例であるが，参照例というのは，当該の言い方について議論したり解説したりするものであり，使用例ではない．

もっとも，参照例だからといって情報として活用しないという態度はよくない．参照例による議論でも，中には，「どこそこで聞いたことがある」などという情報は，それなりに有効な情報であると思うし，従来の対人調査でも，そのような情報を無視してはいなかった．

しかしながら，まずは使用例を用いて研究するべきであろう．

検索エンジンに調べたい語形を入力すると，多数の用例が見つかる．それらを1個ずつ丹念に検討する（用例の現れるページを呼び出してその前後を見ていく）と，使用地域がわかることが多い．どのようにわかるかの具体例はここでは省略する．

1.3 土地に結びついた言い方の例

WWWを検索して語形の地域差を見る場合，一番適しているのは，土地に結びついた言い方である．

土地に結びついたものは，所在地が比較的簡単に判明する．

(1)「〜橋東詰」「〜橋西詰」「〜橋南詰」「〜橋北詰」

「〜橋東詰」（あるいは西南北も）は，橋の両端のところのことで，交差点の名称（あるいはバス停の名称）として使われる．「〜橋」はさまざまな橋の

名前であり固有名詞である．

　国語辞典によれば（「橋詰」の項で）「主として関西で使う」と記述しているものもある．『学研現代新国語辞典』（1993）である．『岩波国語辞典』と『新明解国語辞典』の場合は，第3版までこの記述があったが，第4版以降では削除されている．ほかにも10冊以上にあたってみたが，何も記述していないものがほとんどである．

　WWWでの検索結果では，「"橋東詰"」2,380件，「"橋西詰"」2,580件，「"橋南詰"」993件，「"橋北詰"」1,770件が見つかる．この検索結果の中では，同じ橋が何回も出てくることがあるので，同じ橋をカウントしないようにしながら，「"橋東詰"」から「"橋北詰"」までのそれぞれから約100個ずつの橋（合計400弱）を抽出して，その橋が存在する地域を都道府県単位で集計してみた．橋の所在地は全部判明した．橋が県境をまたぐ場合は，当該の交差点がどちらの県に入るかを判断した．結果は，次のようになる．

北海道	3	宮城	2	茨城	2	群馬	6	埼玉	5	千葉	3	東京	50
神奈川	3	新潟	9	富山	1	石川	7	福井	7	山梨	14	長野	8
岐阜	3	愛知	2	三重	9	滋賀	7	京都	33	大阪	57	兵庫	20
奈良	11	和歌山	12	鳥取	3	島根	14	岡山	12	広島	29	山口	2
徳島	13	香川	3	愛媛	1	高知	4	福岡	2	佐賀	1	宮崎	6
＊合計 364													

　この結果から，大阪，京都，兵庫が多いので，「主として関西」といえるように思う（中四国に多いのは関西の影響だろう）．東京にも多いのだが，その周辺の関東地方に少ないことを考慮すると，東京だけこの言い方が関西から飛び火したようにも考えられる．徳川宗賢（1979）が述べるように，方言語形の中には，トーガラシやマブシイのように関西から東京近辺に飛び火したかのような分布を示すものがあるが，この言い方も類例ではないかと考えられる．つまり，これは関西方言の東京への流入の一現象ではないかと考える．

　(2) 駐車場の呼び名

　駐車場を意味する「モータープール」も，所在地が調べやすい．関西方言である（沖裕子（1999.11）や井上史雄（1986）を参照）．

　Googleでは，「モータープール」が5,370件見つかるが，その中で，劇団，アニメ，美容室，送迎会社などの「モータープール」は省いた．全体の1/3くらいはこういう例である．駐車場の意味のモータープールのうち，使用地域が不明なものが半分くらいある．それらを除外して，所在地がわかるもの88件を抜き出すと，以下のようになる．

福島	1	京都	4	大阪	76	奈良	5	和歌山 2	＊合計 88

　この結果から，大阪府に非常に濃く分布し，ほかに奈良，京都，和歌山にも若干分布することがわかる（福島にも1件あるが）．モータープールは関西方言といわれるが，分布はかなり狭そうである．

駐車場については，全国的に「月極駐車場」（24,500件）という言い方が分布し，これは地域差がなさそうだが，「月決駐車場」は44件しか使われていない．使用地域は以下の通りである．

```
北海道 12   青森  4   秋田  6   群馬  4   福井  2   長野  1   静岡  1
大阪   1   愛媛  1   高知 10   宮崎  2   ＊合計44
```

北海道と北東北，そして高知にやや集中しているような結果になっている．

ちなみに「月決め駐車場」という表記は，以下のように77件が分布し，地域差は認められない．

```
北海道 12   青森  6   岩手  2   宮城  1   福島  2   群馬  5   埼玉  4
千葉   1   東京  5   神奈川 1   新潟  3   富山  3   長野  5   岐阜  5
静岡   1   愛知  7   京都  1   大阪  1   兵庫  1   島根  1   岡山  1
愛媛   1   高知  2   福岡  2   佐賀  1   長崎  1   大分  2   ＊合計77
```

このように，土地に密着したものならば割と簡単に全国分布が調べられる．

1.4 気づかれにくい方言

「気づかれにくい方言」もWWWで調べるのに適している．こういう言い方は，WWWの多様な記事の中で，無意識に共通語的感覚で使われる．使用者は方言だと気づいていないから当然である．それらの分布地域を求めようとすると，使われた地域が判明しないものもかなりの割合で存在するが，それらを除外して，分布がわかるものだけを抜き出しても，WWWの膨大な言語量のおかげで，全国分布はたいていわかる．

(1)「指詰め」

「指詰め」を見てみよう．Googleでは683件見つかる．なお，「指つめ」480件，「指づめ」245件，「ゆびつめ」66件，「ゆびづめ」156件も含めて考えるが，「ゆびつめ」では，関西の電車で指を挟まないよう「ゆびつめ注意」と表示されているという結果が多くあり，また「指の爪」の意味の用例もあったので，あまり有効ではない．

まず，電車のドアなどに指を挟むことでない「指詰め」を除外する必要がある．ヤクザの指詰めが非常に多い．また，「指で何かにものを詰める」や「指を何かに詰める」というものもあった．

参照例も多数（全体の約3割）あったが，そのほとんどが，関西（特に大阪，ほか兵庫，京都）で電車のドアなどに貼られている「指詰め注意」のシールについて，違和感を感じたり，また「ヤクザ」の"指詰め"を連想した，というものである．取り上げられていた電車会社はほとんどが阪神電車だった．これも使用例ではないので，除外する．

この段階で，使用地域がわかるものとわからないものが半々あったが，判

明分を都道府県単位に集計すると，次のようになる．

群馬	1	埼玉	2	千葉	3	東京	16	神奈川	4	富山	1	石川	1
愛知	4	滋賀	1	京都	8	大阪	20	兵庫	2	奈良	4	和歌山	2
香川	1	福岡	2	宮崎	1	＊合計73							

　この結果では，大阪や京都を中心に分布することがわかり，関西方言であることが確認できる．しかし，一方では，東京や神奈川にも「指詰め」がかなりの数あることがわかる．これはどう考えるべきだろうか．

　東京での用例では，回転ドアなどによる「指詰め」防止設計がされているビルのサイトなどがある．東京（や横浜）はビルが多いのでこのような結果になったのではないだろうか[*1]．

　ちなみに，「指を詰める」のような句の形で検索すると，ヤクザの指詰めが大半になってしまう．

　(2)「大洋紙」「B紙」

　模造紙の意味のタイヨーシは，篠崎晃一（1996）が報告しているところでは，高年層で，新潟，福島，鳥取，高知，熊本，鹿児島に見られ，若年層では，新潟，熊本で使われているが，他の地域では衰退してしまったという．

　現在「大洋紙」はGoogleで128件検索できる．このうち，参照例や使用地域不明を除くと，以下のような結果になる．

神奈川	1	新潟	49	京都	1	鹿児島	1	＊合計52

　ほぼ新潟県限定の分布であり，熊本での用例は確認されていない．

　ちなみに，大洋紙という名称の由来は，「大洋紙業」という会社が作った紙＝商標名であろう．

　同じ意味でのビーシについては，篠崎晃一（1996）によれば，年齢に関係なく岐阜と愛知で使用されているとある．

　Googleで「"B紙"」を検索すると，3,470件見つかるが，実は，8割程度が検索ミスや不適例（「紙」を意味しない）である．それらを除いて，使用地域不明のもの11例も除外すると，使用地域は次のようになる．

千葉	1	岐阜	15	愛知	65	三重	2	滋賀	1	＊合計84

　愛知が多く岐阜が少ないのは人口比だろう．篠崎の結果を追認することになった．

　なお，「ビーシ」というカタカナ表記で検索すると，大部分は別の語の一部を出してくるだけで，有効な情報にはならない．

　(3)「校区」「校下」

　学区を意味する言い方で，「校区」と「校下」がある．沖裕子（1999.11）と井上史雄（1986）によれば，両方とも西日本で使われるという．

　Googleで（日本語のページに限定して）「"校区"」を調べると，105,000

[*1] 我が家の家庭用エレベータ（大阪に本社がある松下電工の製造）にも「指詰め注意」のプラスチック板が貼ってある．

件見つかる．その中から246件を抽出し，使用地域不明の84件を除き，残りを示すと次のようになる（参照例，予定しない意味はごくわずかであった）．

北海道	2	福島	1	神奈川	1	新潟	1	富山	1	石川	3	福井	4
岐阜	3	静岡	1	愛知	16	三重	2	滋賀	1	京都	2	大阪	22
兵庫	18	奈良	5	和歌山	4	鳥取	2	島根	2	岡山	1	広島	2
徳島	4	香川	1	愛媛	3	高知	2	福岡	19	佐賀	2	長崎	3
熊本	10	大分	5	鹿児島	12	沖縄	7	＊合計162					

　この結果から，大阪，兵庫を中心にした近畿と福岡，熊本，鹿児島などの九州に多いことがわかる．中部地方まで分布するようであるが，北海道から東北・関東は分布がわずかである．
　同じく，Googleで（日本語のページに限定して）"校下"を調べると，6,530件見つかる．その中から，使用地域を調べると，以下のようになった（参照例，予定しない意味はごくわずかであった．使用地域がわからないものもごくわずかであった）．

北海道	14	福島	1	富山	55	石川	45	福井	6	岐阜	22	愛知	3
京都	6	大阪	13	兵庫	4	鳥取	2	島根	4	岡山	1	愛媛	2
高知	6	熊本	2	＊合計186									

　この結果から，「校下」は，富山と石川に集中し，岐阜にも多い．さらに近畿と北海道にも見られることがわかる．同じく西日本で使われるといっても，「校区」と「校下」は相当に分布が違っている．これは，考えてみれば，当然であり，同じ意味の語であれば，相補分布が見られてもいいくらいであるが，上記の2語の分布からは，相補分布までは見られない．

(4)「校時」

　「～時間目」を表す言い方で，沖裕子（1999.11）と井上史雄（1986）は東日本各地にあるという．
　Googleで検索すると49,700件見つかるが，うち160件の分布は以下の通りである（予定しない意味と使用地域不明は少なかった）．

北海道	1	青森	3	岩手	4	宮城	5	秋田	2	山形	1	福島	3
茨城	2	栃木	1	群馬	10	埼玉	2	千葉	2	東京	11	神奈川	12
新潟	5	富山	4	福井	5	山梨	1	長野	1	岐阜	1	静岡	1
愛知	2	三重	2	京都	7	大阪	10	兵庫	8	奈良	5	和歌山	1
岡山	6	広島	6	山口	1	香川	2	愛媛	1	高知	1	福岡	5
佐賀	7	長崎	3	大分	2	宮崎	3	鹿児島	5	沖縄	2	海外	4
＊合計160													

　「海外」とは海外にある日本人学校のサイトである．この結果からは，東日本に多いともいえない．「校時」は全国的に使われる言い方になってきたのではないか．

(5)「補助輪付き自転車」

補助輪付き自転車については，篠崎晃一（1996）が1語で表現するものを地図化しており，また篠崎晃一（1997.4）はもう少し詳しい分布を示している．何種類かの言い方があるが，それらは，大阪，和歌山を中心として近畿から中国，四国の一部まで分布している．

Googleで「コマ付き自転車」を調べると，63例見つかるが，重複しているものを除くと，44件しかない．その中から参照例4件，予定しない意味6件，使用地域不明のもの11件を除き，使用地域は次の通りである．

```
滋賀　1　京都　1　大阪　13　兵庫　1　奈良　2　和歌山2　鳥取　1
岡山　2　＊合計23
```

この結果，大阪を中心とした近畿地方に多いことがわかる．一応，篠崎の結果を追認することになった．

この検索では，「コマ付き　自転車」として検索するほうがよかった．こうすると「コマ付きの自転車」なども検索できて，もう少し件数が増やせる．また「コマツキ」という表記もわずかに見つかる．

「コロ付き自転車」は，同様に，21件見つかるが，使用地域不明のものが多く，使用地域がわかったのは以下のものだけだった．

```
京都　1　和歌山1　岡山　1　広島　2　＊合計 5
```

篠崎晃一（1997.4）の結果では，広島だけに分布している形式であるが，他県に見られるのかどうか，はっきりしたことはわからない．

1.5　WWW検索の問題点

これまでで述べてきたように，WWWを検索して，方言語形の全国の分布の様子がわかるのであるが，この方法にはさまざまな問題点もある．ここでは，それについて述べよう．

1.5.1　人口の多少と方言分布

人口が多いところは，WWWへの書き手が多く，検索件数が高くなる．同様に，インターネットが普及している都市部のほうが，書き手が多く，検索件数が高くなる．東京のアクセスが多いことについては，たとえば，2ちゃんねる利用者の分布アンケートが行われ[*1]，東京在住者が全体の23％になったという報告がある．東京からは人口比（日本全体の約1割）よりも多数のアクセスがあることになる．

アクセス率の問題は，信頼に足る資料が乏しいので，今，人口だけ見てみよう．例として，「校区」の九州および近畿での検索件数と人口を見てみる

[*1] http://blog.livedoor.jp/geek/archives/7091577.html

と，以下のようになる．

	件数	人口（万人）		件数	人口（万人）
福岡	19	506	滋賀	1	137
佐賀	2	87	京都	2	265
長崎	3	149	大阪	22	884
熊本	10	185	兵庫	18	559
大分	5	121	奈良	5	143
鹿児島	12	177	和歌山	4	105

たしかに，人口の多いところに件数が多い結果になっている．人口と検索件数が完全に比例するものではないが，それはむしろ当然であろう．このような偏りをどう考えるべきか．むずかしい問題ではあるが，件数という「量」にあまりこだわらずにデータを見ていけば，いいのではなかろうか．

伝統的な方法である言語地理学において，インフォーマントの選び方が，各最小コミュニティーあたり1人ということで地域を基準にしており，したがって調査した人数は各集落の人口に比例しない．これでいいのかという問題ともつながってくる（これは大きな問題につながっていくので，議論は差し控える）．

1.5.2 分布しない（存在しない）ことはわからない

WWWの調査では，「ある」ことはある程度確実にわかるが，「ない」ことはわからない．ある県に1例も見つからないとしても，それは当該例が存在しない証拠にはならない．たまたま記載されないだけかもしれない．

この点は，意識調査（質問調査）の場合と決定的に違う．意識調査ではインフォーマントから「ない」という回答を引き出すことでかなり確実に「ない」ことがわかる．しかし，WWWは用例調査であるから，「ない」とはいえない．ただし，他県にきわめて多数の用例が見られるのに，一部の県に見られない場合，「ない」と推定できるが，他県の多数例というのが何例あればいいのか，何ともいえない．

1.5.3 生え抜きでないデータが混じる

今回のようにWWWの検索結果を集計していくとき，書き手の出身地を調べることはほぼ不可能である．かろうじてできることは，その書き手が今どこに住んでいるかということである．WWWの書き手は，生え抜き（その土地生まれでその土地育ちの人．ネイティブともいう）とは限らない．そういう人たちのデータが地域差の検討に利用できるのかという問題がある．

これについて，私見では，注意しながら利用することは可能だという立場である．上に示したいくつかの例を見れば，あらっぽいものではあるが一応の全国分布調査ができているように見える．

現代は確かにモビリティーが高まっている．しかし，相変わらず出身地に

住み続ける人も多い．また，引っ越した場合でも，引越先に言語的に同化しながら生活する人も多い．非生え抜きでも，その土地に住んでいれば，方言を習得するので，他の土地に住んでいる人と違いがあるという意味では「方言差」（そう呼んではいけないかもしれないが）があるということになる．

上に示したように，各語形の分布を調べると，ありえない地方に1〜2件の分布があったりする．この一部はよそ者が持ち込んだものであろうと推定できる．少数の例の分布はあやしいと疑って見ていくことで，ある程度のことがいえるのではないかと思う．

さらにいえば，従来の方言研究における「生え抜き」主義の見直しも必要かもしれない（これも大きな問題につながっていくので，議論は差し控える）．

1.5.4 WWWはどれだけ現実を反映するか

WWWをコーパスとしてとらえると，かなりの偏りを持っていることがわかる．たとえば，WWWの書き手は年齢的に偏っている．20〜30代の普及率が高く，50代以上は減少する．60代以上は深刻なデジタル・デバイドがあると推定される．これは，たとえば，インターネットでの調査をやっている場合[*1]の回答者の年齢分布に典型的に現れる．

[*1] http://japan.internet.com/

このような偏りが，どれだけ結果に影響を与えるかは，予測が困難である．いろいろな調査をした上で，比較・検討していくことが必要になろう．

WWWに載っているものの性格も考慮する必要があるだろう．一応，WWWは現代語の資料であり，どちらかというと若い人が書くことが多いが，WWW自体はオープンであり，古典語や近代文学なども含まれている．比率としては少ないにしても，WWW全体が膨大であるため，かなりの量が載っているという見方もできる．

また，WWWの間違いの問題も深刻である．WWWに記載されているものの中には，校正不十分な例が山ほどあり，「意外」の意味で「以外」を使うなどというのはごく普通になっている．そういう中で，特定の言い方を検索して，それがそこにあると主張するのは確実なことなのかどうか．これに対しては，少数例では確実ではないが，多数の例があるならば確実性が増すだろうと答えることになる．しかし，今度は「何例あれば「ある」といえるのか」という別の問題が生じる．WWWの情報の大量性を目の前にすると，これも回答できない問題である．

今の段階では，さまざまなデータを突き合わせ，検討し，その上で慎重に判断を下すしかないのではないかと思う．検討しないままで否定的にとらえるよりは，とりあえず肯定的にとらえて活用できる面を探したり，いろいろな工夫をしたりするほうが大事だろうと思う．

1.5.5 参照例と予定しない意味と使用地域

WWWの検索では，さまざまなノイズがある．つまり，結果の信頼性は，

必ずしも高くない．

それを避けるために，検索した結果を1例ずつ個別に検討するプロセスが必要である．

検索結果は，次のように分類することができる．

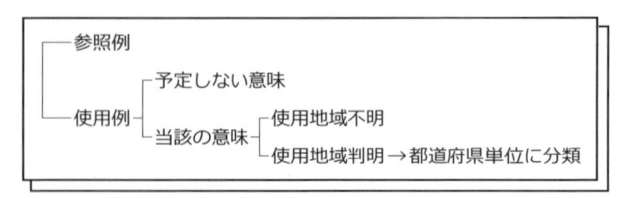

```
            ─ 参照例
            │           ─ 予定しない意味
            ─ 使用例 ─│            ─ 使用地域不明
                        ─ 当該の意味 ─│
                                      ─ 使用地域判明 → 都道府県単位に分類
```

参照例は，使用例ではなく，その語について議論している場合である．これをどう扱うかも問題である．

参照例は，使用例ではないが，まったく無意味というわけでもない．方言語形に関する内省報告が記載されていると考えれば，いわば意識調査をしているようなものであり，データとしても使える面がある（今回は，そのようなものは含めなかったが）．

次に，予定しない意味というのもけっこうある．それらを取り除く作業は，結局，1例ずつ個別に検討するしかない．その後，使用地域を検討することになる．今回は，都道府県単位で見ていくことにしたが，場合によっては，もう少し狭い地域ごとに分類することも可能である．

このような努力をすれば，WWWの検索結果の信頼性も向上するのではないかと考える．

1.5.6 検討時間などの問題

上述のように手間をかけて一つずつ検討すればいいのだが，今度は，時間がかかりすぎるという問題も出てくる．全国分布を見るためには，経験上100例以上見る必要があろう．今回の「コロ付き自転車」のように用例が少ないと，分布地域がはっきりしない．

1語で100例くらいを検討する（1語の使用地域を求める）のに，どれくらい時間がかかるものだろうか．数十人の学生に実際やってもらったところ，だいたい3時間くらいという結果になった．長い人は10時間もかかった例があるが，短い人では1時間半ということもあった．

この手間をどう見るかも問題であるが，全国分布を知るためにたとえば通信調査を行うとしたら，その手間・時間・費用は相当なものになるだろう．それに比べれば，WWWの検索は，少ない手間で，しかもマイペースでできるという点はメリットであろう．

WWWの検索は，誰にも余計な負担をかけていないという点もメリットである．意識調査では，大なり小なり周りの人に各種負担をお願いしていることになる．

1.6 WWWによる方言研究の今後

　WWWを用いて方言語形の全国分布調査を行うことは十分可能である．
　今回は，土地に結びついている例と気づかれにくい方言を取り上げた．前者は，分布地域が確実にわかり，信頼性があるのだが，後者はそうでない．
　WWWは，いろいろな人が勝手に書き込んでいるメディアである．気づかれにくい方言ならば，無意識に使われるので，WWWに使用例として登場することも多いだろうと予想して，対象にしてみた．
　地元で方言扱いされているような語形についても，田中ゆかり（2003.4）が行っているように，検索エンジンによる調査は可能である．しかし，その場合，「使用例」が見つかる以上に「参照例」がたくさん出てしまう可能性もある（それはそれで意味があるが）．
　新しいメディアの登場によって手軽に全国調査ができることは有意義なことである．学生など，研究費のない人でも（ある程度の時間はかかるものの）特定語形の全国分布を知ることができる．
　「全国方言WEBほべりぐ」[*1]などの方言サイトの利用は，今までの研究方法にたとえていえば文献調査などにあたるようなものであって，ここで述べた方法とはだいぶ異なるが，潜在的には大きな力を持っている．すでに方言辞典の作成などを多人数の協力を得て行うようなことも現実に行われている．全国分布調査は，こういう方言サイトを利用しても可能になる面があろう．しかし，それは一種の意識調査になるのであって，誰でもできる手軽な方法ではなく，しばしば大規模研究になってしまう．
　全国分布を知るための手軽な方法として，WWWの検索がさらに活用されることを期待したい．

[*1] このサービスは2012年12月に終了した．

第2章　WWW検索と方言辞典の記載内容の確認[*1]

[*1] この章の内容は，荻野綱男（2012.11）を書き直したものである．

2.1　WWWによる方言研究の実例

　WWW検索を通じて方言語形の全国分布を調べることに関して，荻野の過去の経験を二つ紹介しておく．

2.1.1　WWWによる方言語形の全国分布調査
荻野綱男（2004.11）（第1章に収録）では，WWWを用いて方言語形の全

国分布調査を行った．扱った項目は以下の通りである．

「～橋東詰」「～橋西詰」「～橋南詰」「～橋北詰」（主として関西）

駐車場の呼び名＝「モータープール」（関西方言）

気づかれにくい方言：「指詰め」「大洋紙」「Ｂ紙」「校区」「校下」「校時」「コマ付き自転車」

その結果，方言語形の全国分布をWWW検索を通じて調査することができるという見通しが立った．

2.1.2　東京女子大学 2004 の授業でのレポート

荻野綱男他（2005.3）の中に，谷口香織「「パーマをあてる」は関西特有の表現であるか」が含まれているが，谷口は，WWW検索で用例を調べて，「パーマをあてる」が関西地方で多く使われていることを確認した．

このような過去の経験により，WWW で方言語形の全国分布がわかるという感触を得た．

WWW を調べて，方言語形の全国分布がわかるとするなら，これにはそれなりの意義がある．普通の意味では，全国分布を調べるためには，全国各地を対象とした質問調査を行う必要がある．しかし，いざ実施しようとすると，かなりの大規模調査になり，そのコスト・手間・時間が大変であり，簡単に全国分布を概観するようなわけにはいかない．しかし，WWW を調べて，方言語形の全国分布がわかるならば，大規模な質問調査を行う必要はなく，パソコンの前に座って，なにがしかの時間と手間をかければ（厳密な意味での正確な分布ではなくても）だいたいの傾向がわかることになる．いろいろな現象について全国分布を概観するようなこともしやすくなり，今まで見過ごされてきたような方言差の研究が行われるようなことにもつながるかもしれない．手軽な方法論は，きちんとした方法論とは別の新しい見方を生み出すこともあるかもしれない．そのようなことを考えて，WWW 検索で方言語形の全国分布を調べてみて，それが実際に可能なのかどうなのかを探ってみることにした．

2.2　荻野のゼミでの経験

荻野は，日本大学のゼミの一環として，学生諸君と一緒にいろいろなことを調べているが，その中で，2011 年 10 月に，こんな宿題を出したことがある．

　適当な方言辞典をもとに goo ブログ検索で方言語形（俚言）の地域差を見る．
　方言辞典の記述が goo ブログ検索で確認できるか．
　利用した方言辞典の出典情報と，そこでの意味記述も付記する．

第 2 章　WWW 検索と方言辞典の記載内容の確認

使用例と参照例と不適例と引用例の区別が必要．
使用例があまりにたくさん見つかる場合は，一部について検討するので十分．

WWW の全体検索を行うよりも，ブログ検索に限定して，書き手の住所が明確になれば，方言語形の分布地域も確実にわかると考えた．

以下は，宿題として提出されたものの中から，いくつかを紹介する．なお，goo ブログ検索の地域ごとに検索する機能は，2012 年ころに削除されてしまい，現在は利用できなくなっている．以下の記述の追調査・確認調査を行いたくてもできない状態であり，誠に残念である．今後，再開される可能性もあるが，今は何ともいえない．

2.2.1　なまら

○方言辞典の記述

【ナマラ】　副詞　①すごく．「ナマラめんこい子だ」②いいかげん．①は若年層が多用する新しい言い方．②は本来の意味．中年以上が用いる．（石垣福雄（1991）pp.243-244）

○地域　北海道
○検索結果（全体）：約 814 件（検索エンジン：goo ブログ検索）

北海道：	432 件	上位 50 件中使用例 48 件，参照例 1 件，不適例 1 件
岩手県：	2 件	使用例 1 件，参照例 1 件
宮城県：	2 件	使用例 1 件，不適例 1 件
秋田県：	8 件	使用例 8 件　＊すべてブログタイトル「なまらいいっしょ・2011 夏の北海道！」
山形県：	1 件	使用例 1 件
福島県：	1 件	使用例 1 件
茨城県：	25 件	使用例 25 件　＊すべて同一人物のブログ（北海道出身）
栃木県：	1 件	使用例 1 件
群馬県：	3 件	使用例 3 件
埼玉県：	29 件	使用例 29 件　＊同一人物のブログが 19 件（埼玉県出身だが，小樽で暮らした経験あり．）
千葉県：	4 件	使用例 4 件
東京都：	25 件	使用例 20 件（北海道出身者が書いたものが 9 件），参照例 3 件，不適例 1 件，固有名詞 1 件（なまら様）
神奈川県：	9 件	使用例 5 件，不適例 3 件，固有名詞 1 件（なまら棒）
新潟県：	2 件	使用例 2 件
福井県：	1 件	使用例 1 件
長野県：	3 件	使用例 2 件，不適例 1 件
静岡県：	1 件	使用例 1 件
愛知県：	4 件	使用例 4 件

三重県：　　1件　使用例1件
京都府：　　1件　不適例1件
大阪府：　　3件　使用例2件，不適例1件
兵庫県：　　3件　使用例3件
奈良県：　　1件　使用例1件
鳥取県：　　1件　参照例1件
岡山県：　　2件　使用例2件
広島県：　　3件　使用例2件，不適例1件
山口県：　　2件　使用例2件
徳島県：　　1件　使用例1件
高知県：　　1件　使用例0件，不適例1件
大分県：　　2件　使用例1件，参照例1件
鹿児島県：　1件　使用例1件
沖縄県：　　1件　使用例0件，不適例1件

○考察

　使用例は，北海道在住の書き手のブログが圧倒的に多かった．茨城県，埼玉県，東京都の件数も多くなったが，内容を見てみると，筆者が北海道出身であったり，旅行で北海道へ行った記事などであった．

　今回，gooブログ検索で方言の地域差を確認することができたが，方言辞典の②に該当する用例を得られなかった．このことから，gooブログ検索では中年以上の方言の用例を集めることはむずかしいと感じた．

2.2.2　しばれる

○方言辞典の記述

【シバレル】　動詞　①ひどく寒い．凍りつく．［例文］今朝はしばれるねー（＝今朝はたいそう寒いねえ）／タオルしばれちゃった（＝タオルが凍りついちゃった）（佐藤亮一（2009）p.13）

　このように，「しばれる」とは，凍えるくらいの寒さ，凍りつくという意味で，一般には北海道で使われる言葉である．

○検索結果（全体）：約1,000件（検索エンジン：gooブログ検索）

北海道：　　使用例27件，参照例44件，不適例30件
東京都：　　使用例28件，参照例5件，不適例28件
神奈川県：　使用例14件，参照例3件，不適例11件
埼玉県：　　使用例 5件
福島県：　　使用例 4件
青森県：　　使用例 3件
宮城県：　　使用例 3件
群馬県：　　使用例 3件
千葉県：　　使用例 3件

大阪府：　　　使用例 3 件
福岡県：　　　使用例 3 件
鹿児島県：　　使用例 3 件
兵庫県：　　　使用例 2 件
茨城県：　　　使用例 2 件

　岩手県，秋田県，栃木県，新潟県，石川県，福井県，山梨県，愛知県，京都府，広島県，愛媛県，佐賀県，熊本県，沖縄県はそれぞれ使用例 1 件
　残りの 18 県には使用例が見られなかった．
○考察
　結果を見ると，やはり北海道での使用数が多いようだ．東京や神奈川にも多いのは，生まれは北海道だが，後に上京しそこでブログを始めた人たちが多く存在するからだと考えられる．そして，そのほかの地域では使用件数が格段に少なくなった．地理的に近い青森や岩手などの東北でもあまり使われていないことを考慮すると，「しばれる」という言葉はやはり北海道の方言語形ということがわかる．

2.2.3　めんこい
○方言辞典の記述
　【メンコイ】　可愛い．（平山輝男他（1992））
　　可愛い．おとなしい．愛嬌がある．（森下喜一（1983））
　　かわいい．小さくてかわいい．愛らしい．北海道美唄市，小樽市　青森県　岩手県　宮城県栗原郡，石巻市　秋田県　山形県東置賜郡，東村山郡　福島県相馬郡，西白河郡　栃木県　神奈川県横浜市　新潟県佐渡（尚学図書（1989））
○地域
　平山輝男他（1992）では北海道（メンコイ）から，礼文（メンケ），青森（メケ）と語形はわずかに違いはあるものの，東北地方全域と，会津（メゲー）に似たような言葉が見られた．また，森下喜一（1983）にも記述が見られたことから，「めんこい」という方言は，北海道，東北地方と，北関東で使用されていると思われる．
○検索結果（全体）：約 19,000 件（検索エンジン：goo ブログ検索）
北海道：　　3000 件　上位 100 件中使用例 100 件
青森県：　　 245 件　上位 100 件中使用例 88 件
岩手県：　　 480 件　上位 100 件中使用例 79 件
宮城県：　　 602 件　上位 100 件中使用例 99 件
秋田県：　　 186 件　上位 100 件中使用例 95 件
山形県：　　 130 件　上位 100 件中使用例 100 件
福島県：　　 185 件　上位 100 件中使用例 99 件
茨城県：　　　38 件　使用例 37 件

栃木県：   24 件   使用例 21 件
群馬県：   24 件   使用例 23 件
埼玉県：   171 件   上位 100 件中使用例 93 件
千葉県：   391 件   上位 100 件中使用例 46 件
東京都：   815 件   上位 100 件中使用例 88 件
神奈川県： 257 件   上位 100 件中使用例 90 件
新潟県：   71 件   使用例 70 件
富山県：   31 件   使用例 20 件
石川県：   57 件   使用例 7 件
福井県：   5 件   使用例 4 件
山梨県：   7 件   使用例 5 件
長野県：   27 件   使用例 23 件
岐阜県：   16 件   使用例 12 件
静岡県：   37 件   使用例 35 件
愛知県：   101 件   上位 100 件中使用例 83 件
三重県：   14 件   使用例 14 件
滋賀県：   13 件   使用例 7 件
京都府：   27 件   使用例 23 件
大阪府：   130 件   上位 100 件中使用例 79 件
兵庫県：   46 件   使用例 35 件
奈良県：   7 件   使用例 4 件
和歌山県：   5 件   使用例 4 件
鳥取県：   3 件   使用例 2 件
島根県：   1 件   使用例 0 件
岡山県：   26 件   使用例 7 件
広島県：   93 件   使用例 90 件
山口県：   5 件   使用例 4 件
徳島県：   6 件   使用例 6 件
香川県：   8 件   使用例 8 件
愛媛県：   21 件   使用例 18 件
高知県：   11 件   使用例 10 件
福岡県：   82 件   使用例 43 件
佐賀県：   2 件   使用例 2 件
長崎県：   6 件   使用例 4 件
熊本県：   9 件   使用例 7 件
大分県：   4 件   使用例 4 件
宮崎県：   1 件   使用例 1 件
鹿児島県： 13 件   使用例 11 件
沖縄県：   11 件   使用例 10 件

○考察

集計した結果，平山輝男他（1992）の通り，北海道，東北地方では「めんこい」が使用されている例が多く見られた．ほかにも東京周辺や大阪などの都市部でも多く使用されているが，これはその県の人口に比例したブログを利用している人の数が影響していると思われる．また，森下喜一（1983）でも書かれていたが，栃木県含め北関東の「めんこい」使用率は少なかった．

また，岩手県の地方局に「めんこい TV」というのがあり，全国の検索結果で見つかった不適例のほとんどはこの場合であった．ほかには「麺恋（めんこい）」，店名やイベント名の接頭詞として「めんこい○○」のように使用する場合も見られた．また，参照例はほとんど見られなかった．

総合して，やはり北海道，東北地方の方言ではあるものの，全国でもある程度は使用されている，知名度の高い方言なのだと思われる．

2.2.4　ごじゃっぺ

○方言辞典の記述

【ゴジャッペ】　①わからずや．②でたらめ．（赤城毅彦（1991））
　　　　　　　①でたらめ．②いい加減．（佐藤亮一（2009））

○地域　茨城県

○検索結果（全体）：約3,000件（検索エンジン：goo ブログ検索）

＊検索結果が0件であったもの，すべて不適例または参照例であったものについては載せていない．

青森県：　1件　使用例1件

「水戸黄門様、すけさんがバッグを持っていて、このバッグが目にはいらぬか！！といています　そして、黄門様はかくさんに、「このごじゃっぺが！」と（笑）」[*1]

茨城県：　501件　上位100件中使用例5件，ブログ名82件，参照例13件

「CNBLUEの事をさほど知らないのか、分かんないけど適当な、ごじゃっぺな情報を書いたりしてるし（;_;）」[*2]

使用例の比率を算出し，全体検索件数にその比率を掛けたもの　25件

栃木県：　126件　上位100件中使用例5件，ブログ名89件，参照例4件，不適例2件

「日本が改憲したら、安保条約の意義がなくなる。」とも発言していることから、改憲が米国の要求なんて、ごじゃっぺ（でたらめ）な話である。」[*3]

全体検索件数に使用例の比率を掛けたもの　6件

千葉県：　44件　使用例7件，ブログ名37件

「ダル絡みしてくるやつもいるし、ごじゃっぺなやつもいるし、口だけのやつもいるし」[*4]

東京都：　60件　使用例11件，ブログ名42件，参照例5件，不適例2件

[*1] http://ameblo.jp/chkm725/entry-11035726023.html

[*2] http://ameblo.jp/yong1231/entry-11030107114.html

[*3] http://ameblo.jp/2430fuji/entry-11022395830.html

[*4] http://ameblo.jp/natural-0922/entry-10961199192.html

「いや、りんご先生自体がめちゃくちゃかわいいんだけど服もめちゃくちゃかわいくて‼CV がごじゃっぺの人なのに w」*1

神奈川県：26 件　使用例 3 件，ブログ名 17 件，参照例 6 件
　　タイトル「ごじゃっぺ二号②」，内容「貼り紙に『冷し中華始める気はありません』と書いてあったお店に変化が『冷し中華やる気ありません』に変わってました。」*2

愛知県：　3 件　使用例 1 件，参照例 2 件
　　「「無駄な時間をかけない、必要な時間はじっくりかける。」これが勉強ってもんだと信じて、受験勉強をする今日この頃。反復演習が命。ごじゃっぺ ww」*3

大阪府：　44 件　使用例 1 件，ブログ名 40 件，不適例 3 件
　　「フルーツジュースを作るミキサーみたいに、ごじゃっぺな感じだわっ」*4

福岡県：　2 件　使用例 1 件，参照例 1 件
　　「しかし、ごじゃっぺ度合いがいちだんと濃くなったなあ。」*5

長崎県：　1 件　使用例 1 件
　　「ムック語だ…習いたい　ごじゃっぺ　キタ━━(ﾟ∀ﾟ)━━‼」*6

○考察

　使用例数を見ると茨城県は 25 件，東京都は 11 件，千葉県は 7 件，栃木県は 6 件，神奈川県は 3 件，そのほかの県は 0～1 件であった．

　以上のことから，「ごじゃっぺ」は茨城県で一番多く使用され，次に東京都，千葉県，栃木県，神奈川県で使用されているようである．しかし東京都については東京都以外の出身者が多く居住しているので東京都で使用されているとは言い切れないのではないかと思う．

2.2.5　あおなじみ

○方言辞典の記述
　　【アオナジミ】　名詞　強く打ってできるあざ．（佐藤亮一（2004）p.30）
○地域　千葉県夷隅郡
○検索結果（全体）：68 件（検索エンジン：goo ブログ検索）

宮城県：　1 件　使用例 1 件
　　「夕方　腕にあおなじみを発見」*7（千葉県出身）

茨城県：　29 件　使用例 17 件，参照例 12 件，不適例 2 件
　　「なんかお腹見たら。あおなじみ。出来てた。」*8

埼玉県：　1 件　使用例 0 件，参照例 1 件

千葉県：　22 件　使用例 17 件，参照例 5 件，不適例 1 件
　　「あおなじみが痛い。」*9

東京都：　12 件　12 件中使用例 4 件，参照例 8 件
　　「なぜか、おでこにあおなじみができております。」*10

神奈川県：　3 件　使用例 1 件，参照例 2 件

*1 http://ameblo.jp/khnyodsk-mfsar/entry-11011981059.html

*2 http://ameblo.jp/daikokuten0112/entry-10999412951.html

*3 http://ameblo.jp/00872226/entry-10971559798.html

*4 http://ameblo.jp/mattari-hoccoli/entry-10921093794.html

*5 http://raindowstory.blog54.fc2.com/blog-entry-2815.html

*6 http://ameblo.jp/6o9ingbird/entry-10903818339.html

*7 http://ameblo.jp/comsys3912/entry-11003740288.html

*8 http://ameblo.jp/tutumisaki/entry-11055340488.html

*9 http://ameblo.jp/ichigeki0615/entry-11045474022.html

*10 http://ameblo.jp/usushio28/entry-11049801307.html

「柵ダイしたら恒例の如くあおなじみできた」[*1]
そのほかの県は0件.
○考察
　以上,今回の調査では,千葉県のみに見られる方言ではなく,宮城県,茨城県,埼玉県,東京都,神奈川県においても見られた.また,件数についても,茨城県のほうが千葉県よりも若干多くなった.

[*1] http://ameblo.jp/littlechickenmuccer/entry-10967362875.html

2.2.6 めばちこ
○方言辞典の記述

【メバチコ】　ものもらい.まぶたのへりにできる小さな腫れものについての言い方である.この病気をなおすことについては,地域によってさまざまなおまじないの方法が伝えられており,「モノモライ」という言い方も,「他人から品物をもらうと治癒する」などに由来すると考えられる.(江端義夫他(1998))

○地域　大阪府,兵庫県,奈良県
○検索結果(全体):2,000件(検索エンジン:gooブログ検索)

県	件数	内訳
北海道：	8件	参照例4件,使用例4件
岩手県：	2件	使用例1件,不適例1件
宮城県：	2件	使用例0件,参照例2件
茨城県：	1件	使用例1件
栃木県：	2件	使用例0件,参照例2件
埼玉県：	21件	使用例16件,参照例4件,不適例1件
千葉県：	10件	使用例5件,参照例4件,不適例1件
東京都：	79件	使用例51件,参照例18件,不適例9件
神奈川県：	45件	使用例28件,参照例15件,不適例2件
新潟県：	4件	使用例4件
富山県：	2件	使用例2件
石川県：	1件	使用例0件,不適例1件
山梨県：	1件	使用例1件
岐阜県：	2件	使用例1件,参照例1件
静岡県：	5件	使用例4件,参照例1件
愛知県：	15件	使用例12件,参照例3件
三重県：	1件	使用例1件
滋賀県：	5件	使用例4件,参照例1件
京都府：	38件	使用例34件,参照例4件
大阪府：	362件	上位100件中使用例86件,参照例14件
兵庫県：	194件	上位100件中使用例88件,参照例11件,不適例1件
奈良県：	28件	使用例26件,参照例2件
和歌山県：	12件	使用例12件

鳥取県：　　　2件　使用例2件
島根県：　　　2件　使用例1件，参照例1件
岡山県：　　 20件　使用例14件，参照例6件
広島県：　　　5件　使用例3件，参照例2件
山口県：　　　1件　使用例1件
香川県：　　　1件　使用例1件
愛媛県：　　　5件　使用例3件，参照例2件
高知県：　　　1件　使用例0件，参照例1件
福岡県：　　 14件　使用例9件，参照例4件，不適例1件
佐賀県：　　　1件　使用例1件
熊本県：　　　1件　使用例0件，参照例1件
鹿児島県：　　3件　使用例2件，参照例1件
沖縄県：　　　2件　使用例1件，参照例1件
○考察
　該当件数が多いのは大阪，次いで兵庫，東京，神奈川，京都，奈良となっている．したがって，辞典の記述はある程度確認できる．

2.2.7　ほかす
○方言辞典の記述
　【ホカス】　動詞　①投げる．ほうる．②捨てる．（東條操（1951））
○地域
　①群馬県佐波郡，山梨県北都留郡，静岡県田方郡，長野県佐久地方
　②関西（物類呼称），大坂（浪花聞書），筑前（望春随筆），石川県羽昨郡，滋賀県神埼郡，三重県，奈良県，和歌山県，大阪府，京都府，兵庫県，岡山県，福岡県糟屋郡
○検索結果（全体）：784件（検索エンジン：gooブログ検索）
大阪府：　　 69件　使用例53件，参照例11件，不適例4件，判断できない
　　　　　　　　　もの1件「このバケツに殻をほかすらしいです」[*1]
兵庫県：　　 44件　使用例33件，参照例11件
京都府：　　 39件　使用例35件，参照例1件，判断できないもの3件
東京都：　　 37件　使用例15件，参照例13件，不適例6件，判断できない
　　　　　　　　　もの3件
奈良県：　　 24件　使用例21件，参照例2件，不適例1件
神奈川県：　 16件　使用例5件，参照例8件，不適例3件
北海道：　　 13件　使用例3件，参照例6件，不適例3件，判断できないも
　　　　　　　　　の1件
滋賀県：　　　8件　使用例8件
愛知県：　　　6件　使用例4件，参照例1件，不適例1件
岡山県：　　　4件　使用例3件，参照例1件

[*1] http://ameblo.jp/surfwsurfwsurf/entry-11017639207.html

三重県：	4件	使用例4件
千葉県：	3件	使用例1件，参照例1件，不適例1件
沖縄県：	3件	使用例0件，参照例3件
宮城県：	2件	使用例0件，参照例2件
埼玉県：	2件	使用例0件，参照例2件
長野県：	2件	使用例0件，参照例1件，判断できないもの1件
静岡県：	2件	使用例①の意味1件，参照例1件
和歌山県：	2件	使用例2件
広島県：	2件	使用例1件，判断できないもの1件
山口県：	2件	使用例2件
徳島県：	2件	使用例2件
愛媛県：	2件	使用例1件，参照例1件
秋田県：	1件	使用例0件，参照例1件
福島県：	1件	使用例1件
茨城県：	1件	使用例0件，参照例1件
富山県：	1件	使用例1件
石川県：	1件	使用例0件，参照例1件
福岡県：	1件	使用例0件，参照例1件
鹿児島県：	1件	使用例0件，参照例1件

○考察

　静岡県の1例以外すべて②「捨てる」の意味での使用であった．参照例も同様．ヒット件数順に並べたが，使用例のみの件数に並び替えると，大阪，京都，兵庫，奈良，東京，滋賀，神奈川，愛知，岡山，北海道となる．検索結果から，関西での使用が半数以上を占めていることがわかり，地域差が確認できた．

2.2.8　じゃけぇ

○方言辞典の記述

　【ジャケェ】「〜だから」という意味．男の子も女の子もよく使います．語尾は，「じゃけん」「じゃろ」「じゃけぇ」「じゃん」などがよく使います．（「広島弁辞典」[*1]）

[*1] http://hiroshima.pc-hobby.com/

○地域　広島県

○検索結果（全体）：907件（検索エンジン：gooブログ検索）

北海道：	4件	使用例3件，参照例1件
青森県：	2件	使用例1件，参照例1件
茨城県：	1件	使用例0件，参照例1件
栃木県：	1件	使用例0件，参照例1件
埼玉県：	5件	使用例3件，参照例2件
千葉県：	6件	使用例2件，参照例4件

東京都：　　　40件　使用例23件，参照例6件，不適例11件
神奈川県：　　13件　使用例10件，参照例3件
新潟県：　　　 2件　使用例1件，参照例1件
愛知県：　　　 6件　使用例4件，不適例2件
京都府：　　　 6件　使用例1件，参照例4件，不適例1件
大阪府：　　　22件　使用例10件，参照例11件，不適例1件
兵庫県：　　　 5件　使用例2件，参照例2件，不適例1件
奈良県：　　　 1件　使用例1件
鳥取県：　　　 1件　参照例1件
島根県：　　　 5件　使用例2件，参照例1件，不適例2件
岡山県：　　　30件　使用例21件，参照例9件
広島県：　　 223件　上位100件中使用例62件，参照例14件，不適例24件
山口県：　　　58件　使用例36件，参照例1件，不適例21件
香川県：　　　 2件　使用例1件，参照例1件
愛媛県：　　　 3件　使用例3件
福岡県：　　　 3件　使用例1件，参照例2件
長崎県：　　　 1件　使用例0件，参照例1件
熊本県：　　　 4件　使用例4件
沖縄県：　　　 1件　使用例0件，参照例1件

○考察
　この結果からわかることは，まず広島における使用数が圧倒的に多いということ，また，その次に多いのは広島の周辺の地域，および首都圏であるということである．
　これらの理由として考えられるのは，広島出身の人が多く在住しているのは広島と地理的に近い場所か，あるいは首都圏なのではないか，ということである．そういった場所の人がより多く「じゃけぇ」という言葉をブログの中で使っているとすれば，今回の検索結果も納得のいくものだといえるのではないだろうか．

2.2.9　そろっと

○方言辞典の記述
　【ソロット】　副詞　①静かに．ゆるやかに．そろりと．②そろそろ．ぼちぼち．ようやく．［例］「ソロット出かけるか．」（大橋勝男（2003））
○地域　新潟県
○検索結果（全体）：223件（検索エンジン：gooブログ検索）
新潟県：　　　65件　使用例59件，参照例6件
　　「今日オカンが頼んでおいてくれたユニクロの服とどいた　そろっとNZ研修だからね」[*1]
　　「………そろっとちゃんとレポート進めなきゃっ」[*2]

[*1] http://ameblo.jp/wakana4620/entry-11053056598.html

[*2] http://ameblo.jp/karidanuki/entry-10987929007.html

北海道：　　　1件　①の意味で使用例1件
岩手県：　　　1件　使用例1件
埼玉県：　　　3件　使用例2件，参照例1件
東京都：　　 10件　使用例9件，参照例1件
神奈川県：　　2件　参照例1件，不適例1件
富山県：　　　1件　使用例1件
石川県：　　　1件　参照例1件
愛知県：　　　2件　使用例1件，不適例1件
大阪府：　　　1件　①の意味で使用例1件
　「何でも、最初のスタートはそろっと。基本は、スローイン・ファーストアウトです」[*1]
兵庫県：　　　1件　不適例1件
奈良県：　　　1件　①の意味で使用例1件
大分県：　　　1件　①の意味で使用例1件

[*1] http://ameblo.jp/lakshmi327/entry-11048048892.html

○考察
　やはり新潟県での使用例がもっとも多かった．また，北海道や大阪などの他県では，辞典の①「静かに．ゆるやかに．そろりと．」の意味で使用されているものもいくつか見られたが，新潟県ではすべて辞典の②「そろそろ．ぼちぼち．ようやく．」といった意味で使用されていた．
　このことから，辞典には2つの意味が記述されているが，新潟県の方言としては主に②の意味合いで使用されているようである．

2.2.10　いっちょん

○方言辞典の記述
　【イッチョン】　副詞　少しも．まるで．（東條操（1951）p.42）
○地域　佐賀県，熊本県
○検索結果（全体）：約2,000件（検索エンジン：gooブログ検索）
＊「少しも．まるで．」の意味で使用された件数．「いっちょん＋否定」の形である．
＊使用例のみ．参照例や不適例を除いた数．
佐賀県：　　　使用例　31件
熊本県：　　　使用例 128件
福岡県：　　　使用例 325件
大分県：　　　使用例　30件
宮崎県：　　　使用例　 5件
鹿児島県：　　使用例　 7件
東京都：　　　使用例　35件
神奈川県：　　使用例　 8件
大阪府：　　　使用例　 7件

愛知県：　　　使用例　7件
千葉県：　　　使用例　5件
広島県：　　　使用例　5件
山口県：　　　使用例　4件
茨城県：　　　使用例　3件
埼玉県：　　　使用例　2件
静岡県：　　　使用例　1件
滋賀県：　　　使用例　1件

○考察

　全国方言辞典には佐賀県と熊本県の方言とあったが，実際一番多く見られたのは隣接した福岡県であった．同じ九州ゆえに佐賀や熊本の出身者が多く住んでいるのも理由の一端であろうが，ウェブ上の博多弁辞典[*1]にも記載があるように，ほとんど博多弁として認識，使用されているようだ．この点に関しては，福岡女学院大学の二階堂整氏から，この言い方は福岡でもともと古くからある言い方で，むしろ方言辞典の記載に問題があるというご教示をいただいた．

　九州以外で目立って多く見られたのは東京都だが，これも地方からの移住者の数が多いのが理由だと推測される．

[*1] http://hakataben.yoka-yoka.jp/e72.html や http://homepage2.nifty.com/mistaker/hakatabn.htm

＊これら10項目の結果から，gooブログ検索で方言語形の全国分布がある程度はわかるものだという感触を得た．

2.3　方言辞典の見出しを調べたらどうなるか

　方言辞典には，見出し語と意味と使用地域が載っている．それをWWWで確認しようと考えた．これが確認できるならば，つまり，WWWで検索した結果が方言辞典の記述と一致するならば，WWW検索は方言語形の全国分布を見ていくために十分実用的に使えることになる．

　そこで，『日本方言大辞典』（尚学図書（1989））に収録されている54語をランダムに選び，検索エンジンgooで調査し，WWW全体から用例を集め，それらの語形がどこで使用されているかを探ろうと考えた．しかし，やってみると，調べられない場合が大半だった．それらの見出し語がWWWになかったのである．方言語形はWWWではあまり使われていないというわけである．この大辞典は詳しい辞書で，100年前にとある村だけで使われていたような語形まで網羅的に拾い集めてある．そういう見出し語を片っ端から検索しても，もともとあまり使われないようなものがたくさんあるのだから，WWW中に見つからなくてもしかたがない．

　次に，石垣福雄（1983）にある北海道方言の見出しを検索してみた．全体

第 2 章　WWW 検索と方言辞典の記載内容の確認

で 360 語調べてみたが，そのうちの先頭 20 語を示す．ヒット件数が多いものは先頭の 100 件だけについて使われている都道府県などを調べた．

いずれも，見出し語と WWW でのヒット件数，石垣福雄 (1983) の意味記述，WWW での用例の分類（WWW 上の辞書，不適例などの件数と，使用例が使用された都道府県）を示した．

（1）あいかまど　13 件
①同じ本家から別れた分家同士の間柄（関連方言[*1]　あえかまど　青森南部）
辞書 2 件，岩手県 3 件，不適例 8 件

[*1] 見出し語と関連のある本州方言がある場合，語形・意味・府県名などを記したもの．

（2）あいげ　473 件のうち 100 件中
①北風もよう．「アイゲだすけ（だから）寒いんだ」（奥尻），②北東風（知内，小谷石）．
方言として使われているものは，0 件．

（3）あいさ　約 59,200 件のうち 100 件
①物と物の合間．②時間と時間のあいだ．③中．へだたり．
辞書 4 件，愛知県 1 件，不適例 95 件

（4）あいさがも【秋沙鴨】12 件
①うみあいさ（ガンカモ科）（戸井）
辞書 8 件，宮城県 2 件，茨城弁辞典 2 件

（5）あいしもかぜ　0 件
＊あい（北）と，しも（北東）の中間から吹く風で，風向は地域により異なる．
①東風．（知内・小谷石）②北北東風．（松前）

（6）あいしょ　約 670 件のうちの 100 件中
①北から南に強く流れる潮．のぼりしょともいう．ニシンが入り，網を起こしやすい．（浜益）
方言として使われているものは，0 件．恋愛小説や，相性がヒットしてしまう．

（7）あいず　約 30,400 件のうちの 100 件中
①あいつ．「家にあいずはきていたからね」（豊頃）
方言として使われているものは，0 件．合図，会津若松，Your Eyes，などがヒットしてしまう．

（8）あいたばかぜ　0 件
①北北西風．②北西風．③北北東風．（知内・小谷石）

（9）あいたまかぜ　0 件
①北西風．②北北西風．③北東風．④北風．あいたまかぜは，余市ではニシンの群来る風といわれている．

（10）あいどくさい　7 件
①相手にならない（実力違いの相手を軽蔑した言い方）あいでくさい．あいでくせ，ともいう．（函館）

辞書7件

(11) あいどり 約3,260件のうちの100件

①餅つきの手がえし（相手）．（関連方言 青森県，岩手県，宮城県）

辞書2件，下北弁辞書2件，北海道十勝1件，山形県1件，青森県1件，福岡県1件，不明2件

(12) あいな 約255,000件のうちの100件

①兄さん．長兄．若だんな．（関連方言 あえな 岩手県南部）

方言として使われているものは，0件．人名ばかりヒットしてしまう．

(13) アイヌ葱 約875件のうちの100件

①行者にんにく（ユリ科）．春に出る山菜で道民の食用にされる．

辞書9件，北海道51件，東京都15件，宮城県1件，群馬県1件，千葉県1件，青森県1件，近畿地方1件，スイス1件，不明18件

(14) アイヌ藁 2件

①イワノガリヤス（イネ科）．湿地に生える雑草．

北海道1件，愛知県1件

(15) あいのかぜ 885件のうちの100件

①北東風．主として北寄りの風．土地によって北東もあれば北西の風をもいうが，地形から推すと常に海岸線と直角に沖から吹く風である．あいかぜ，あい，あゆ，あゆにかぜ，などともいう．（関連方言 日本海側は青森津軽から北陸，山陰のほぼ全域にわたって最もよく知られた風名である．太平洋側にも所々用い，愛知（知多）にもあるのは珍しい）

辞書4件，富山弁辞書4件，鳥取弁辞書1件，東京都21件，富山県35件，千葉県7件，大阪府7件，京都府1件，石川県2件，福井県1件，新潟県1件，福島県1件，秋田県1件，長野県1件，不明8件，不適例5件

＊東京都は演劇集団名がほとんど．富山県はボランティア団体や介護施設名．千葉県はよさこいの団体名．

(16) アイパ 約2,760件のうちの100件

①同点．引き分け．（登別）

方言として使われているものは，0件．人名などがヒットしてしまう．

(17) あいべ 約5,770件のうちの100件

①行こう． ②歩け．あいぶの命令形．（関連方言 秋田，宮城，茨城，静岡，山梨，長野，岐阜，三重）

方言として使われているものは，0件．「あいべや」などがヒットしてしまう．

(18) あいまわり 約33件

①ヤマセがおさまった後に海岸に押し寄せる大きなうねり．秋口に多い．（知内，椴法華）

方言として使われているものは，0件．「たすけあい，まわりの人に」などの文章がヒットしてしまう．

(19) あいもの　約 2,930 件のうちの 100 件
①干魚，塩魚類，カマボコ，海藻などの総称．中間の食べ物の意．（関連方言　新潟，長野）
辞書 29 件，富山県 6 件，大阪府 7 件，東京都 4 件，新潟県 3 件，愛知県 1 件，岐阜県 1 件，石川県 1 件，不明 13 件，知恵袋 1 件
人名の四十物(あいもの)がヒットした．四十物の説明文など（辞書に入れる）が多かった．

(20) あいよ　約 62,800 件のうちの 100 件
①「はいよ」という返事．（南茅部）
ほとんどが店名．辞書 4 件，不適例 11 件，北海道 36 件（すべて居酒屋名），長野県 1 件，茨城県 20 件（すべて寿司屋名），東京都 1 件，沖縄県 2 件，大阪府 2 件，千葉県 13 件（すべて牧場名），不明 10 件

調べたのは，この 18 倍の量があるが，どうにもはっきりしない結果である．この調査を行おうと考えたときは，もっとたくさんの方言語形について使用地域が WWW でわかるものと考えたのだが，あまりうまくいかなかった．今回調査した 360 語中で，北海道の方言として確認できるものの代表例は以下の (21) から (25) の通りである．

(21) あごあわせ　約 81 件
網子合わせ．ニシン場行事の一つで漁の前祝いの酒宴．あごぞろいともいう．
辞書 7 件，北海道 20 件，秋田 1 件，不適例 4 件
茨城県石岡市の「獅子のあごあわせ」というお祭りにヒットしてしまう．

(22) あごわかれ　約 44 件
出稼ぎ労働者が漁期が終わって漁場を引き揚げる際に催す別れの宴．転じて送別会の意にも用いる．
辞書 7 件，秋田 2 件，北海道 28 件，埼玉 3 件，新潟 2 件，不明 5 件

(23) あずましー　約 176 件のうちの 100 件
①気持ちが良い．②十分な．満足のいく．（関連方言　あじましー　気持ちよい．青森）
辞書 15 件，北海道 9 件，青森 1 件
高速バスの「あずましーと」という座席，手作り通信『あずましー』，ラジオ番組名にヒットしてしまう．
＊「あずましくない」は別途検索済み．「あずましい」の形では未確認．

(24) あぶらこ　約 1,600 件のうちの 100 件
アイナメ科の海産魚の総称．北海道近海では日高沿岸のウサギアイナメ，道南のスジアイナメなどがあり，各地で読み名が異なる．
辞書 7 件（北海道 1 件，村山弁 1 件，庄内弁 1 件），図鑑・資料 4 件，北海道 40 件，福岡 1 件，三重 1 件，ニューヨーク 1 件，不明 9 件

・アブラコ　約 16,600 件のうちの 100 件

辞書 3 件（不明 3 件），北海道 42 件，図鑑 2 件，福島 1 件，不明 1 件

(25) なまずるい　416 件のうちの 100 件

ずるい，ずるがしこい．

方言として使われているものは，80 件

北海道 50 件，青森 10 件，東京 3 件，福島 2 件，不明 15 件

このように，たくさんの北海道方言の語形を調べてみたが，一部は北海道方言であることが確認できるものの，多くの方言語形は WWW で確認できないという結果になった．

2.4　WWW で方言語形が使われるとはどういうことか

以上のような（ある意味で）矛盾するような結果をどう考えたらいいか．WWW で方言語形の分布地域が調べられるという結果と調べられないという結果が出ていることは明らかである．

以下に考えられることをいくつか示しておきたい．

2.4.1　WWW で分布地域がわかるような語形は有名な語形である

有名というのは，「よく使われる，よく知られている，みんなが知っている，聞いて意味がわかる」というようなものである．そういうものは WWW でも使われているし，分布を確認することができる．

しかし，有名でないもの（方言辞典には載っているものの，もう使われなくなってしまったものなど）は WWW で現れることはない．方言辞典の見出し語を網羅的に調べるようなアプローチでは，すでに使われなくなったようなものの比率が高くなるから，うまくいくことは少ないというわけである．

2.4.2　WWW で分布地域がわかるような語形は人口の多い地方で使われる語形である

関西方言が典型的である．関西で使われる方言語形は WWW でも用例が見つけられることが多い．しかし，人口が少ない県（たとえば，島根県とか鳥取県など）では，WWW に書き込む人も少ない．そういう方言の少数使用例は，大量の文書の中に埋もれてしまい，見つけ出せなくなってしまう．人口の多い地域の方言語形でないと，「都会の影響」で分布が見えなくなるということである．

もしかすると，日本の中に見られる人口移動が関係している可能性もある．人口の移動は地方から都会へという方向であり，地方は過疎化が進んでいる．そういう現状を反映して，方言に関しても，都会での使用頻度がある程度多いということになる．本来そこの方言でない場合でも，周辺地域から都市部

に移動してきた人が多いことによって，その都市部でもっぱら使われる言い方のようになってしまうことがありうるのである．

2.4.3 WWWの方言語形の使用は伝統的な方言使用とは別物ではないか
［1］WWW（特にブログ）の書き手は，若い女性が多い

これについては，第2部第8章や第2部9.1節で述べた．若い女性が伝統的な方言を使うだろうか．常識的には，むしろ，高年の男性が伝統方言を使うのではないか．しかし，一方では，そういう方言使用者はWWWをあまり使わないのではないか．もしかしたら「検索」で使う人がいるかもしれないが，自分から書き込む人はかなり少ないであろう．

［2］方言語形の使用文脈を見ると，多いのは，ブログの件名，タイトルなどである

ブログの件名などに使われると，検索エンジンが（重要な語だと判断して）優先順位を高くする傾向があるかもしれない．しかしながら，現実に，そのような例がたくさん見つかる．典型的な例として，北海道の代表的な方言語形である「なまら」の用例5例を挙げよう．

 タイトル「なまら春友流」[*1]，内容「1日前 - ブログ記事内にあっという間にこういう表が作れます。ビビりました、便利すぎて。昨年の12月25日のクリスマスにブロガーにプレゼントされた記事ですが、今まで使ってませんでした。なまら後悔。めっちゃ便利ですよ、このジェネレーター。」

 タイトル「北海道発・北海道ポータルサイト　なまら北海道」[*2]，内容「2012年7月17日 - エスポラーダ北海道. Official Account. namarahokkaido. なまら北海道 @ namarahokkaido・namara_music. なまら Music 北海道 @namara_music」

 タイトル「なまら蝦夷8号」[*3]，内容「なまら蝦夷8号。北海道の大地をさまよう旅人たちに贈ります。なまら蝦夷は旅人の旅人による旅人のための情報誌です。「なまら蝦夷8号」は北海道の旅人宿の宿主達と 地元の方たち、旅人たちで作った手作りガイドブックです。」

 タイトル「なまら北海道弁」[*4]，内容「なまらしばれてわやでしょや。（とても寒くてもう大変ですね。）これが最上級だろうか．．．私は最初の部屋を決めるために札幌を訪れた際、生協の不動産担当に「この部屋なまらしばれるしょや」と言われた。」

 タイトル「なまら旨い！北海道．」[*5]，内容「2012年9月7日 - 又、つくねなどの肉系の串焼きも良い仕事がなされる。この日はポテサラ、自家製のしめ鯖、串焼き、揚げ出し等をオーダー。どれも外れなしでなまら旨い！特に旬の「とうもろこしの天婦羅」、「野菜の揚げ出し」定番の「つくね」はオススメだ。」

これらの例で見られるように，ブログなどでは，「なまら」を使うと，北海

[*1] http://harutomo-ryu.com/

[*2] http://www.namara-hokkaido.net/

[*3] http://www.phoenix-c.or.jp/~namara/

[*4] http://morohoku.hiroshism.com/info/namara.html

[*5] http://blog.livedoor.jp/namaraumai/

道らしさにあふれる（かのような）雰囲気になる．ここでは，「なまら」は，単に書き手が覚えた言い方を（うっかり）書き込んでしまったようなものではなく，むしろ，意図的に，北海道の雰囲気を醸し出すことをねらって，わざと使っているのである．北海道に限らず，各地の方言語形をブログで使うということの裏には，こんな意識があるのではないか．

2.4.4 都会で使われる方言語形は，よそ者による「ニセ方言」か

上に述べてきたようなことを考慮すると，WWW を検索して出てくる方言語形は，伝統的な方言とはまったく別のものではないかという見方が可能になる．

方言を使うのは，生え抜き（その土地生まれでその土地育ちの人）あるいは，出身地からよその地域に引っ越していった人とは限らない．自分の出身地の方言とは何の関わりもない場合であっても，そういう方言を意図的に使うことで，○○地方らしさが出せるのである．

このような現象を，田中ゆかり（2011）は「方言コスプレ」と呼んでいる．方言を使って，人々がコスプレをしている（ある地方の出身者らしく振る舞っている）のである．そこで使われる方言は，本当の方言でない「ニセ方言」[1] である．

[1] 「ニセ方言」については第5部第3章でも扱っている．

どんな人がそんなことをするのだろうか．若い女性が「ニセ方言」を好む傾向があるのではないか．そういう，身の回りで聞かなくなった言い方が「カワイイ！」のである．

そのようなニセ方言を考慮すると，誰も使わないような言い方を掘り出してきて使っても無意味である．誰も○○地方の言葉だと受け取ってくれない．むしろ，みんなが知っているような方言語形こそがふさわしい．ある意味で，アイコン化しやすい方言語形が使われるのではないか．こうして，「らしさ」や「っぽさ」をねらうということなのである．

となると，使われる方言語形の「品詞」も，もしかしたら偏ってくる可能性がある．勝手な想像だが，副詞などは，話し手の気持ちを表現しやすいものとして使われやすいのではなかろうか．

2.5 WWW による方言研究の難しさ

当初は，単純に WWW で検索すれば方言語形の分布地域がわかるのではないかという気持ちで研究をスタートさせたのだが，いろいろ探っていくと，そんな単純な話ではすまなくなってしまった．WWW 検索で方言語形の分布地域がわかることもあるが，それは「きれいごと」に過ぎない．WWW の中で使われる「方言語形」は，もっとさまざまな事情を抱えて使われるものなのかもしれない．単に WWW を検索するだけでは，使用例が見つかるだけで

あるが，そういうものを扱っていきながら，その裏にある方言使用者の心理などにも思いを広げたいものである．

WWWの中でも，ブログで使われる方言語形が多いことを実感したが，ブログでは，管理者（つまりはブログの執筆者）にメールしたり，コメントしたりする機能がある場合が多い．ということは，方言語形を検索して見つかったブログに関して，その使用者に質問することができるというわけである．なぜ，どんな気持でしかじかの方言語形を使ったのかという意識が尋ねられるならば，今回のような使用実態を解明する手がかりが得られるかもしれない．今後の研究を待ちたい．

「Googleマップ」は，ある言語表現を含んでいる記事を地図の形で見せてくれる機能がある．今回の方言語形の調査でもGoogleマップを使う可能性はあったのだが，あえて使わなかった．まずは，こういう調査をした場合に，どんな結果が出てくるのかを把握・理解することが先であり，WWW検索でわかることは何かを通して，つまりはWWWの特性を知ることが重要である．このような知見が積み上げられた後では，Googleマップを使うことも選択肢の一つになると思うが，現状では，そもそもWWW検索で方言語形の全国的な分布地域がわかるかどうかは何ともいえない段階にある．だとすれば，いきなりGoogleマップで検索結果を地図化しても，誤解やとんでもない「知見」が生み出されるだけかもしれない．

第3章　ブログに見る日本語の男女差[*1]

[*1] この章の内容は，荻野綱男（2007.4）を書き直したものである．

3.1　言語資料として見た場合のブログの特徴

言語資料として見ると，ブログはWWWの中で大きな特徴を持つ．それは，書き手が個人であることである．

WWWには，膨大な言語量があり，それは言語研究の資料としても十分使えるものだと思うが，一般のWWWでは，書き手がはっきりしないことがある．官公庁や各企業のサイトが典型例だが，没個性であり，組織の誰が書いたのか，わからないようになっている．おそらくは組織内の複数の人間が検討して書いているのであろう．しかし，それだけに，言語資料として見るときには，公的な側面が強く出ることになり，書き手の個性は感じられないことになる．

一方，ブログは，書き手が個性を持っており，ブログの中の文章の書き方は，デザインでも，内容面でも，文体面でも，書き手の個性を全面的に出し

ていると思える．ブログは，毎日の日記のようなもので，一つの記事は長短さまざまだが，いずれにせよ，一人の人間が一つの記事を書いていると考えられる．中には，複数の人が順番に記事を書いていくブログもあったりするが，一つの記事を複数で書いている例はおそらくないと思われる．記事の中に他人の文章を引用する場合などは例外である．

このようなことから，ブログを利用して日本語の男女差の実態を見ようと思いついた．

3.2 男女差のある言語表現

日本語の男女差については，さまざまな研究がある．単語レベルでよく指摘されるものは，終助詞の違いと自称詞の違いである．性別による興味の持ち方の違いに基づき，男女で使う語彙が異なる（女性は，料理やファッション，育児に関する話題が多く，男性は，クルマやスポーツに関する話題が多い）などということもいわれる．少しレベルが異なるが，敬語使用に関する違い（女性が敬語を多く使う）や方言と共通語の使用（女性が共通語を多く使う），文字や表記の違い（男性が漢字を多く使う）なども取り上げられる．

これらの男女差は，さまざまな研究で確認されてきたが，研究方法を大きく分けると，二つに区分できそうである．

一つは，質問調査に基づくもので，男女で回答の傾向（回答の種類や比率など）が異なるというものである．質問調査では，回答者が男女半々になることが多く，男女別に集計すれば，簡単に男女差が求められる（ただし，意味のある差かどうかは吟味する必要があるが）．

もう一つは，男性の書いた（話した）ものと女性の書いた（話した）ものの比較に基づくものである．こちらは，コーパスとして使える大量データの入手がむずかしかったが，WWWの登場によって，書かれた資料が大量に集められるようになった．

WWW上の資料によって，男女差を見ていくときは，その資料の書き手の性別を判断する必要がある．実際に見てみると，WWW上のさまざまな手がかりで，書き手の性別が判断できるものも多い（判断できないものもかなりあるが）．ブログの場合は，プロフィール欄で管理者＝執筆者の性別を明示してあるものが多く，書き手の男女別に言語資料を収集することができる．とはいえ，相当に大量のデータを集めないと，単語使用の男女差などは検出しにくいということになり，この方法は手間がかかって実りが少ないとされ，あまり試みる人はいなかった．先述のような終助詞や自称詞などは，男女差が大きく，また使用頻度が高いから，この方法でも十分な結果が出るが，実際にやってみても，すでにわかっていることを確認するようなもので，あまりおもしろいものではない．

3.3 ブログで日本語の男女差を見る

3.3.1 共起を見ていく方法

ここで説明する方法は，さまざまな単語が男性に用いられるか女性に用いられるかを基準にして，個々の単語の「男女度」を測定しようとするものである．

まず，すでに男女差について言及している先行研究として，石井正彦（1999.11），高崎みどり（1996.9），遠藤織枝（2004.6），れいのるず秋葉かつえ（2001），馬場あき子（1973.7），小沢遼子（1973.7），森田良行（1991.7）を参考にして，それらが指摘する男女で使用傾向が偏るものを抜き出した．全部で約100語あった（厳密には「語」でないものも含まれる）．

次に，ブログ中で，それらの語と「あたし」「俺」「僕」が共起するものの件数を数えた．たとえば「食う」でいえば「"あたし" "食う"」「"俺" "食う"」「"僕" "食う"」の3回のブログ検索を行うことになる．

ブログの検索にはYahoo!の検索エンジンを用いた．Yahoo!では，単語を入れて検索するときに，窓の上の「ブログ」というところをクリックすることで，各種ブログに限定して検索することができる．

検索結果は，それぞれ100例ずつを手作業で確認し，当該の語が確かに使われていることをチェックした．その際，検索するのに不適当な語は，もとの文献にあるものでも検索しなかった．たとえば，「におい」「めし」のように，不適例（検索対象の語でなく別の意味の語）が多いもの，「ばか野郎」のように検索数が非常に少ないものなどを除外した．

不適例が多いときは，たとえば「お袋」を検索するときに，「"お袋" -お袋の味 -お袋さん」のようにマイナス検索を指定して，該当しない用例を検索対象にしないような工夫をしたが，そういったものに気が付くのは，全部の用例を手作業でチェックしたからである．しかし，数万〜数十万例あるものを全部チェックするわけにはいかないので，最終的な出現頻度はあまり正確なものではない．

そのような作業の結果の一部を表4.1に示す．

表4.1 ブログにおける13語と自称詞の共起頻度

	食う	食べる	頼む	考える	願う	思う	伺う
あたし	2,636	20,652	5,168	15,565	2,310	135,874	313
俺	15,124	40,403	23,080	55,658	7,204	376,662	1,237
僕	8,934	46,980	14,527	66,597	9,636	378,420	1,290

	さらば	じゃあね	あらまあ	砂糖	匂い	お袋
あたし	1,145	1,775	247	5,081	11,760	354
俺	6,964	3,628	254	6,850	27,209	4,115
僕	5,443	4,026	307	8,737	32,085	2,333

クロス表のデータは朝倉書店ウェブサイトでダウンロードできる．

表 4.1 の結果は，たとえば，「あたし」と「食う」が同じ記事の中で共起する例[*1]が 2,636 件あったということを表している．このように，「あたし」「俺」「僕」との共起頻度を数えると，それぞれの語が男性によって使われたか，女性によって使われたかがわかる．ただし，このやり方は，記事単位で単語の共起を見ているので，たとえば，引用文中にこれらの語が現れることがあっても検出される．したがって，正確ではないのだが，引用は，自分の文章に比べれば少ないだろうと判断した．

なお，ここでは，「あたし」が女性によって，「俺」と「僕」が男性によって使われることを前提として共起頻度を数えているのだが，この前提も，ごくわずかながら，当てはまらないことがある．男性が「あたし」を使ったり，女性が「俺」や「僕」を使うことがわずかながら現実にあるからである．しかし，大量の出現頻度を扱うならば，このようなわずかのゆがみは，大勢に大きな影響を与えるものではなく，無視してもかまわないと考えた．

表 4.1 の数値から傾向を読み取るのは，なかなかむずかしい．なぜならば，「あたし」と「俺」「僕」を比べると，後者のほうが出現頻度が大きいからである．ちなみに，これらの語のブログでの単純な出現頻度を数えると，あたし＝1,014,611，俺＝2,542,697，僕＝2,830,889 となって，2.5 倍以上の違いがあることがわかる．したがって，表 4.1 を見ていくときも，「あたし」の欄に比べて「俺」のところが 2.5 倍くらいあっても，それで当然ということになる．このような補正をしながら表 4.1 を見ていくことは，事実上かなり困難である．

3.3.2 交互平均法の適用

さて，表 4.1 は 13 語だけを示したが，実際は，先行研究から抽出された男女差のある表現が 86 語あった．つまり，3×86 のクロス表ができあがったことになる[*2]．これに対して交互平均法[*3]を適用することができる．この手法は，クロス表の行と列の関係をもとにして，行相互の，および列相互の関係を一次元の数値で表す方法である．この手法によれば，「あたし」と「俺」「僕」の頻度の差を考慮することなく，クロス表の中の数値の偏りだけを基準にして行と列の関係を見ていくことができる．

その適用結果を見ると，自称詞は　あたし＝1.000，俺＝3.000，僕＝2.772 という結果になる．男女で使う自称詞が非常に異なっているため，大きく二つに分かれる結果になった．値が小さいほうが女性的，大きいほうが男性的ということになる．交互平均法の結果の数値（交互平均値と略称する）は，すなわち男女度ということになる．

先行研究で取り上げられた男女差のある語は，表 4.2 のような結果になる．表 4.2 の結果でも，交互平均値が小さいものが女性的（女性が多く使う），大きいものが男性的（男性が多く使う）ということになる．交互平均値だけではわかりにくいので，表 4.1 には，「あらまあ」(1.000)，「砂糖」(19.128)，

[*1] 「"あたし" "食う"」を指定して検索した．

[*2] クロス表のデータは朝倉書店ウェブサイトでダウンロードできる．

[*3] 計算法は第 2 部第 7 章の末尾（p.83）に示した．

表 4.2 各語の男女度

1.000	あらまあ	44.529	匂い	61.174	場合
13.507	かわいい	45.771	大変	61.608	大体
16.282	とっても	45.895	こっち	61.659	なるほど
18.415	いっぱい	46.246	子供	62.658	伺う
19.128	砂糖	47.997	どんどん	63.455	頼む
26.494	きれい	49.626	生活	63.754	先程
27.945	おいしい	49.821	思う	64.303	と強調
28.618	嬉しい	49.989	勉強	67.407	きわめて
29.118	好き	49.990	夢	68.134	しかし
30.175	すごい	50.492	結構	68.200	まあ
34.140	絶対	50.674	よろしい	68.335	問題
35.064	いろんな	51.163	悪い	69.609	と明言
35.069	穏やか	51.169	一番	69.639	やはり
36.699	食べる	51.290	あのー	70.915	食う
37.953	じゃあね	51.459	本当に	71.044	と主張
38.699	やっぱり	51.776	昔	71.313	関する
38.742	鍋	52.401	男	73.107	さらば
38.987	けっこう	52.784	そして	73.597	奴
39.722	気持	53.982	とても	73.655	選手
40.547	全然	54.377	酒	74.656	バカ野郎
40.564	と断言	55.131	静かに	74.865	非常に
41.146	あいまい	55.571	車	75.020	国民
41.733	家族	56.228	こちら	75.829	メシ
41.775	ちょっと	56.237	映画	76.148	おふくろ
41.883	料理	56.567	意味	77.238	政治
41.956	お子さん	56.815	はっきり	78.190	丼飯
43.005	気持ち	57.390	願う	79.632	腹一杯
43.359	顔	59.890	女性	86.000	お袋
43.973	先生	60.673	考える		

数字が小さいほうが女性的,大きいほうが男性的という意味になる.

「匂い」(44.529),「お袋」(86.000),の共起頻度を示しておいた.

今回の結果では「あらまあ」が一番女性的と判断された.以下,「かわいい」「とっても」「いっぱい」などが女性的ということになる.一方,「お袋」が一番男性的であり,「腹一杯」「丼飯」「政治」「おふくろ」「メシ」などが男性的ということになる.単純な(数値上の)中心は,44.529の「匂い」あたりである[*1].

今回の86語の結果は,男女の一方に偏るものが少なかった.前述のように,先行研究で取り上げている男女差の例を見ると,終助詞や自称詞がほとんどで,それ以外の単語の男女差は,もともとあまり大きくないということがあるのだろう.それに加えて,最近は言葉の男女差が小さくなる方向に変化しているといわれている.新しい傾向は若い人の傾向でもある.ブログを書いている人は,比較的若い人が多いようである.その点からも男女差は予想されたほどにははっきり出なかったものと考えられる.

なお,ひらがな表記の「おれ」や「ぼく」との共起も調べてみた.似たような傾向が得られるが,「俺」「僕」に比べると出現頻度が小さいので,5語をものさしにする意味はあまりない.

ここでの男女度は「あたし」「俺」「僕」と共起しやすいかどうかを基準と

[*1] 「あらまあ」(1.000)と「お袋」(86.000)を足して2で割るとこのくらいの値になるということであり,「匂い」が男女度的な意味で中立である(男性的でも女性的でもない)とはいえない.

している．つまり，自称詞の男女差が大きいことを利用している．今後，日本語の男女差がさらに小さくなって，男女で使う自称詞に差がなくなってくれば，ここで述べた方法は使えなくなってしまうはずである．

3.4 WWWの可能性

WWWの中には，さまざまな資料が混在する．そのため，WWWを言語研究の材料として否定的にとらえる研究者もいるが，WWWのように多様な資料が混在しているものは，別の面から見れば総合的な資料だと考えることもできる．だからこそ，さまざまな情報がそこから引き出せ，有意義な言語研究が広がっていくのだというわけである．

本章では，男女差に絞ってWWW（の中のブログ）を資料として分析してみた．ある意味で，社会言語学的な分析といえると思う．同様に，うまくキーワードを選ぶことができれば，年齢差，地域差，職業差なども同じ方法で把握することができると考えられる．

WWWは，コーパスとしての使い方ができ，言語研究の資料として十分使い物になる．荻野綱男（2004.2）および荻野綱男（2006.7）は，言語研究における検索エンジンの使い方を述べている．荻野綱男（2006.12）は，文法研究の一例である．荻野綱男（2004.11）ではことばの地域差（方言差）を調べ，荻野綱男（2006.11）では，単語の文体差を調べている．

さらにいろいろなテーマについて，WWWの活用が可能である．その考え方の一部は荻野綱男・田中ゆかり（2005.2）で述べたが，荻野綱男他（2005.3）は，そのようなWWWの応用の一例である．

第4章　形容動詞連体形の「な／の」選択[*1]

[*1] この章の内容は，荻野綱男（2006.12）を書き直したものである．

4.1 先行研究の検証

田野村忠温（2002.3）は，朝日新聞5年分をコーパスとして使って，形容動詞の連体形が「な」をとるか「の」をとるかを調査した．傾向を知るためには新聞5年分というのがデータ量としてやや少ないのではないかと思える．現在，WWW上に大量の日本語が掲載されており，荻野綱男（2004.2）はその量を新聞換算で1000年分と推定している．そこで，WWWを使って田野村の結果を追試してみようと思い立った．

WWWは，検索エンジンを使うことで用例を簡単に調べることができる．ここでは検索エンジンとしてYahoo!を使うことにした．

4.2 調査の方法

田野村は，「有名な」「無名の」の直前が漢字以外の文字で，かつ，直後がひらがな以外の文字であるものに限定してカウントしていることを述べている．これは方針として望ましいものである．

当該の形容動詞が複合語の後部要素になっていれば，そもそも当該の語ではないと考えられる．また，しばしば接頭辞が付くと（たとえば「不案内」のように）後部要素の品詞性を変えるときがある．それを考慮して，直前に漢字が位置していれば用例から除外するべきである．また，直後の単語に連体修飾しているものを用例として取り出したいわけだから，「直後がひらがな以外」という条件を付けるのも納得できる．

田野村は，朝日新聞を検索していることから，検索時には正規表現[*1]を指定して必要な用例を検索したものと推定される．おそらく，たとえば「[＾亜-龥]有名な[＾ぁ-ん]」を指定したのであろう．

しかし，WWW検索では，（普通に検索エンジンを使うのでは）正規表現が使えないから，この2条件を機械的に指定して除外することはできない．

そこで，まず，単純に「有名な」を検索した結果を手作業でチェックして，除外すべき形式名詞（「こと」「もの」「ところ」「わけ」「はず」など）を選び，検索時にマイナス指定（それを含むものを検索しない指定）をして検索対象から外すことにした．ただし，形式名詞をすべて検索式で除外すると，1～100件以外のページが出なくなり，検索オプションもクリックできなくなってしまった．事実上，Yahoo!のマイナス検索は15語か16語までしか指定できないようである．

漢字が前接するものは，複合語の可能性があるので用例に含めないことにする．これも，用例中に何回も現れるものをマイナス指定することにした（ただし「今回有力の」など複合語でないものを排除してしまった可能性がある）．

たとえば，「有名な」および「有名の」の場合，次のように指定して検索した．

```
"有名な" -"有名なの" -"有名なのは" -"有名なん" -"有名なので" -"有名なもの"
"有名の" -"有名のよう" -"超有名の" -"全国有名の" -"一番有名の" -"有名のため"
```

このようなマイナス指定による除外検索は個々の単語ごとに行った．

こうして得られた用例に対して，他の漢字語との複合語，接頭辞，マイナス検索しても残ってしまった形式名詞（途中にスペースが入っているもの）

[*1] 検索文字列の指定のしかたの一つ．「～でない任意の1字」や「この範囲の任意の1字」といった検索対象が指定できる．

などを除いた件数を調べた．用例数が100例以下のものは全部チェックした．100例を超えるものは，先頭100例を調べ，そのパーセンテージを全体の総検索数にかけて用例数を概算した．

また，検索エンジンで1,000例の用例を見ていく際に，100例ずつ10ページ見ることができるが，ページを切り替えるたびに総検索数が微妙に変わってしまうことを発見した．そこで，ここでは，901-1,000例を見ているときに示される検索件数を総検索数として扱うことにした．

GoogleもYahoo!も，検索エンジンとしては1,000例までしか結果を示さないが，それを順次見ていくと，実際は，1,000例まで見せないことが多い．「似たものをのぞいた」ということである．全部を表示させてみると，実際は同一の記事が別のサイトに掲載されていたりして，完全に重複していることが多い．そこで，全体の検索件数が1,000を超えるものについては，1,000例中の「似たものをのぞいた」用例数の比率を求め，その比率を全体件数にかけて，全用例数を概算することにした．

こうして，たとえば「有望の」の場合，1,140×0.657×0.4という計算により，用例数を300とした．0.657は1,000例中から「似たものをのぞいた」比率であり，0.4は先頭100例中の前後の文脈を考慮した正味の用例の比率である．

4.3　WWW調査の結果

調査結果を田野村による結果と並べて表4.3, 4.4に示す．

表4.3と表4.4を比べると，WWWと新聞の違いが見えてくる．

第1に，WWWのほうがデータ量が圧倒的に多いということである．その差は，新聞5年分に比べて100倍から1万倍程度である．量が多ければ多いほど，比率が安定する．新聞データを使って，数回の出現数で「な」の比率を求めてみても，その比率がどれだけ正しいかというと，はなはだ心許ない．しかし，豊富なデータ量のWWWでは，比率についてはかなりの信頼度を持って主張することができよう．

ただし，WWWの調査では，概算の計算が2回入っているところがあり，必ずしも正確な数字とはいえないし，検索するたびに検索エンジンが微妙に違う数字を返してくることがあり，その意味でも正確な数ではない．新聞データのほうはそれに比べると正確性にすぐれているといえるだろう．

第2に，大筋において田野村の結果が追認されたということがある．もちろん，「有責」や「無為」のように大きな差が出たものもある．その理由の一つは，新聞5年分の用例が少なすぎて比率を求めるには不十分であり，比率が不安定だったということがあるだろう．

しかし，それだけではなく，両者の資料としての違いなどを考慮しなけれ

第4章　形容動詞連体形の「な／の」選択

表 4.3　WWW と新聞の調査の結果「有〜」

	WWW 調査の結果			田野村による新聞調査の結果			
	〜な	〜の	「な」の比率	〜な	〜の	「な」の比率	
有名	24,500,000	88,800	99.6	1,971	0	100.0	「な」類
有益	2,670,000	198	100.0	169	0	100.0	
有力	1,360,000	980	99.9	1,721	1	99.9	
有望	602,000	300	99.9	332	1	99.7	
有利	2,540,000	38,400	98.5	1,586	6	99.6	
有効	8,200,000	138,000	98.3	1,279	12	99.1	
有能	1,070,000	784	99.9	346	3	99.1	
有用	1,580,000	595	100.0	92	2	97.9	
有害	1,580,000	15,750	99.0	247	8	96.9	
有毒	147,000	19,530	88.3	48	4	92.3	
有意	382,000	41,300	90.2	12	5	70.6	「な／の」類
有為	115,000	27,810	80.5	29	18	61.7	
有限	86,600	140,400	38.1	23	21	52.3	
有責	325	262	55.4	1	3	25.0	
有数	55,800	993,300	5.3	9	463	1.9	「の」類
有罪	181	96,300	0.2	0	208	0.0	
有料	13,230	1,311,000	1.0	0	130	0.0	
有給	70	78,200	0.1	0	19	0.0	
有人	14	36,000	0.0	0	18	0.0	
有償	135	122,400	0.1	0	16	0.0	
有縁	15	20,070	0.1	0	6	0.0	
有機	249	111,000	0.2	0	5	0.0	
有期	7	13,790	0.1	0	4	0.0	
有業	0	104	0.0	0	4	0.0	
有形	259	36,700	0.7	0	4	0.0	
有税	3	124	2.4	0	3	0.0	
有徳	324	2,250	12.6	0	2	0.0	
有鉛	0	111	0.0	0	2	0.0	
有色	37	2,750	1.3	0	2	0.0	
有職	17	1,073	0.1	0	2	0.0	
有声	2	320	0.6	0	2	0.0	

表 4.4　WWW と新聞の調査の結果「無〜」

	WWW 調査の結果			田野村による新聞調査の結果			
	〜な	〜の	「な」の比率	〜な	〜の	「な」の比率	
無残	587,000	480	99.9	237	0	100.0	「な」類
無謀	1,410,000	28,300	98.0	137	2	98.6	
無理	3,920,000	44,100	98.9	706	14	98.1	
無難	1,130,000	585	99.9	84	3	96.6	
無益	158,000	1,801	98.9	35	3	92.1	
無力	326,000	29,500	91.7	40	4	90.9	
無礼	285,000	14,009	95.3	17	4	81.0	「な／の」類
無法	84,400	52,600	61.6	43	12	78.2	
無害	244,000	47,700	83.6	32	14	69.6	
無知	783,000	249,000	75.9	51	23	68.9	
無事	208,000	233,000	47.1	19	15	55.9	
無情	112,000	134,000	45.5	14	14	50.0	
無学	42,400	17,062	71.3	2	2	50.0	
無能	467,000	133,000	81.3	16	30	34.8	
無用	488,000	438,000	52.7	110	213	34.1	
無毒	859	10,809	7.4	2	4	33.3	
無欲	27,600	79,000	25.9	5	13	27.8	
無縁	331,000	1,050,000	24.0	75	242	23.7	

無効	437,000	406,800	51.8	8	43	15.7	
無私	507	49,600	1.0	3	18	14.3	
無色	1,620	166,000	1.0	2	14	12.5	
無為	71,700	44,600	61.7	3	22	12.0	
無策	1,860	18,300	10.2	4	31	11.4	
無念	38,800	605,000	6.0	15	250	5.7	
無名	97,700	854,000	10.3	2	335	0.6	
無限	31,680	2,600,000	1.2	1	165	0.6	
無数	389	2,610,000	0.0	1	437	0.2	
無職	150,000	585,000	20.4	0	492	0.0	
無人	548	540,000	0.1	0	306	0.0	
無言	6,980	951,000	0.7	0	274	0.0	
無料	120,000	17,300,000	0.7	0	260	0.0	
無罪	274	105,000	0.3	0	178	0.0	
無実	1,731	263,000	0.7	0	137	0.0	
無償	390	653,000	0.1	0	101	0.0	「の」類
無形	415	150,000	0.3	0	50	0.0	
無税	31	2,700	1.1	0	44	0.0	
無給	86	41,700	0.2	0	41	0.0	
無上	79	126,000	0.1	0	34	0.0	
無冠	36	54,100	0.1	0	25	0.0	
無期	2	4,300	0.0	0	9	0.0	
無声	18	2,330	0.8	0	7	0.0	
無業	2	856	0.2	0	6	0.0	
無休	1	1,864	0.0	0	4	0.0	

ばならない．新聞は書き言葉であるが，WWW はさまざまなものを含んでいること，新聞は 1987 年から 1992 年のものだが，WWW はごく最近のものが大量に含まれていること，新聞に比べて WWW の書き手はおそらく低年齢であろうということなど，両者の差は大きい．この点は，今後検討しなければならない．

4.4 「な」の比率が高い形容動詞は程度の大小を問題にできるか

田野村は，p.209 において，次のように述べる．
「(3)「な」類の形容動詞は程度の大小を問題とすることのできる属性を表すのに対し，「の」類の形容動詞はそうであるかないかとしか言えない択一的な属性を表す．」
ここで「な」類の形容動詞とは，「な」の比率が 90％以上のものを指し，「の」類の形容動詞とは「な」の比率が 10％以下のものを指す．
田野村の指摘は，「な」類では「少し有名だ」「非常に有名だ」といえるのに対し，「の」類では「少し有償だ」「非常に有償だ」と普通いわないということである．これについては，田野村はもっぱら著者の内省を示すのみで，証拠を示してはいない．
しかし，大量の言語量がある WWW の場合は，これまた証拠を示すことができる．副詞と形容動詞が結合した形を検索してみればよいのである．まず，副詞であるが，程度副詞を「有名な」に付けて検索してみると，「少し有名

第4章 形容動詞連体形の「な／の」選択

な」(950),「ちょっと有名な」(54,200),「やや有名な」(72),「非常に有名な」(88,200),「大変有名な」(54,400),「とても有名な」(13,900),「かなり有名な」(271,000),「きわめて有名な」(202) というような検索数になり,「非常に」と「かなり」の用例数が多いことがわかる. そこで, ここではこの2語が形容動詞に付く用例を探すことにする.

次に, 形容動詞の活用形だが,「〜だ」と「〜な」を取り上げることにする.「〜に」や「〜で」は用例数が少ないからである.「〜な」の場合,「非常に有名な」の連鎖があったときにその「非常に」が「有名な」に後続する部分を修飾していたりすると, 程度副詞が「有名な」を修飾しているとはいえないことになり, 問題であるが, とりあえず, 数千例をチェックしてみた限りではそのような例は見つからなかったので, おそらく比率は非常に低いと考えられ, ここでは単純に検索した結果を示すことにする.

なお,「非常に〜な」「かなり〜な」には,「〜なの」「〜なので」など本来の用例でないものが若干含まれることがあるが, ごくわずかなので, ここでは, 無視してかまわないと判断した.

表 4.5 程度副詞が「有〜」を修飾する比率（万分率）

	非常に〜だ	かなり〜だ	非常に〜な	かなり〜な	「〜だ」の用例数	「〜な」の用例数	
有名	2.43	126.70	55.10	152.65	2,210,000	24,500,000	
有益	152.86	13.50	434.46	15.24	140,000	2,670,000	
有力	5.58	24.66	19.85	179.41	163,000	1,360,000	
有望	34.35	44.88	133.89	98.50	72,200	602,000	
有利	14.48	59.02	198.82	155.91	632,000	2,540,000	「な」類
有効	518.36	364.11	370.73	95.24	953,000	8,200,000	
有能	23.73	24.04	165.42	7.93	62,800	1,070,000	
有用	224.59	77.30	575.32	13.23	122,000	1,580,000	
有害	12.81	4.63	8.89	5.66	92,900	1,580,000	
有毒	41.10	37.67	11.97	2.72	2,920	147,000	
有意	471.91	67.42	4.90	1.62	445	382,000	
有為	319.15	0.00	4.17	0.43	94	115,000	「な／の」類
有限	0.00	1.57	0.81	0.69	38,100	86,600	
有責	0.00	120.48	0.00	0.00	83	325	
有数	0.00	0.00	1.08	1.08	2,200	55,800	
有罪	0.00	1.63	0.00	0.00	30,700	181	
有料	0.00	0.00	0.00	2.27	158,000	13,230	
有給	0.00	0.00	0.00	0.00	3,060	70	
有人	0.00	0.00	0.00	0.00	273	14	
有償	0.00	0.00	0.00	0.00	3,780	135	
有縁	0.00	0.00	0.00	0.00	14	15	
有機	0.00	0.00	0.00	0.00	1,630	249	
有期	0.00	0.00	0.00	0.00	43	7	「の」類
有業	0.00	0.00	0.00	0.00	0	0	
有形	0.00	0.00	0.00	0.00	35	259	
有税	0.00	0.00	0.00	0.00	0	3	
有徳	0.00	0.00	30.86	30.86	33	324	
有鉛	0.00	0.00	0.00	0.00	32	0	
有色	0.00	0.00	0.00	0.00	53	37	
有職	0.00	0.00	0.00	0.00	59	17	
有声	0.00	0.00	0.00	0.00	24	2	

計算には，4.2節で述べた「概算」が加わっているところもあるが，詳細は省略する．

程度副詞がそれぞれの形容動詞を修飾する用例数を求め，「〜だ」と「〜な」の全用例数に対する比率（ただし万分率）を計算して，表4.5, 4.6に示した（用例数が0のところも，便宜的に比率0とした）．

表4.5では，「な」類のそれぞれの形容動詞は，程度副詞に修飾されることが多いことがわかる．

表 4.6 程度副詞が「無〜」を修飾する比率（万分率）

	非常に 〜だ	かなり 〜だ	非常に 〜な	かなり 〜な	「〜だ」 の用例数	「〜な」 の用例数	
無残	0.00	16.64	2.13	5.69	5,410	587,000	「な」類
無謀	1.81	62.22	2.26	331.91	216,000	1,410,000	
無理	0.24	1.23	2.58	178.57	9,020,000	3,920,000	
無難	0.38	1.25	6.04	4.44	425,000	1,130,000	
無益	24.34	1.06	2.91	1.27	18,900	158,000	
無力	1.80	1.45	3.77	1.20	200,000	326,000	
無礼	11.36	7.39	23.65	12.77	52,800	285,000	「な/の」類
無法	0.00	81.97	0.71	2.25	366	84,400	
無害	0.42	0.63	0.61	0.78	47,500	244,000	
無知	0.99	12.24	1.74	6.59	152,000	783,000	
無事	0.00	0.11	0.05	0.91	268,000	208,000	
無情	5.85	2.19	2.32	1.70	13,680	112,000	
無学	0.00	0.00	1.18	1.18	1,548	42,400	
無能	0.85	3.19	0.69	2.40	141,000	467,000	
無用	0.00	0.20	0.20	0.64	200,000	488,000	
無毒	0.00	0.00	0.00	0.00	458	859	
無欲	0.00	3.36	3.62	4.71	2,980	27,600	
無縁	0.05	1.23	0.39	5.62	195,000	331,000	
無効	0.00	0.13	0.02	0.07	155,000	437,000	
無私	0.00	0.00	19.72	0.00	185	507	
無色	0.00	0.00	18.52	0.00	3,140	1,620	
無為	0.00	15.95	7.11	3.49	627	71,700	
無策	0.00	8.38	16.13	10.75	1,194	1,860	
無念	16.25	3.93	37.63	14.69	76,300	38,800	「の」類
無名	0.24	5.02	1.54	9.72	41,800	97,700	
無限	0.00	0.13	0.63	1.58	77,000	31,680	
無数	0.00	0.00	25.71	0.00	856	389	
無職	0.00	0.00	0.00	0.13	87,400	150,000	
無人	0.00	0.00	0.00	36.50	23,900	548	
無言	0.00	0.69	1.43	14.33	43,300	6,980	
無料	0.00	0.00	0.00	0.08	1,580,000	120,000	
無罪	0.00	0.00	36.50	0.00	55,700	274	
無実	0.00	0.00	5.78	0.00	74,200	1,731	
無償	0.00	0.00	0.00	0.00	18,221	390	
無形	0.00	0.00	72.29	0.00	256	415	
無税	0.00	0.00	0.00	0.00	424	31	
無給	0.00	0.00	0.00	0.00	2,303	86	
無上	0.00	0.00	0.00	0.00	36	79	
無冠	0.00	0.00	0.00	0.00	573	36	
無期	0.00	0.00	0.00	0.00	241	2	
無声	0.00	0.00	0.00	0.00	171	18	
無業	0.00	0.00	0.00	0.00	20	2	
無休	0.00	0.00	0.00	0.00	719	1	

表 4.5 の「有毒」のように,「な」類でありながら程度副詞に修飾される比率（万分率）が低めのものがあるが，それは表 4.3 の WWW 調査で「な」の比率が若干低くなっており，「な／の」類に分類してもいいものと思われる．ただし，同様に程度副詞に修飾されにくい「有害」は，表 4.3 では「な」の比率が高いので，あまりはっきりと主張できるものではない．

表 4.6 では，表 4.5 の「有〜」と比べて，全般的に程度副詞に修飾される比率が低く，「無〜」は（内省では修飾されることが可能だとしても）実際は修飾されにくいようである．表 4.6 では，「な」類，「な／の」類，「の」類の差ははっきりしない．

4.5 新聞と WWW の違い

田野村忠温（2002.3）の結果を WWW で追試することによって，以下のような 2 点がわかった．
(1) WWW は新聞データに比べて非常にデータ量が多く，したがって，用例数の比率などを求めるときにも安定した結果を出すことができる
(2) WWW は言語量が多いために，2 語以上の単語連続の用例数を数えることができ，程度副詞が形容動詞を修飾しているかどうかを，内省でなく，比率で示すことができる

今回の調査では，当初予想していたよりもはるかに多くの手間がかかった．検索エンジンを使えば簡単に用例が調べられるというのは，半分は正しいが，半分はそうでない．きちんと用例を見ていかないと，最終結果としての数字が信頼できるものにならない面がある．検索エンジンの検索力と，人間の認識能力とで仕事をうまく分担するようにしなければ効率のいい研究方法とはならない．

第 5 章 外来語の語形のゆれ (1) —「チック」と「ティック」—[*1]

[*1] この章の内容は，荻野綱男（2013.6）を書き直したものである．

5.1 問題の発端

英語からの外来語では，-tic の語尾が「チック」と表記される場合と，「ティック」と表記される場合がある．この「ゆれ」は何の規則もない単純なゆれなのだろうか，それとも，何か規則性・傾向性があり，これこれの場合はこちらを使うというようなことがあるのだろうか．

5.2 WWWの調査方法

考えられるたくさんの単語について,「チック」で終わる場合と「ティック」で終わる場合がそれぞれ何例ずつあるのか,goo のウェブ検索で検索した.すべての単語を " " でくくって指定した.goo の検索エンジンを利用した理由は,Google や Yahoo! よりも,goo のほうが,返されるヒット件数が安定しているためである.

ここで示す結果は 2012 年 12 月 12 日から 2013 年 1 月 16 日にかけて収集したものである.

「チック」か「ティック」で終わるたくさんの単語をリストアップする場合,電子辞書あるいはネット上の国語辞書の「後方一致検索」機能を利用するのが便利である.

5.3 WWWの調査結果

「チック」の比率(パーセンテージ)を

$$\frac{(\text{チックの件数})}{(\text{チックの件数})+(\text{ティックの件数})} \times 100$$

で求める.

チックの比率順に(高いほうから)語形を並べ替えたのが以下のリストである.[*1]

[*1] ここでの表をヒット件数が高いもの・低いものに分けて示すことも考えられるが,どこで区切るべきか何ともいいにくいこと,検索エンジンのヒット件数は,正確で再現性があるものでもなく,時としてかなりの幅でゆれを示してしまうことなどの事情を考慮し,ここでは単純な「チック」の比率順に示すことにした.

チックの形式	チックのヒット件数	ティックのヒット件数	チックの比率	意味の注記
レトロチック	約 28,600 件	約 271 件	99.1%	《懐古的であるさま》
メルヘンチック	約 83,200 件	約 2,260 件	97.4%	
エキゾチック	約 672,000 件	約 33,600 件	95.2%	
インスタマチック	約 1,710 件	約 97 件	94.6%	《コダックのフィルム規格》
プラスチック	約 5,920,000 件	約 527,000 件	91.8%	
オートマチック	約 548,000 件	約 194,000 件	73.9%	
クロマチック	約 83,100 件	約 29,700 件	73.7%	《音楽で.半音階的》
アスレチック	約 443,000 件	約 174,000 件	71.8%	
パンクロマチック	約 1,460 件	約 735 件	66.5%	《全整色性フィルム》
プログラマチック	約 899 件	約 491 件	64.7%	
スメクチック	約 1,860 件	約 1,050 件	63.9%	《液晶の状態の一種》
ロマンチック	約 1,450,000 件	約 1,020,000 件	58.7%	
ネマチック	約 3,630 件	約 2,650 件	57.8%	《糸状・線状の意》
ドラマチック	約 631,000 件	約 474,000 件	57.1%	
ペダンチック	約 2,290 件	約 2,190 件	51.1%	《知識をひけらかすさま》
アンチマグネチック	約 209 件	約 228 件	47.8%	《耐磁》

システマチック	約 38,200 件	約 56,900 件	40.2%	
テーマチック	約 107 件	約 173 件	38.2%	
トラウマチック	約 3,340 件	約 6,900 件	32.6%	《精神的外傷を与える》
ドグマチック	約 323 件	約 684 件	32.1%	《独断的．教条的》
オペラチック	約 2,340 件	約 5,290 件	30.7%	
エロチック	約 151,000 件	約 457,000 件	24.8%	
マグネチック	約 22,700 件	約 72,900 件	23.7%	
ロフトアチック	約 18 件	約 104 件	15.8%	《中二階》
ラスチック	約 9,880 件	約 61,400 件	13.9%	《田舎風の．田園生活の》
イディオマチック	約 29 件	約 209 件	12.2%	《慣用的な》
カリスマチック	約 539 件	約 3,940 件	12.1%	
スケプチック	約 87 件	約 663 件	11.6%	《懐疑的なさま》
ニューロチック	約 229 件	約 2,050 件	10.0%	《神経症的であるさま》
シネマチック	約 4,910 件	約 49,700 件	9.0%	
プラグマチック	約 647 件	約 6,760 件	8.7%	《実利的．実際的》
エゴイスチック	約 1,970 件	約 21,600 件	8.4%	
アロマチック	約 6,280 件	約 89,300 件	7.1%	
アクロバチック	約 12,700 件	約 186,000 件	6.4%	《曲芸のようであるさま》
ドラスチック	約 3,640 件	約 54,100 件	6.3%	《過激》
コスメチック	約 45,000 件	約 753,000 件	5.6%	《化粧品．うわべだけの》
アニマチック	約 49 件	約 797 件	5.6%	
ヘテロチック	約 8 件	約 152 件	5.0%	《弦理論の一種》
デモクラチック	約 180 件	約 4,220 件	4.1%	
オカルチック	約 609 件	約 14,100 件	4.1%	《神秘の．超自然的な》
アスタチック	約 18 件	約 571 件	3.3%	《不安定な》
ダイアレクチック	約 5 件	約 152 件	3.2%	《弁証法》
タクチック	約 129 件	約 4,790 件	2.6%	《戦法》
エラスチック	約 1,600 件	約 67,400 件	2.4%	《伸び縮みする布地》
アニミスチック	約 10 件	約 409 件	2.4%	《精霊崇拝的な》
アンタークチック	約 24 件	約 1,040 件	2.3%	《南極の．南極地方の》
アリストクラチック	約 4 件	約 179 件	2.2%	《貴族的》
ナショナリスチック	約 47 件	約 2,630 件	1.8%	《民族主義的》
ペシミスチック	約 124 件	約 7,240 件	1.7%	《悲観的なさま》
ヒューマニスチック	約 41 件	約 2,750 件	1.5%	《人道的》
パセチック	約 31 件	約 2,050 件	1.5%	《哀れをさそうさま》
ニヒリスチック	約 39 件	約 2,640 件	1.5%	《虚無的．虚無主義的》
ジャーナリスチック	約 122 件	約 8,160 件	1.5%	《時流に敏感なさま》
ダダイスチック	約 2 件	約 156 件	1.3%	
エラチック	約 11 件	約 920 件	1.2%	《とっぴな》
ヘルメンマロンチック	約 5 件	約 483 件	1.0%	
ナルシシスチック	約 4 件	約 402 件	1.0%	
クリチック	約 94 件	約 9,320 件	1.0%	《批評家．批判者》
ディプロマチック	約 27 件	約 2,950 件	0.9%	《外交的な》
ポエチック	約 127 件	約 16,200 件	0.7%	《詩的な．詩的情緒豊かな》
ファンタスチック	約 3,260 件	約 483,000 件	0.7%	《非常にすばらしいさま》
エンスージアスチック	約 2 件	約 300 件	0.7%	《熱狂的な》
リアリスチック	約 199 件	約 31,700 件	0.6%	《現実主義的．現実的》

マゾヒスチック	約88件	約15,500件	0.6%	《被虐的》
ファナチック	約306件	約57,000件	0.5%	《熱狂的なさま．狂信的》
ホメオチック	約85件	約22,300件	0.4%	《遺伝子の突然変異》
スタチック	約429件	約112,000件	0.4%	《静止しているさま．静的》
シンプレクチック	約14件	約3,890件	0.4%	《幾何学の一種》
アーティスチック	約866件	約238,000件	0.4%	《芸術の．芸術的な》
アークチック	約257件	約69,000件	0.4%	《北極の．北極地方の》
プリズマチック	約84件	約26,800件	0.3%	
フォネチック	約6件	約1,940件	0.3%	《音声の．通話表》
ドメスチック	約797件	約265,000件	0.3%	
ラクチック	約32件	約13,100件	0.2%	《乳の》
ルナチック	約213件	約291,000件	0.1%	《精神異常の》
モラリスチック	約1件	約685件	0.1%	《教訓的．道徳主義の》
マクロビオチック	約269件	約400,000件	0.1%	《長寿法》
シナジェスチック	約1件	約1,440件	0.1%	《共働作用の．相助作用の》
サディスチック	約458件	約442,000件	0.1%	《残酷なことを好むさま》
カイロプラチック	約55件	約58,400件	0.1%	
オーセンチック	約337件	約319,000件	0.1%	《正統的であるさま》
エステチック	約376件	約680,000件	0.1%	
アコースチック	約1,530件	約2,410,000件	0.1%	
ミスチック	約96件	約592,000件	0.0%	《神秘的であるさま》
ホリスチック	約38件	約299,000件	0.0%	《全体的．包括的》
ギャラクチック	約13件	約132,000件	0.0%	《大星雲の》

5.4 調査結果からいえること

[1] ヒット件数が少ないものは，日本語として十分に熟していない，十分に日本語に入りきっていない外来語と考えられる．ヒット件数が小さいということは，用例が確実でないということにもつながり，上に示した結果のリストから外してもいいかもしれない．

[2] 古く入った外来語は「チック」，新しく入ってきた外来語は「ティック」が付く傾向がある．だいたい耳で聞いてわかるような単語は「チック」，意味がわかりにくいものは（最近入ってきた外来語なので）「ティック」の傾向がある．

[3] 古＝「チック」，新＝「ティック」の傾向性の「例外」もあるが，それぞれ説明は可能である．

[3-1]「レトロチック」は，後世の造語である．

　乙女チック，漫画チック，おじさんチックなどのように，最近は「チック」という言い方が日本語の中で浸透しつつある．「レトロ」は，retrospective（回顧）の略語である．略語の意味がわかるということは，外国語的なニュアンスがなく，外来語として日本語に定着している

ことを意味する．つまり，これは英語からの外来語を（-tic が付く形で）受け入れたのではなく，日本語の中で変遷した（略された）後に「チック」が付加されたものである．

[3-2]「メルヘン」はドイツ語からの外来語である．

「英語からの外来語のリスト」に入れるのは不適当であろう．英語にない「メルヘンチック」が日本語にあるということで，これも，「外来語」というよりは日本での造語と考えるべきである．[*2]

[3-3]「インスタマチック」は，商標に準じるものなので，表記は固定的なのではないか．

これらのことを総合すると，「チック」と「ティック」に関しては，3段階の変遷過程を考えることができよう．

第1段階は，古い時期（おそらく明治～大正～戦前ころ）に「-tic」の付いた形で日本語に入ってきたもので，「チック」という形になった．

第2段階は，新しい時期（おそらく，英語からの外来語が大量に流入してきた戦後の時期）に「-tic」の付いた形で日本語に入ってきたもので，日本人の英語的発音が上手になったこともあって「ティック」という形になった．この流入は現在も継続している．

第3段階では，「チック」という接尾辞が日本語の中で定着してきて，さまざまな語（英語起源の語に限らない）に使われ，新しいニュアンスの語を派生させるようになった．

現状は，これら三つの段階の語が渾然一体として使われていると考えられる．しかし，大量の用例に基づいて分析すれば，三つの段階が区別できる可能性がある（いつもできるとは限らないが）．

5.5 今後の予定

「チック」と「ティック」の意味の違いを調べる必要がある．日本語への流入の時期の違いなどが「意味の違い」として現れることもあるのではないか．

たとえば，チックの比率71.8%の「アスレチック」と「アスレティック」では意味が違うのではないか．前者は「フィールドアスレチック」を指す場合が多く，後者は「アスレティッククラブ」や「アスレティックトレーナー」など運動関連を指す場合が多い．

このあたりについても網羅的に作業を進めつつあるが，個々の用例ごとの意味分類がむずかしく，進行状況ははかばかしくない．

なお，本章で述べた3段階の変遷過程を実証するためには，個々の外来語の「日本語への流入の時期」について明らかにすることも考えられる．ただし，この方法は，本章で述べた調査方法とはまったく異なってしまう．歴史的な（近現代語の）コーパスを利用する方法も考えられるが，WWW に相当

[*2] 「チック」は，日本語の中で作られた語尾ととらえるべきだが，そうすると，英単語をカタカナ表記するための外来語表記とは完全に分けて扱うことも考えられる．しかし，ここではそうはしなかった．一つには，「チック」または「ティック」が付く外来語という基準で，いわば網を張ってたくさんの単語をすくい上げる際に，先に分析を加えてしまうのはよろしくなく，網ですくわれた単語全体を分類・整理する中で，あとから，性質の異なるものを区別していくほうが研究の枠組みとして妥当であるということがある．また，もう一つには，今回はそこまで分析しなかったが，英語の中で「-tic」が付いてから日本語に入ってきたのか，日本語に入ったあとで「チック」が付いたのか，区別しにくいものがあるかもしれない．英語の「-tic」のカタカナ表記だと考えられるものの中に，日本語の「チック」がいくぶんか混じっている可能性があるということである．これを識別するのはきわめて困難なので，ここでは全体をひとしなみに扱うことにした．

するような大量のコーパスの蓄積はない．以前に刊行された国語辞典の見出しの採用状況などを調べることも考えられるが，「チック」が付く語が，それが付かない語から派生した語だと考えられて，見出し語として採用されないこともあった可能性があると考えると，この方法も妥当性に疑問符が付く．というわけで，こちらの方向は別の研究になってしまうと考えられる．

第6章　外来語の語形のゆれ（2）—「バ」と「ヴァ」—[*1]

[*1] この章の内容は，荻野綱男（2013.9）を書き直したものである．

6.1　問題の発端

（英語からの）外来語では，Vの発音を含む語が「バ，ビ，ブ，ベ，ボ」と表記される場合と，「ヴァ，ヴィ，ヴ，ヴェ，ヴォ」と表記される場合がある．この現象に関して，何の規則もない単純なゆれなのか，それとも，何か規則性・傾向性があり，これこれの場合はこちらを使うというようなことがあるのかを調べたい．

資料としてはWWWを使うことにする．WWWは世界最大の規模のコーパスであること，無料で使えることなどのメリットがある．一方では，検索エンジンを使うとヒット件数が不安定で，いつも同様の結果を返してくるわけではないというデメリットがある．WWWを使って，いろいろな問題にチャレンジし，うまく結果が出ることによって，問題を解決するとともに，WWWがコーパスとして使い物になることを確認していきたい．そのような問題の一つとして外来語のゆれの問題を取り上げることにする．

なお，本章では「語形のゆれ」として「バ」と「ヴァ」の問題を取り上げるが，資料として書かれたものを使うので，現象としては「表記のゆれ」ということになる．「語形のゆれ」は，厳密にいえば発音のゆれのことであるが，ここでは，表記のゆれを発音のゆれとみなして「語形のゆれ」としておく．しかし，「ヴァ」で表記されたからといって「ヴァ」で発音されているとは必ずしもいえない点は注意が必要である．

6.2　WWWの調査方法

以下では「バ，ビ，ブ，ベ，ボ」が使われている語形を「バ語形」，「ヴァ，ヴィ，ヴ，ヴェ，ヴォ」が使われている語形を「ヴァ語形」と呼ぶことにする．

実際の資料では,「ヴァ, ヴィ, ヴェ, ヴォ」と小書き仮名ではなく,「ヴア, ヴイ, ヴエ, ヴオ」とする事例も見られる (「ヴアイオリン」「ヴイクトリア」「ヴエルサイユ」) が,これらは無視することにした.ヒット件数がごく小さいということが主な理由であるが,これらが書かれたとおりに発音されるとすると,バ語形とだいぶ違った発音になる点も考慮した上での判断である.なお,「ビャ, ビュ, ビョ」と「ヴャ, ヴュ, ヴョ」のゆれは今回は扱わないことにした.

考えられるたくさんの単語について,「バ語形」と「ヴァ語形」がそれぞれ何例ずつあるのか, goo のウェブ検索で検索した. goo の検索エンジンを利用した理由は, Google や Yahoo! よりも, goo のほうが, 返されるヒット件数が安定しているためである. 検索にあたっては各検索語を " " でくくって指定した.

語形のリストアップにあたっては, 検索窓に「ヴァ」を入れていろいろな候補が上がってくるものの中からピックアップしたり, 内省で思いつく単語を書き出したりした. ただし, 原語でBとVの両方の語形があるもの (たとえば best と vest) は調査対象から外すことにした. 検索エンジンのヒット件数は, しばしば不安定になるので, バ語形とヴァ語形でゆれがありそうなものをなるべくたくさんリストアップし, バ語形とヴァ語形のそれぞれを goo で検索し, ヒット件数を記録することにした.

ここで示す結果は 2013 年 5 月 14 日から 2013 年 6 月 26 日にかけて収集したものである.

6.3 WWWの調査結果

「ヴァ比率」(つまり「ヴァ語形」のパーセンテージ) を

$$\frac{(ヴァ語形の件数)}{(バ語形の件数) + (ヴァ語形の件数)} \times 100$$

で求める. 小数点第2位を四捨五入する.

ヴァ語形の比率順に (高いほうから) 語形を並べ替えたのが表 4.7 である. 表中には, バ語形を示していないが, ヴァ語形がわかればバ語形は簡単に推定できる. ヴァ, ヴィ, ヴ, ヴェ, ヴォのすべてをバ, ビ, ブ, ベ, ボに置き換えた語形ということである.

表 4.7 バ語形とヴァ語形のヒット件数とアルファベット表記

ヴァ比率 (%)	ヴァ語形	バ語形のヒット件数	ヴァ語形のヒット件数	アルファベット表記
88.8	ヴィヴィッド	1,550,000	12,300,000	vivid
77.4	ヴァンパイア	448,000	1,530,000	vampire
76.0	ヴェルサーチ	91,000	288,000	Versace

72.7	ヴィクトリア	744,000	1,980,000	Victoria
72.0	デジャヴ	139,000	358,000	déjà-vu（仏語）
66.4	ヴィンテージ	2,070,000	4,090,000	vintage
60.2	ベートーヴェン	320,000	484,000	Beethoven
58.8	イヴ	1,490,000	2,130,000	Eve
50.8	ヴェネチア	270,000	279,000	Venezia（イタリア）
47.6	ラヴィアンローズ	32,200	29,300	La Vie en rose（仏語）
47.0	ヴィレッジ	1,160,000	1,030,000	village
45.6	ヴェール	1,060,000	889,000	veil
45.0	ヴァージン	1,110,000	907,000	virgin
42.0	ヴァイオリン	1,410,000	1,020,000	violin
41.4	ビリーヴ	104,000	73,500	believe
39.2	ネヴァー	261,000	168,000	never
37.9	ヴィオラ	481,000	293,000	viola
37.5	ヴェニス	200,000	120,000	Venice
31.2	ヴィクトリー	665,000	302,000	victory
28.4	ヴォーカル	3,800,000	1,510,000	vocal
20.8	ヴェルサイユ	521,000	137,000	Versailles（仏語）
15.5	ヴァイオレット	694,000	127,000	violet
12.6	ヴァレンタインデー	99,500	14,300	Valentine Day
11.7	ナイーヴ	209,000	27,700	naive（仏語）
10.8	ヴァニラ	2,400,000	290,000	vanilla
10.5	ヴォルケーノ	108,000	12,700	volcano
10.2	ヴェルヴェット	621,000	70,200	velvet
10.0	エヴァー	1,290,000	143,000	ever
9.8	ヴォイス	4,970,000	537,000	voice
9.4	オクターヴ	243,000	25,200	octave（仏語）
9.2	ヴァカンス	695,000	70,300	vacances（仏語）
6.7	ヴォルテージ	273,000	19,600	voltage
6.3	ラヴ	14,400,000	973,000	love
6.1	ヴァレンシア	403,000	26,100	Valencia
4.4	ヴァイヴレーション	419,000	19,100	vibration
4.3	ヴァイタル	401,000	18,000	vital
3.6	ファイヴ	2,730,000	102,000	five
3.2	ヴァイオレンス	622,000	20,500	violence
3.0	ヴォレー	267,000	8,240	volley
2.9	ポジティヴ	1,950,000	58,500	positive
2.8	ネガティヴ	1,770,000	51,600	negative
2.5	カヴァー	24,100,000	620,000	cover
2.1	オーヴァー	9,980,000	215,000	over
2.1	ヴァイキング	3,700,000	79,700	the Vikings
2.1	オリーヴ	4,150,000	87,500	olive
1.7	アクティヴ	4,320,000	75,700	active
1.4	ヴァケーション	922,000	13,400	vacation
1.4	ウエイヴ	74,800	1,060	wave
1.4	スリーヴ	2,800,000	38,800	sleeve
1.3	ヴェネズエラ	705,000	9,310	Venezuela
1.3	ラスヴェガス	1,130,000	14,700	Las Vegas
1.1	ドライヴ	20,100,000	214,000	drive
0.9	ヴォルト	3,690,000	34,800	volt
0.9	クリエイティヴ	6,510,000	58,300	creative
0.7	ヴォキャブラリー	244,000	1,620	vocabulary
0.6	レヴュー	61,400,000	362,000	review
0.5	アドヴァイス	15,500,000	77,500	advice
0.5	アドヴェンチャー	4,270,000	19,600	adventure
0.4	ヴェジタブル	575,000	2,020	vegetable
0.3	ヴァンクーヴァー	1,030,000	3,600	Vancouver
0.3	レシーヴ	145,000	438	receive
0.3	ヴァラエティー	1,750,000	5,230	variety
0.3	ヴィデオ	30,700,000	85,700	video

第6章　外来語の語形のゆれ (2) ―「バ」と「ヴァ」―

0.3	ヴァキューム	1,000,000	2,670	vacuum
0.3	ヴェランダ	3,520,000	9,020	veranda
0.2	ヴァイアグラ	761,000	1,870	Viagra
0.1	ミニヴァン	1,390,000	1,960	mini van
0.1	ヴェンチャー	4,120,000	4,930	venture
0.1	ヴェクトル	1,560,000	1,670	vector
0.1	ヴォランティア	7,880,000	8,130	volunteer
0.1	ヴァルブ	2,890,000	2,680	valve
0.1	ダイヴィング	3,340,000	2,690	diving
0.1	トラヴェル	20,700,000	10,800	travel
0.0	ヴァレーボール	3,200,000	82	volleyball

6.4　調査結果からいえること

6.4.1　バの表記が圧倒的に高い場合が多い

表4.7の下のほうにある語はバ語形のヒット件数が非常に大きく，すでにバ語形が日本語に定着している（バ語形の形で固定的に使われる）語である．古くから（といっても明治以降であるはずだが）日本語に入り，バで定着したものがたくさんあることを意味している．ヴァ語形は，最近使われ始めているが，すでに定着したものを押しのけるほどの力はない．

語形のゆれがあったとき，もしも，一方が他方よりも少しでも自然と考えられる場合，実際に使う場面では自然なほうを使うと考えられる．したがって，このような大きな偏りが出やすい．質問調査法でゆれている語形に関して自然かどうかを尋ねるような場合（特に，どちらが自然かと尋ねるのでなく，両語形のそれぞれに関して2回自然さを尋ねるような場合），両方とも自然だという結果になる場合もあるが，WWWは言語使用の結果であるので，文章を書く場合は，複数のゆれがある場合でもどれか一つしか書けない．そこで，少し自然さに差がある場合にはWWWのヒット件数に大きな差が付き，表4.7のヴァ比率のように1%にも満たないものが続出するようなことになるのであろう．

6.4.2　ヴァ比率が高いものは，それぞれ特徴がある

表4.7の上のほうにある語形は，ヴァ表記が相対的に多いものであるが，ヴァ表記が圧倒的に多いわけではなく，ヴァの表記とバの表記がゆれていると見られる．これらは，以下のような特徴がある．

(1) 音楽関係の語が多い

ヴァ比率60.2%のベートーヴェン，42.0%のヴァイオリン，37.9%のヴィオラなどが該当する．28.4%のヴォーカル，9.4%のオクターヴなども含めて考えてもいいかもしれない．

音楽関係（特にクラシック系）ではヴァ語形が好まれる傾向があるといっ

てよい．クラシックを聴くことが好きな人は，そうでない人よりは外国語に親しんでいることが多いというようなことがありそうだ．

(2) 地名や人名が多い

地名としては，ヴァ比率 50.8％のヴェネチア（イタリア語形），37.5％のヴェニス（英語形），20.8％のヴェルサイユ（フランス語形）などがある．

人名としては，ヴァ比率 76.0％のヴェルサーチ，72.7％のヴィクトリア，58.8％のイヴなどがある．

ただし，ヴェルサーチはブランド名の性格が強く，ヴィクトリアとイヴは，実際に使われた用例にあたってみると，多様なものを指す語である．しかし，人名の割合が多かったことから，ここでは人名と考えておくことにする．

(3) 英語以外からの外来語はヴァの表記を残す場合がある

ヴァ比率 72.0％のデジャヴや 47.6％のラヴィアンローズのようなフランス語，50.8％のヴェネチアのイタリア語のように，英語以外が原語の外来語はヴァ語形がかなり使われる傾向がある．

英語以外からの外来語は，日本語に入ってきたのが新しいという語感がある．Vを含む語は，古くはバ語形で受け入れたものが，最近はヴァ語形で受け入れるようになってきたということを表していると考えられる．

なお，もともと英和辞典に載っている語を調べたのだが，そこには，フランス語やイタリア語の単語がそのまま載っていた．英語の文脈でもそのまま（外来語として）使われる傾向があるということだろう．日本語に入ってきたとき，それらがフランス語やイタリア語として（フランスやイタリアから）入ってきたのか，英語を通して（英語圏の国々から）入ってきたのかは，わからない．

「ベートーヴェン」なども，もともとのドイツ語発音では「ベートーフェン」のはずである．日本語で英語流発音をしているということは，ドイツ語からというよりは英語からの外来語として日本語に入ってきた可能性が高いということになる．

(4) ヴィヴィッドは，新しい意味で使われることが多い

ヴァ比率 88.8％と今回の単語群で最高のヴァ比率を示したヴィヴィッドであるが，用例を調べると，形容動詞用法（ヴィヴィッドな，ヴィヴィッドに）はあまりなく，音楽グループ名，会社名（の一部）などが多かった．もっとも，バ語形「ビビッド」の用例を調べると，こちらも形容動詞用法が多いわけではなく，さまざまな複合語の一部としての用法が目立つ結果になった．ヴァ語形もバ語形も，伝統的な形容動詞用法というよりは，新しい命名法として使われる場合が多いと見られる．そういう新しい命名としてはバ語形よりもヴァ語形が多く用いられているものと見られる．

(5) ヴァンパイアも，多様な意味で使われる

ヴァ比率 77.4％のヴァンパイアであるが，もともとの「吸血鬼」という意味で使われる場合は少なく，ゲーム名，ゲームキャラクター名（の一部），テ

レビ番組名（の一部），映画のタイトル，曲名などさまざまな意味で使われており，「ヴァンパイア」が語構成要素になっているととらえられる．その場合，ヴァンパイアに「吸血鬼」の意味が残っている場合が多いのだが，単純にそのまま「吸血鬼」の意味で使われているというのとは違った状況である．

6.5 「バ」と「ヴァ」の関係

日本語では，外来語のV音は，古くからバ語形で受け入れてきた．日本語として定着してしまった外来語では，ヴァ語形が使われることがほとんどない．ところが，最近は，外来語のV音をヴァ語形で受け入れる場合が多くなってきた．音楽関係，地名，人名などからヴァ語形が使われ始め，だいぶ浸透してきている．また，バ語形で定着している場合でも，あえてヴァ語形を使うことで，今までのバ語形の意味とは若干異なったものを指すような傾向も認められる．新しい意味で使いたいと感じるからヴァ語形で表現するということなのだろう．いいかえると，ヴァ語形は複合語で使われやすいという面がある．

これらの傾向は，WWWが普及する前からの傾向であろう．本章では，このような日本語の変化の一側面をWWWで比較的手軽に確認できるということを述べた．

第5部　応用編

先行研究を検証してみよう

　ここでは，先行研究でいわれていることを WWW を用いて確認することを試みる．
　荻野が日本大学での授業で学生諸君にレポートとして課したことがまさにこれであった．学生諸君の提出したレポートをそのまま収録するわけにもいかないので，学生諸君が選んだテーマはそのままとしつつも，WWW の検索から結果の考察まで，全面的にやり直すことにした．結果的に，学生諸君のレポートを荻野が再度確認してみたことにも該当する．
　レポートは，いきなり書くのではなく，最初に調査計画を出してもらい，荻野がこの計画で結果が出そうだと判断したら OK と伝え（さもなければ計画を書き直したり，別のテーマにしたりして），それから調査を実行し，受講者の前で中間発表を行い，荻野がコメントし，最終的にレポートにまとめたものである．

第1章　レポートの課題

レポート課題は，次のようなものであった．

> 　適当な日本語学の論文を取り上げ，そこに書いてあること（言語事実）を WWW を検索して確認せよ．
> ・分野は，文法論，意味論，語彙論，文字論，方言学，社会言語学，……など，（現代）日本語に関連するものであれば，何でもよい
> ・検討対象論文の全体を調べる必要はなく，その一部でよい．論文に書いてあることに反論するタイプのものを歓迎する
> ・どの論文を取り上げるのか，出典情報を明記する
> ・論文の刊行年は過去 20 年とする
> 　論文を探す場合は，CiNii や 国立国語研究所の「日本語研究・日本語教育文献データベース」[*1] を利用するとよい．
> 　計画段階で，実際には，予備的に WWW で検索して，可能かどうか自分で確認するとよい．
> 　アンケート（質問調査）型の調査・研究は取り上げない．WWW 検索で，簡単に確認・反論できる性質のものでないからである．

[*1] http://dbms.ninjal.ac.jp/bunken/data/　http://www.ninjal.ac.jp/database/bunken/

論文は，言語事実を述べ，そこから言えることを解釈し論述するスタイルで書かれていることが多い．解釈・論述の部分は，反論や確認がむずかしい場合が多く，これはレポートの題材になりにくい．一方，言語事実の部分はWWWの検索で反論や確認できる場合が多い．

第2章 「亡くなる」は動物に使わないのか

2.1 調査の概要

対象論文は井上史雄（2003.6）である．検証部分は以下の2点である．

① 「亡くなる」は動物には使わない．
② Googleでインターネットの検索をすると，「犬・猫・馬が亡くな」るという例が数件ずつ出た．（中略）しかし，パンダや牛，虫は「亡くな」るの用例ゼロ．

調査内容としては，現在のgooで「○○が亡くなる」を検索し，「『亡くなる』は動物には使わない」の部分を確認することにした．Googleでなく，gooを使うのは，日本語の検索エンジンとしてはGoogleのほうが結果が不安定なためである．

具体的な検索の手順であるが，「犬」「猫」「馬」「パンダ」「牛」「虫」「カブトムシ」のそれぞれについて，「"○○が亡くなる"」「"○○が亡くなった"」「"○○が亡くなって"」の3パターンでgooで検索した．フレーズ検索を行ったということである．

2.2 調査結果

調査結果を表5.1に示す．

表5.1 「動物が亡くなる」の検索結果

	亡くなる	亡くなった	亡くなって
犬	367 (0)	1,960 (0)	1,370 (0)
猫	507 (0)	3,960 (0)	1,470 (0)
馬	57 (2)	92 (10)	76 (1)
パンダ	8 (0)	54 (0)	38 (0)
牛	2 (0)	15 (0)	10 (0)
虫	8 (0)	2 (0)	2 (0)
カブトムシ	0 (0)	4 (0)	5 (0)

（　）内の数字は，上位100例中の不適例の数である．

2.2.1 犬，猫

通常の検索で不適例の割合が低いことや，数千件の用例が見つかることから，WWW 上では十分使用されている表現だといえる．

実際の用例を見ると，愛犬家や愛猫家が「うちの猫が亡くなった時」というように使う用例が目立つ．また，ペットの飼い方についての質問・回答サイトや，自治体が「ペットが亡くなった時の手続きについて」説明するページなどもヒットする．これらのことから，ペットを飼っている人たちの周辺ではネット上に限らず「犬・猫が亡くなる」という表現が比較的よく使われているのではないかと考える．

2.2.2 馬

不適例が多いものの，それを差し引いても 200 件以上の用例がある．

ほとんどの場合，亡くなるのは「競走馬」である．そのため，「"馬が亡くなる"」というフレーズ検索の件数はあまり多くないが，「(具体的な競走馬名) が亡くなる」という形なら多くの用例が見つかる．

競馬という特定のジャンルに偏ってはいるものの，確実な用例が多数ある以上「馬に亡くなるは使わない」とは言い切れない．

2.2.3 パンダ

100 件ほどの用例がある．日本人にとってパンダが「亡くなる」といえば，動物園のパンダである．その数が限られているためか，「"パンダが亡くなる"」というフレーズ検索よりも，「ランランが亡くなって」といった具体名での用例がたくさんある．すべて確かめたわけではないが，日本国内で死亡したパンダの固有名詞で一通り検索すれば，パンダに対して「亡くなる」を使っている用例は数百件以上集まるのではないか．

2.2.4 牛

「亡くなる」は使うというべきか，使わないというべきか，判断がむずかしい．27 件という用例数は，判断に迷う．

2.2.5 虫

「虫」ではほとんどが不適例であった．しかし「カブトムシ」「クワガタ」など，人に飼われることの多い具体的な虫の名前で検索するとより多くの用例が見つかる．表 5.1 には「カブトムシ」を載せておいた．

昆虫に対して「亡くなる」を使うのか，という点を確認するために，井上は「虫」という検索語句を選んだが，「虫」は実際の用例にそぐわない不適切な検索語句だった可能性がある．

2.3 結論

井上の調査結果は正しくない．犬や猫などのペットを中心に，「亡くなる」が動物に対して使われることは普通にあることである．

井上が間違った結論に至った理由の一つとして，「○○が亡くな」までしか入力しない検索方法が当時の Google の検索エンジンの使い方として不適切で，正しい検索結果が得られなかったことがあるように思う．当時でも，「亡くな」のような単語の一部では，完全な検索はできなかった．一見できるように見える（実際，検索できる）が，それは，ごく一部の例外的な事項であって，何らかの理由で「亡くな」の次に空白などの区切りが入ってしまったようなものが検索されたのである．

なお，表記のゆれも考慮して「犬」のところは「いぬ」「イヌ」も調べるべきだったし，「亡くなる」は「なくなる」も調べるべきだった．しかし，それらを組み合わせて調査するとなると，けっこう大変な作業になるので，ここでは省略した．

第 3 章 ニセ方言の使用状況

3.1 調査の概要

取り上げる論文は，田中ゆかり（2007.11）である．ここで，「ニセ方言」が使われるようになっているという記述があるので，WWW で調べてみることにした．

調査方法であるが，goo ブログ検索を用いた．方言というのは基本的に話し言葉であると考えられるので，より話し言葉に近いと思われるブログに限定して検索することにした．

ニセ方言の調査対象として，ニセ関西弁の中からは「～やん」「～やろ」「なんでやねん」を，ニセ東北弁からは「～だべ」「～っぺか」「～んだども」を，ニセ九州弁からは「～でごわす」を，ニセ中国方言からは「～じゃけん」を代表として調べることにした．

これらを goo でブログ検索し（" "でフレーズ検索を指定する），全ヒット件数を確認するとともに，そのうちの先頭 100 件を 1 例ずつ見ていき，方言としての使用か否かを確認した．次に，方言としての使用の中から本方言，ジモ方言（地元で使われているものの普段は使わない方言）を除外してニセ

方言の例数を数えた．本方言，ジモ方言は，以下のものであると考えた．
1. 本文中にその表現以外にもその地域の方言が使われているもの
2. 本文中に地名が出てきており，書き手がそこの地域の出身であると推測できるもの

3.2 調査結果

表5.2は，それぞれの方言語形を検索したときの全ヒット件数と，先頭100例を調べた際の方言使用とみなされる件数，およびその中のニセ方言と考えられる件数である．

表5.2の結果に基づいて，全ヒット件数をもとに，方言使用と考えられる全件数，ニセ方言と考えられる件数を表5.3に示した．さらに，方言使用全体に対するニセ方言の割合も示した．

表5.2 ブログの方言語形の使われ方

検索した方言語形	全ヒット件数 例数	先頭100例中	
		方言使用 例数	ニセ方言
「やん」	1,600,000	74	24
「やろ」	1,400,000	96	35
「なんでやねん」	54,000	86	69
「だべ」	18,000	10	10
「っぺか」	524	92	42
「んだども」	742	71	46
「でごわす」	18,000	100	90
「じゃけん」	13,000	56	28

表5.3 方言語形全体に対するニセ方言の割合の推測値

使用地域	検索した方言語形	方言使用推測件数	ニセ方言推測件数	ニセ方言の割合
関西	「やん」	1,184,000	384,000	0.3243
関西	「やろ」	1,344,000	490,000	0.3646
関西	「なんでやねん」	46,440	37,260	0.8023
東北	「だべ」	1,800	1,800	1.0000
東北	「っぺか」	482	220	0.4564
東北	「んだども」	527	341	0.6471
九州	「でごわす」	18,000	16,200	0.9000
中国	「じゃけん」	7,280	3,640	0.4753

3.3 結論

ニセ方言の割合の傾向を比べてみると，地域差というべきものは見あたらない．同じ地域でも，語ごとに傾向が異なると見るべきである．同じ関西でも「やん」や「やろ」はニセ方言の割合が低い．つまり，本方言，ジモ方言

として使われることが多い．しかし，「なんでやねん」はニセ方言の割合が高い．

中国方言の「じゃけん」は，地元出身者が使っている傾向が強く，「ほいとうぼうなんじゃけぇ～」↑これ広島弁じゃけん（´艸｀）」[*1]のように広島，あるいは岡山など，出身地の方言であることを意識して使っていることが多かった．

逆に，「だべ」という東北方言は「東京は厳しい街　だべ……（どこの方言？）」[*2]のようにどこの方言なのか意識されず，ただどこかの方言という意識によりニセ方言として使われている傾向がある．

「～やん」「～やろ」「～じゃけん」のようにニセ方言としてはそこまで広がっていないものの，地元方言としては根強く使われている言葉がある一方，「～だべ」のように使い勝手がよく，地元方言としてはともかくニセ方言としてはよく使われる言葉もある．それぞれの言葉によって，さまざまな用いられ方をしていることがわかった．

全体として，ブログ記事の中には一定数の「ニセ方言」が混じっていることがわかったことは興味深いことであった．

[*1] http://blog.livedoor.jp/mokonomama/archives/65074620.html

[*2] http://redhotchilipeppersfan.g.hatena.ne.jp/asouya/20080418

第4章　犬に「ちゃん」は付けない

4.1　調査の概要

取り上げた論文は，井上史雄（2003.6）である．この中で「まず犬に「ちゃん」は付けない」としている．このことを検証してみよう．使用した検索エンジンは goo である．

犬に本当に「ちゃん」を付けないか，犬の名前ランキング上位3位の名前を検索し，犬に関して掲載しているサイト100件中で「ちゃん」を付けている件数を調べる．また，上位3位の名前に「ちゃん」をつけて検索し，上位100件中何件が犬関連のサイトか調べる．

犬の名前ランキングは，アイリスペットどっとコムの犬の名前ランキング2011[*1]を使用した．

このランキングによると，犬の名前として多いのは，以下の3種類である．
　　1位　モモ　　2位　サクラ　　3位　チョコ

[*1] http://www.iris-pet.com/wan/event/ranking2011/ranking.html

4.2 調査結果

4.2.1 犬の名前を検索し,「ちゃん」が付くかどうかを見る

[1]「"モモ"」で検索し,検索結果の中から犬を指しているものだけ100件を調べる予定だったが,検索結果が331件までしか表示できず,表示できた中でモモが犬を指していたものは44件のみだった.44件中「ちゃん」を付けるのが5件,「ちゃん」を付けないのが39件だった.

[2]「"サクラ"」で検索し犬を100件調べるはずだったが,検索結果の表示が378件までしかなく,犬についてのヒットは6件のみだった.6件中「ちゃん」を付けるのが2件,「ちゃん」を付けないのが4件だった.

[3]「"チョコ"」で検索し,同様に357件の表示の中で犬のチョコを指していたものは21件のみで,21件中「ちゃん」を付けるのが5件,「ちゃん」を付けないのが16件だった.

これらの結果から,「ちゃん」を付けない場合のほうが,付ける場合よりも多いということがわかった.しかし,「ちゃん」を付ける場合が少ないとしても,合計12件ほどはあるので,犬の名前に「ちゃん」は付けないと断定することには疑問が残る.

4.2.2 「犬の名前+ちゃん」を検索し,それが犬を指していることを確認する

[1]「"モモちゃん"」を検索し,156,000件の先頭100件を調べる.

犬	30(すべてメス犬であった)
猫	11
ウサギ	2
モモンガ	2
ウーパールーパー	2
インコ	1
本	25
人	17
キャラクター	7
保育園	2
車	1

[2]「"サクラちゃん"」で検索し,41,300件の先頭100件を調べる.

犬	40(すべてメス犬であった)
猫	11
インコ	6
トカゲ	3
ウサギ	2
豚	1

猿	1
人	16
キャラクター	17
植物の桜	1
不適例	2

[3]「"チョコちゃん"」で検索し，61,700 件の先頭 100 件を調べる．

犬	62（オス犬もいるがメス犬が多かった）
猫	8
ウサギ	1
インコ	3
人	12
キャラクター	6
チョコレート菓子	4
トマト	1
不適例	3

なお，これら 3 種類の名前が犬を指す場合，すべてのブログで，女性がブログ運営を行っていた．

犬の場合，メスだと「ちゃん」がつきやすいかもしれない．そこで，オスでも「ちゃん」を付けるかどうか，犬の名前ランキングオス 1 位の「レオ」で調べた．"レオ"で検索し，2,070,000 件の中で犬を指しているもの 100 件を調べる予定だったが，レオの検索結果が 270 件までしか表示されなかったため，その中で犬を指すものをチェックすると 33 件だった．この 33 件中「ちゃん」を付けるのが 4 件，「ちゃん」を付けないのが 29 件であった．この 29 件はすべてオスの犬であった[*1]．

つまり，犬の性別にはほとんど無関係に，犬の名前に「ちゃん」を付けることがあるということであった．

4.3 結　論

はじめに「"モモ"」「"サクラ"」「"チョコ"」の「ちゃん」を付けないで検索したところ，犬に関して書かれているサイトのうち，「ちゃん」を付けていないサイトがそれぞれ多数を占めていた．「ちゃん」を付けるのは少数であった．

次に「"モモちゃん"」「"サクラちゃん"」「"チョコちゃん"」で調べたところ，上位 100 件の中に犬に関するサイトが 4 割くらい存在していた．

また，「ちゃん」を付けているサイトの一部では，自分の飼っている犬ではなく他人の犬に「ちゃん」を付けているものもあった．

そして，「ちゃん」を付けて呼ばれている犬は，メスである場合が多く，飼

[*1] 「レオちゃん」4 件の性別も確認するべきだったが，レポート提出時から 6 年経ってしまって現在では確認できない．2014 年 2 月現在，「"レオちゃん"」を検索し，その中で「犬」を指すものをピックアップすると，37 件ある．その中で，オスが 11 件，メスが 4 件，不明その他が 22 件となった．

い主も女性である場合が多かった．しかし，オスで1位の「レオ」で調べたところ，オスにも「ちゃん」を付けていることがわかった．この結果から，犬に「ちゃん」を付ける場合は，犬のオスメスは関係がないが，飼い主が女性の場合に「ちゃん」が付く場合が多いことがわかった．

また，そのほかにも，犬以外の動物に対しても「ちゃん」を付けている例が存在していた．

これらの結果から，ペット全般に「ちゃん」を付けることは一般化しており，犬に「ちゃん」を付けることも例外ではなく，飼い主の個人差や性差はあるが，一般に浸透しているといえる．したがって，犬に「ちゃん」は付かないという井上の意見は正しくないと考える．

第5章 「こんな」類と「こういう」類の位置名詞との共起

5.1 調査の概要

対象論文は岡部寛（1994.3）である．検証部分は以下である．

「こういう」類は位置関係を示す名詞とは共起しない．しかし，「こんな」類とは共起する．

ただし，「こういう」類というのは「こういう」「そういう」「ああいう」「どういう」のことであり，「こんな」類とは「こんな」「そんな」「あんな」「どんな」のことである．また「位置関係を示す名詞」とは「前」「後」「左」「右」「上」「下」「横」「東」「西」「南」「北」のことである．

調査方法としては，「こんな」「こういう」「そんな」「そういう」「あんな」「ああいう」「どんな」「どういう」に位置名詞を組み合わせ，それぞれを goo で検索した．

今回の調査では，「こんな」類と「こういう」類が，それぞれ，位置関係を示す名詞を修飾しているものを対象とした．そのため，位置関係を示す名詞がその意味で使用されていなかった場合（人名，地名など）は対象外とした．また，「こう＋いう」（「いう」が本動詞）のような使用例も対象外とした．

5.2 調査結果

「こんな」類と，「こういう」類のそれぞれの検索件数と 100 例中の使用例

の数を調査した．「"こんな前"」のようにフレーズ検索を指定した．検索結果をそれぞれ表5.4, 5.5に示す．

カッコの中の数は，100例中の使用例の数を示している．該当件数は，100例中の使用例の数から推測したものである．

表5.4 「こんな」類の検索結果

		前	後	横	上	下	左	右
こんな	検索件数	約10,200 (64/100)	約2,050 (32/100)	約1,110 (43/100)	約14,100 (30/100)	約20,900 (29/100)	約313 (31/100)	約829 (28/100)
	該当件数	約6,528	約656	約477	約4,230	約6,061	約97	約232
そんな	検索件数	約41,000 (59/100)	約5,560 (43/100)	約3,330 (31/100)	約23,800 (12/100)	約16,400 (11/100)	約749 (14/100)	約1,330 (24/100)
	該当件数	約24,190	約2,391	約1,032	約2,856	約1,804	約105	約319
あんな	検索件数	約2,430 (60/100)	約412 (50/100)	約345 (63/100)	約5,090 (84/100)	約3,900 (55/100)	約135 (25/100)	約139 (43/100)
	該当件数	約1,458	約206	約213	約4,276	約2,145	約34	約60
どんな	検索件数	約1,130 (9/100)	約456 (8/100)	約98 (8/98)	約2,110 (11/100)	約2,290 (1/100)	約27 (4/27)	約56 (13/56)
	該当件数	約102	約36	約8	約232	約23	約4	約1
		東	西	南	北			
こんな	検索件数	約866 (35/100)	約490 (40/100)	約1,610 (59/100)	約2,340 (31/100)			
	該当件数	約303	約196	約949	約725			
そんな	検索件数	約3,180 (1/100)	約2,560 (2/100)	約4,700 (8/100)	約4,390 (9/100)			
	該当件数	約31	約51	約376	約395			
あんな	検索件数	約46 (15/46)	約41 (16/41)	約444 (38/83)*	約281 (42/88)*			
	該当件数	約15	約16	約38	約42			
どんな	検索件数	約51 (2/51)	約28 (2/28)	約80 (9/56)	約118 (9/51)*			
	該当件数	約2	約2	約9	約9			

( ) 内は使用例の割合．
*検索件数が大きい場合でも，100例を調べようとすると，100例未満しか調べられない場合があった．そのときはカッコの中の分母の数値が100未満になる．また，分子の数値がそのまま「該当件数」になる．

表5.5 「こういう」類の検索結果

		前	後	横	上	下	左	右
こういう	検索件数	約4,340 (12/100)	約2,310 (32/100)	約1,320 (46/100)	約4,060 (52/100)	約4,500 (29/100)	約135 (21/100)	約343 (42/100)
	該当件数	約520	約739	約745	約2,111	約1,305	約28	約144
そういう	検索件数	約4,030 (42/100)	約1,900 (43/100)	約861 (64/100)	約3,920 (65/100)	約4,330 (30/100)	約93 (15/93)	約172 (37/100)
	該当件数	約1,693	約817	約551	約2,548	約1,299	約15	約64
ああいう	検索件数	約54 (16/54)	約40 (17/40)	約36 (19/36)	約247 (34/71)	約209 (3/67)	約14 (5/14)	約22 (12/22)
	該当件数	約16	約17	約19	約34	約3	約5	約12
どういう	検索件数	約101 (5/59)	約37 (1/37)	約19 (11/19)	約38 (15/38)	約48 (2/48)	約2 (0/2)	約3 (1/3)
	該当件数	約5	約1	約11	約15	約2	0	約1

		東	西	南	北
こういう	検索件数	約 144 (6/75)	約 42 (9/42)	約 178 (40/100)	約 332 (13/100)
	該当件数	約 6	約 9	約 71	約 43
そういう	検索件数	約 313 (9/100)	約 88 (16/61)	約 137 (20/85)	約 275 (13/100)
	該当件数	約 28	約 16	約 20	約 36
ああいう	検索件数	約 5 (0/5)	約 6 (0/6)	約 9 (6/9)	約 13 (6/13)
	該当件数	0	0	約 6	約 6
どういう	検索件数	約 11 (0/11)	約 3 (0/3)	約 4 (0/4)	約 9 (0/9)
	該当件数	0	0	0	0

（　）は使用例の割合．

5.3 結論

　「こんな」類，「こういう」類ともに「東西南北」と共起している使用例は少なかった．東西南北は，座標の基準が「地上」であり，他の位置名詞が「自分自身」であることを考慮すると，他の位置名詞とは性格が違うようである．

　表から，位置関係を示す名詞それぞれで使用例の数に違いがあることがわかる．「左右」がやや少ない．

　「こういう」類と「こんな」類と比較すると，「こういう」類の使用例は少なめだった．しかし，数千件あると考えられるものもいろいろあり，原論文でいう「「こういう」類は位置関係を示す名詞とは共起しない」という考えは，厳しすぎるようだ．

　なお，具体例にあたって見ていくと，「こんな」類は，位置関係を示す名詞の程度を強調するために使用されている例が多かった．また，「こういう」類は位置関係を示す名詞を修飾しているというよりは，前の文章を説明する指示語として使用されている例が多かった．ここの判定のしかたによっては，原論文の主張が正しいということにもなりうる．もう少し厳密に「修飾」について分類・判定するようにすべきだった．

第6章　ゼッケンからナンバーカードへの変遷

6.1　調査の概要

対象論文は清水泰生（2006.12）である．検証部分は

1994年に（財）日本陸上競技連盟が，国際陸上競技連盟のルールブックや欧米の競技会の用語に合わせて通称「ゼッケン」と呼ばれる番号布から「ナンバーカード」に用語を変えた．

である．

論文中では，一般紙・スポーツ紙ではゼッケン，陸上競技・テレビの中継ではナンバーカードが多く使われ，番号布，番号票，ビブスはほとんど使われていないとまとめられている．

ではWWW上ではどうなのか．gooで，「ゼッケン」「ナンバーカード」「ビブス」「番号布」「番号票」をそれぞれウェブ検索する．

6.2　調査結果

検索の結果から，それぞれ上位100件までの用例を見てみる．

"ゼッケン"	424,000件	上位100件中
ゼッケンメーカーや販売ページなど		44件
スポーツ（バドミントン，マラソンなど）		22件
「できますゼッケン」		8件
辞書など		8件
アイドルグループが着用したゼッケン		2件
不適例（スポーツ以外）		24件

「できますゼッケン」とは，被災地支援ボランティアができることを書いて身に付けるゼッケンのことである．不適例のうち，ゼッケン屋という同人サークルが12件ヒットした．現在も，「ゼッケン」がしっかり使われている状態であることがわかる．

"ビブス"	110,000件	上位100件中
メーカーや販売ページなど		76件
スポーツ（サッカー，フットサル）		10件
辞書など		10件

| ゼッケンを贈るプロジェクト | 2件 |
| 動画 | 2件 |

　販売しているビブスも，サッカーやフットサルのものが圧倒的だった．スポーツの中でも狭い分野だけに使われる言い方であることがわかる．

"ナンバーカード"	56,600件　上位100件中
マラソンなど陸上競技	46件
メーカーや販売ページなど	28件
参照例	6件
WIKIや辞書	2件
その他	14件
開けないもの	2件

　その他のうち6件は，アイドルグループAKB48選抜総選挙用ナンバーカードであった．ナンバーカードは陸上競技でよく用いられている．中でもマラソンが多いようである．

"番号布"	114件　上位100件中
健常者用スポーツ	62件
身障者用スポーツ	10件
WIKIや辞書など	8件
販売サイト	2件
その他・不適例	16件
開けない	2件

　番号布は身障者用のスポーツ（マラソン，駅伝，スキーなど）で使われることがある．ただし，用例数では健常者用スポーツの用例が多いが，もともと，健常者のほうが身障者よりも多数を占めるから，話題になりやすいということが影響していよう．

　「"番号票"」（2,860件）の上位100件には陸上やスポーツ分野の使用例が見られなかった．受験票や求人，病院などでの受付番号が多くヒットした．

6.3　各語の使用状況

　ゼッケンは今回調べたバリエーションの中ではもっとも幅広く使用されていた．

　ビブスはスポーツの中でも特にサッカー，フットサル関連での使用が目立った．

　ナンバーカードは特にマラソン関連での使用が目立ち，市民マラソンで競技者側は「○○マラソンのナンバーカード（引換券，通知書）が届いた」といった記述が多く，主催者側では注意やナンバーカードを利用して参加者の氏名，順位，タイムといった情報開示していることが多かった．

番号布では意外な結果が出た．検索件数それ自体は他の言い方の足元にも及ばないが，なぜか障害者を対象としたスポーツの大会ではよく使われている．これは他の言い方には見られない傾向である．

番号票は検索結果の上位100件にスポーツに関連した使用が1件も見られなかった．

また，ナンバーカードと番号布は，「ナンバーカード（ゼッケン）」「番号布（ゼッケン）」または「ゼッケン（ナンバーカード）」「ゼッケン（番号布）」のように，単独ではなくゼッケンとセットで使用されていることが多かった．それだけ定着していないことを意味しているといえそうだ．

以上のことから，WWW上では呼び方がゼッケンから変遷したというよりは，ゼッケンは従来のまま使われ続け，ビブス，ナンバーカード，番号布がそれぞれ対応するスポーツだけで特徴的に使われているということではないかと考えられる．

第7章　レポート執筆の意味

ここまでの各章で示したとおり，いろいろな論文類を取り上げて，WWWを検索して論文に書かれていることを検証するというのは興味深い課題である．

荻野は，ここ10年ほど，こういう課題で学生諸君にレポートを書いてもらっているが，それには大きな意味がある．

第1に，WWWは，そのような研究自体，研究結果の検証に使えるのだということがわかることである．

WWWを使った日本語研究は，まだ研究の主流ではないし，問題点もいろいろ抱えている．しかし，無料で使える史上最大のデータベースであるから，学生諸君に使ってもらうには最適であると信じる．あとは，どのようにWWWを使うのかという面での工夫である．検索エンジンの使い方に習熟するとともに，必要に応じて手作業で用例を分類するようなことは言語研究の基本であり，有効な方法論である．それを実体験してもらうことは大きな意味がある．

第2に，論文の読み方が変わるという点である．

だいたい，学部生にとっては，論文は「先生」が書いた「正しい」もので，学ぶべき対象であり，批判などはもってのほかという感覚であろう．しかし，論文の中にはそうでないものも混じっている．論文の中の間違いなどを指摘し，どう間違っているのか，どうするべきなのかを考えることも研究をしていく上での重要なプロセスである．いい論文と悪い論文を区別することも重

要なことである．

　もっとも，過去の論文をきちんと検討することは思いのほかむずかしいもので，学部生では十分な掘り下げまではできないかもしれない．しかし，論文中に，これこれの言語事実があり，したがってこう考えられるという記述があったときに，「言語事実」が本当にあるのか，どれくらい普通のことなのか，もっとほかの表現のほうが多いということはないのかなどということであれば，学部生でも追求できる面がある．

　WWW 検索は，まさにこのように先行研究を検証し，批判し，さらに新しいアイディアを生み出すために有効なツールになるものである．この点で，WWW の活用が待たれている．

　ぜひ，さまざまな課題にチャレンジしてほしい．

文　　献

参考文献

赤城毅彦（1991）『茨城方言民俗語辞典』東京堂出版
石井健一・辻　大介・橋元良明・森　康俊・三上俊治（2000.3）「内容分析による個人ホームページの国際比較」東京大学社会情報研究所調査研究紀要 No.14
石井正彦（1999.11）「テレビの社会方言——単語使用の性差を見出す——」日本語学 Vol.18, No.13, 11月臨時増刊号「地域方言と社会方言」
石垣福雄（1983）『北海道方言辞典』北海道新聞社
石垣福雄（1991）『北海道方言辞典 増補改訂版』北海道新聞社
井上史雄（1986）「方言」『日本大百科全書』小学館
井上史雄（2003.6）「ことばの散歩道61 誰が亡くなったか」日本語学 Vol.22, No.7
池上嘉彦（1975）『意味論』大修館書店
江端義夫・加藤正信・本堂　寛（編）（1998）『最新ひと目でわかる全国方言一覧辞典』学習研究社
遠藤織枝（2004.6）「新聞記事の発話行為からみたジェンダー」日本語学 Vol.23, No.7
大橋勝男（2003）『新潟県方言辞典』おうふう
岡田祥平（2013.10）「Twitterを利用した新語・流行語研究の可能性——アイドルグループ「Sexy Zone」の略語を例に——」新潟大学教育学部研究紀要 Vol.6, No.1
岡田祥平（2014.3）「インターネットを利用した新語・流行語研究の可能性——「Twitter」の蔑称の拡散過程の検証を例として——」新潟大学教育学部研究紀要 Vol.6, No.2
岡部　寛（1994.3）「『こんな』類と『こういう』類」現代日本語研究（大阪大学文学部日本語学研究室）No.1
沖　裕子（1985.9）「動詞の文体的意味」日本語学 Vol.4, No.9
沖　裕子（1989.1）「形容詞の文体的意味」国文学（関西大学）No.65
沖　裕子（1999.11）「気がつきにくい方言」日本語学 Vol.18, No.13, 11月臨時増刊号「地域方言と社会方言」
荻野綱男（1980.3）「敬語における丁寧さの数量化——札幌における敬語調査から（2）——」国語学 120集
荻野綱男（2004.2）「各種検索エンジンの実態と特徴」日本語学 Vol.23, No.2
荻野綱男（2004.11）「WWWによる方言語形の全国分布調査」日本方言研究会第79回研究発表会発表原稿集
荻野綱男（2005.5）「聞き手敬語の22年の変化」日本語学会2005年度春季大会予稿集
荻野綱男（2006.7）「検索エンジンGoogleの使い方とWWWコーパスによる日本語研究」城生佰太郎博士還暦記念論文集編集委員会（編）『実験音声学と一般言語学』東京堂出版
荻野綱男（2006.11）「WWWによる単語の文体差の研究」日本語学会2006年度秋季大会予稿集
荻野綱男（2006.12）「形容動詞連体形における「な／の」選択について——田野村氏の結果をWWWで調べる——」計量国語学 Vol.25, No.7
荻野綱男（2007.4）「ブログにみる日本語の男女差」日本語学 Vol.26, No.4
荻野綱男（2007.7）「コーパスとしてのWWW検索の活用」月刊言語 Vol.36, No.7
荻野綱男（2008.2）「WWWをコーパスとして利用する研究——文系と理系の観点から——」日本語学 Vol.27, No.2
荻野綱男（編）（2008.2）『WWWを日本語コーパスとして使うための基礎的研究』科学研究費報告書
荻野綱男（2008.9）「WWWを使ったコーパス研究の現在と，その問題点——日本語研究の観点から——」ドイツ語情報処理学会
荻野綱男（2009.1）「コロケーション辞書」国文学解釈と鑑賞 Vol.74, No.1
荻野綱男（2009.6）「ラングスケープ【言語研究の動向】（15）WWWをコーパスとしてみたときの間違い」言語 Vol.36, No.6
荻野綱男（2011.9）「gooブログ検索から見る男女差と年齢差」計量国語学会第55回大会予稿集
荻野綱男（2011.12）「WWWを利用した日本語研究の展望」早稲田大学日本語学会 2011年度後期研究発表・講演会
荻野綱男（2012.11）「WWWで方言語形の全国分布を調べる」北海道方言研究会例会第200回記念大会
荻野綱男（2013.6）「外来語の語形のゆれ——チックとティック——」計量国語学 Vol.29, No.1
荻野綱男（2013.9）「外来語の語形のゆれ（2）——バとヴァ——」計量国語学 Vol.29, No.2

文献

荻野綱男・加藤　彩・本多さやか・谷口香織（2005.3）「WWWの検索による日本語研究」日本文学（東京女子大学）No.101

荻野綱男・末永絵梨・下重秋弓・三好亜萌（2007.3）「WWWの検索による日本語研究（2）」日本文学（東京女子大学）No.103

荻野綱男・田中ゆかり（2005.2）「インターネットは言語研究のツールになるか」言語 Vol.34, No.2

荻野綱男・田野村忠温（編）（2011）『講座 IT と日本語研究 6 コーパスとしてのウェブ』明治書院

小沢遼子（1973.7）「女性のことば　同性の目──ヒマから生まれたムダことば──」言語生活 No.262

国広哲弥（1982）『意味論の方法』大修館書店

見坊豪紀（1977）『辞書と日本語』玉川大学出版部

後藤　斉（1995.3）「言語研究のデータとしてのコーパスの概念について──日本語のコーパス言語学のために──」東北大学言語学論集 No.4

後藤　斉（2001.3）「日本語コーパス言語学と語の文体レベルに関する予備的考察」東北大学文学研究科研究年報 50

佐藤亮一（2004）『標準語引き日本方言辞典』小学館

佐藤亮一（2009）『都道府県別全国方言辞典』三省堂

塩田雄大（2004.5）「インターネットでことばの地域差を調べることはできるか」日本語学 Vol.23, No.6

篠崎晃一（1996）「気づかない方言と新しい地域差」小林隆他（編）『方言の現在』明治書院

篠崎晃一（1997.4）「気づかない方言 1　補助輪付き自転車」日本語学 Vol.16, No.4

清水泰生（2006.12）「スポーツのことば今むかし」日本語学 Vol.25, No.14

尚学図書（1989）『日本方言大辞典』小学館

寿岳章子（1970.9）「語彙と文体」文学・語学 No.57

高崎みどり（1996.9）「テレビと女性語」日本語学 Vol.15, No.10

武部健一（2007.4）「英語を超えた日本語ブログの投稿数，その理由は？」日経ITpro http://itpro.nikkeibp.co.jp/article/COLUMN/20070411/268068/

田中ゆかり（2003.4）「ネット検索は言語の研究に有用か」日本語学 4月臨時増刊号 Vol.22, No1.5

田中ゆかり（2007.11）「「方言コスプレ」に見る「方言おもちゃ化」の時代」文学 Vol.8, No.6

田中ゆかり（2011）『「方言コスプレ」の時代』岩波書店

田野村忠温（2002.3）「形容動詞連体形における「な／の」選択の一要因」計量国語学 Vol.23, No.4

田野村忠温（2008.6）「日本語研究の観点からのサーチエンジンの比較評価── Yahoo! と Google の比較を中心に──」計量国語学 Vol.26, No.5

田野村忠温（2009.3）「日本語研究の観点からのサーチエンジンの評価・続──検索ヒット件数の時間変動のその後とWeb文書量の推計の修正──」計量国語学 Vol.26, No.8

田野村忠温（2012.6）「日本語研究の観点から見た昨今のサーチエンジン事情── Google と Yahoo! の技術提携の結果──」計量国語学 Vol.28, No.5

田野村忠温（2012.12）「BCCWJ に収められた新種の言語資料の特性について──データ重複の諸相とコーパス使用上の注意点──」待兼山論叢 No.46 文化動態論篇

東條　操（1951）『全国方言辞典』東京堂出版

徳川宗賢（編）（1979）『日本の方言地図』中央公論新社

新沼めぐみ（2010.10）「質問紙調査とウェブ検索の違いについて──「言葉の意味」と「慣用句の認識と使用」を中心に──」日本大学大学院国文学専攻論集 No.7

日経ITpro（2007.3）「世界のネット利用者，前年比 1 割増の 7 億人超」日経ITpro http://itpro.nikkeibp.co.jp/article/Research/20070307/264180/

仁田義雄（1992）「ヴォイス・アスペクト・テンス」玉村文郎（編）『日本語学を学ぶ人のために』世界思想社

野村雅昭（1993.7）「現代の漢語・漢字の位相」日本語学 Vol.12, No.8

馬場あき子（1973.7）「女性のことば　同性の目──よそゆきことば──」言語生活 No.262

平山輝男・大島一郎・大野眞男・久野　眞・久野マリ子・杉村孝夫（編）（1992）『現代日本語方言大辞典　第 2 巻』明治書院

松尾　拾（1965.6）「文体をはかる語彙」語文（日本大学国文学会）No.21

松田謙次郎（2004.3）「言語資料としての国会会議録検索システム」Theoretical and Applied Linguistics at Kobe Shoin［トークス］, No.7

水谷美保（2005.10）「「イラッシャル」に生じている意味領域の縮小」日本語の研究 Vol.1, No.4

宮島達夫（1977）「単語の文体的特徴」『松村明教授還暦記念　国語学と国語史』明治書院

宮島達夫（1988.9）「単語の文体と意味」国語学 154 集

森下喜一（1983）『栃木県方言辞典』桜楓社

森田良行（1991.7）「語彙現象をめぐる男女差」国文学解釈と鑑賞 Vol.56, No.7
れいのるず秋葉かつえ（2001）「ポーズ・フィラーから見た女性の話し方の変化と現状」遠藤織枝（編）『女とことば――女は変わったか 日本語は変わったか――』明石書店

文献紹介

　今後，読むべき文献を以下に掲げることにする．本書の内容と直接関連するものは（1）である．それ以外は，やや間接的な関連文献ということになる．

　（1）荻野綱男・田野村忠温（編）（2011）『講座 IT と日本語研究 6 コーパスとしてのウェブ』明治書院．特に，第 1 章「ウェブ検索概論」（小野正弘）と第 2 章「ウェブ検索の応用」（岡島昭浩）は必読である．
　（2）田野村忠温・服部　匡・杉本　武・石井正彦（2010）『コーパス日本語学の新展開』特定領域研究「日本語コーパス」平成 18 年度～平成 22 年度研究成果報告書（JC-L-10-01）．コーパスを用いてどんな日本語研究が可能になるか，具体的な研究成果をとりまとめた論文集である．
　（3）田野村忠温・服部　匡・杉本　武・石井正彦（2007）『コーパス日本語学ガイドブック』特定領域研究「日本語コーパス」平成 19 年度研究成果報告書（JC-L-07-01）．巻末にある「コーパス日本語学研究文献目録」が充実している．過去にコーパスを用いた日本語研究としてどんな研究が行われてきたか，概観することができる．インターネットを用いた研究も含まれている．
　（4）AYURA（2009）『今すぐ使えるかんたん Google グーグル 検索 & 徹底活用』技術評論社．この本に限らず，Google などの検索エンジンの使い方を解説する本はたくさんある．しかし，日本語研究を念頭に置いているものはないようで，どれも「帯に短したすきに長し」的な感じになっている．また，最近はウェブ検索に関して「当たり前」と見られるためか，それ以外のサービスを解説する本が多くなっている．しかし，検索の基本を知っておきたいという人は，どれか 1 冊を手元に置いておくとよい．

索　引

検索語は「　」で囲んで示す．

記　号

& 45
* 15, 59
| 48

欧　文

100例　40

2ch.net　95

3例　96

AND（and）　45
AND検索　12, 44, 47

baidu　22, 23
Bing　21, 22
「B紙」　121

CD-ROM　1, 2

「disられる」　110, 111

Fresheye　23

go.jp　91, 95
goo　20, 23
gooブログ検索　68, 74, 129
Google　19, 20, 21, 22, 24
Googleマップ　147

lg.jp　91
LYCOS　23

NOT検索　14, 52

OR（or）　48
OR検索　14, 48

V音　169
Vの発音　164

WWW　1, 38, 84, 125
WWW検索　146

Yahoo!　19, 21, 22, 24

あ　行

あいかまど　141
あいげ　141
あいさ　141
あいさがも　141
あいしもかぜ　141
あいしょ　141
あいず　141
あいたばかぜ　141
あいたまかぜ　141
愛知県　121
あいどくさい　141
あいどり　142
あいな　142
アイヌ葱　142
アイヌ藁　142
あいのかぜ　142
アイパ　142
あいべ　142
あいまわり　142
あいもの　143
あいよ　143
あおなじみ　134
アーカイブ　3
赤城毅彦　133
「あくどい」　29
「悪どい」　29
あごあわせ　143
あごわかれ　143
アステリスク　15
あずましー　143
「アスレチック」　163
「アスレティック」　163
「あたし」　149, 150
アダルト小説　86
アダルト用語　86
アップデート　7
あぶらこ　143
「編物」　116

「編み物」　116
アンケート　170
「案の上」　31
「案の定」　31

「イアリング」　110
「以外と」　29
「意外と」　29
「行く」　99
石垣福雄　129, 140
石川県　122
意識調査　124, 126
「イス」　10
「椅子」　10
「いす」　10
イタリア語　168
位置名詞　178, 180
「いっちょん」　139
一般語　109
意図的　87
犬　172, 175
　　——の名前　175, 176
井上史雄　121, 171, 175
茨城県　133
意味　93, 98, 110, 163
「イヤリング」　110
「いらっしゃる」　98
「いる」　99
違和感　96, 97
「インキ」　104, 105
「インク」　104, 105
「インスタマチック」　163
引用　7
引用例　38, 39, 40

ヴァ語形　164, 167, 169
ヴァ比率　165
「ヴァンパイア」　168
「ヴィヴィッド」　168
ウェブ検索　68, 71, 73
牛　172
馬　172
「うる覚え」　31
「うろ覚え」　31

英語　163, 168
英数字　18
英単語　18
江端義夫　135

大阪府　135, 136
大橋勝男　138
岡部寛　178
沖裕子　121
オス　177, 178
「お殴りになる」　96
「お返事」　76
「お求めやすい」　36
「俺」　149, 150
音楽　167
音便形　67

か行

介護　79
概算　154, 158
「がいしゅつ」　27
解説記事　2
飼い主　178
外来語　103, 105, 159, 164
　　──の流入時期　163
書き言葉　3, 86, 88, 89, 90
書き手　36, 73, 124, 129, 147, 148
確認　170
偏り　84, 86
学校文法　16, 64
活用　65
活用形　16, 17, 65, 68, 157
活用語尾　65, 69, 70
神奈川県　131
仮名漢字変換　87
「かなり」　157
可変性　3, 4
「かまきり」　38
関西　62, 119, 128, 137
関西方言　121, 144
　　──の流入　119
漢字　153
漢字表記　11
「かんずめ」　28
「缶詰」　28
「完璧」　28
「完壁」　28
管理者　147, 148

記号　13, 18, 44, 59, 74
記事内容　86
「既出」　27
「疑心暗鬼」　36
規則性　159, 164
「北詰」　118
機能　12
岐阜県　121, 122
客観性　95
九州　122
「キューピッド」　116
「キューピット」　116
行　150
共起　149, 178, 180
共起頻度　150, 151
競走馬　172
京都府　136
近畿　122
均質性　4

空白　13, 55, 57, 59
区切り　44
句点　74
句読点　18
熊本県　139
クラシック　167
「来る」　99
クロス表　83, 90, 93, 150

傾向性　159, 164
形式名詞　153
掲示板　89
競馬　172
形容詞　17
形容動詞　152, 156
「計量国語学会」　13
計量的研究　4
ケータイ　118
ゲーム用語　87
研究文献　2
言語意識　94
言語資料　38, 147
言語量　96, 159
検索エンジン　5, 19, 41
検索オプション　19
検索結果　9, 38
検索件数　5, 43, 92
検索語　41, 42, 43, 55
検索式　19, 63, 153
検索条件　75
検索方法　173
検索窓　12
現実　125
検証　183
現代仮名遣い　35
現代語　4, 125

検討時間　126
見坊カード　96
「こういう」　178, 180
「校下」　121
高学歴　85
「講義」　29
「講議」　29
「校区」　121, 123
口語文法　16
交互平均値　150
交互平均法　79, 83, 90, 93, 150
「校時」　122
校正　36
後方一致検索　160
語幹　65, 69
国語辞典　96, 164
語形のゆれ　164, 167
誤差　47
「ごじゃっぺ」　133
個性　147
「ご静聴」　30
「ご清聴」　30
五段活用　65, 69
五段動詞　65, 67, 70
国会会議録　117
古典語　3, 4
子供　79
「ご拝読」　116
コーパス　1, 38, 152
語尾　163
「ご返事」　76
「コマ付き自転車」　13, 123
「込む」　115
固有名詞　92
誤用　36
コロケーション　35, 86
「コロ付き自転車」　123
「こんな」　178, 180
「こんにちは」　35
「こんにちわ」　35

さ行

サイト　18, 88, 89
佐賀県　139
「左官」　113
「サカン」　114
削除　7
「サクラ」　176
佐藤亮一　130, 133, 134
「〜ざるおえない」　35
「〜ざるをえない」　35

索　引

参考文献　2
参照例　38, 39, 89, 92, 118, 126

塩田雄大　117
試行錯誤　63
辞書　1, 25, 39
自称詞　148, 149, 150
自然さ　167
執筆者　78, 79, 148
執筆日時　77
質問調査　124, 128, 148, 167, 170
篠崎晃一　121, 123
「しばれる」　130
清水泰生　181
ジモ方言　173, 174
社会言語学　4, 152
「シャカン」　114
「じゃけぇ」　137
「しゃっくり」　33
ジャンル　112
宗教用語　87
住所　129
修飾　157, 159, 180
終助詞　148
出現頻度　5
出典　3
受動形　112
首都圏　138
尚学図書　131, 140
「衝撃する」　115
畳語　35
「症候群」　30
「症侯群」　30
使用者　147
使用文脈　145
使用例　38, 39, 40, 118, 126
初期値　83, 84
女性　76, 178
資料　152
「心気一転」　31
「心機一転」　31
新語　2, 77, 80, 115
人口　123, 144
人口移動　144
新聞　1, 2, 152, 153, 154, 159
人名　168
信頼性　9

推測統計学　4
数値　18
数量化　79

正確性　154

正規表現　153
整合性　48, 51, 52
政府関係　91
性別　78, 148
「世界の中心で何をさけぶ」　62
積集合　45, 50
「ゼッケン」　181, 182, 183
接辞　64
「絶対絶命」　32
「絶体絶命」　32
接頭辞　64, 153
接尾辞　64, 163
先行研究　2, 170, 184
先行母音　105
全国分布　127
全国分布調査　124, 127
専門用語　109

造語　163
組織　147
「そろっと」　138
尊敬語　96, 98
存在しない　124

た　行

「体育館」　27
「たいくかん」　27
代表　84
「大洋紙」　121
大量性　2, 4
田中ゆかり　117, 146, 173
谷口香織　128
田野村忠温　6, 7, 21, 152
ダブルクォーテーションマーク　13
多様性　3, 4
単語　15, 63, 64, 65, 149
　──の一部　15, 65
　──の文体差　88, 89, 95
単語分割　42
単語列　15
単語連続　159
男女差　75, 76, 78, 81, 148, 151
男女度　81, 149, 150, 151
男性　76, 81, 150

地域差　78
「チェルノブイリ」　15
「チック」　159, 162
千葉県　134
地方公共団体関係　91
地名　109, 168
「チャーハン」　117

「ちゃん」　175, 176, 177
駐車場　119
中年語　80
長音符　101
重複　7
「朝令暮改」　30
「朝礼暮改」　30
「チョコ」　176
直観　95

通信調査　126
「つきぎめ」　116
「月決駐車場」　120

「ディスられる」　110, 111
定着　167
「ティック」　159, 162
程度副詞　156, 159
「停年」　116
「定年」　116
「～的する」　33
データ量　154
手間　159
「手持ちぶさた」　32
「手持ちぶたさ」　32
伝統方言　145

ドイツ語　168
等間隔　84
同義　103
同義語　42
同義語処理　14, 23
東京都　123, 131
「東西南北」　180
動詞　16, 17, 69
東條操　136, 139
動物　171
東北地方　133
「通り抜けられる」　16
都会　146
都市部　85, 123, 144
飛び火　119
ドメイン　19, 88, 89, 93
富山県　122

な　行

内省　159
内省報告　126
「亡くなる」　171
「殴る」　96
「情けは人のためならず」　33
「情けは人のためにならず」　33

「なまずるい」 144
「なまら」 129, 145
奈良県 135
「な」類 156
「ナンバーカード」 181, 182, 183

新潟県 121, 138
「西詰」 118
二重引用符 13
ニセ方言 146, 173, 174
似たページ 8
2ちゃんねる 91
日記 74, 148
「煮詰まる」 85
日本語研究用検索エンジン 21
日本語資料 1
日本語のゆれ 112
日本語の歴史 87
日本語ブログ 73
「日本大学櫻丘高等学校」 41
「人間ドック」 31
「人間ドッグ」 31
「人間不振」 32
「人間不審」 32
「人間不信」 32

「ネイム」 102, 103
猫 172
ネット利用者 85
ネット利用率 85
「ネーム」 102, 103
年代差 75
「年棒」 28
「年俸」 28
年齢 78, 125
年齢差 75, 76, 78, 79, 115

能動形 112
「の」類 156

は 行

生え抜き 124
博多弁 140
バ語形 164, 167, 169
「〜橋」 118
「橋詰」 119
パーセンテージ 154, 160
話し言葉 3, 88, 89, 90
「パーマをあてる」 62, 128
「パーマをかける」 62
半角空白 55, 57
「番号布」 181, 183

「番号票」 181, 183
犯罪用語 87
パンダ 172
反論 170

「東詰」 118
「非常に」 157
日付指定 77
ヒット件数 5, 9, 21, 43, 49, 54, 66
非生え抜き 125
批判 183
「ビブス」 181, 182
非フレーズ検索 43
百科事典 2
「ひゃっくり」 33
表記 10, 101, 164
    ——のゆれ 100, 115, 164, 173
兵庫県 135, 136
評判分析 75
ひらがな 153
平山輝男 131
比率 75, 106, 154, 158, 160, 165
比例変換 83, 84
広島県 137
頻度 94
頻度差 93

不安定 154
不安定さ 6, 9, 21, 48, 54
「ふいんき」 25, 26
福岡県 140
複合語 12, 41, 92, 153, 169
不自然 97
伏せ字 14, 87
不適例 38, 40, 53, 63, 114, 149
フランス語 168
フレーズ検索 10, 13, 42, 43, 44
ブログ 73, 145, 147
ブログ記事 76
ブログ検索 73, 74, 78, 129
ブログ件名 145
ブログ全体検索 74
プロフィール 73, 78, 79
「雰囲気」 25, 26
文書量 49
文体差 88, 93
文体値 95
文体的意味 88
文体的特徴 88, 89, 95
分布 118
分布地域 120, 144, 146
文法 64
文法研究 4

文脈 11, 53, 54, 65, 66
文脈付き検索 10
分野 86
分類 98, 100

平均点 83
「へずる」 114
別語 38
ペット 79, 172, 178
変化 37
ベン図 45, 49
変遷過程 163

母音 105
母音連続 110
方言 3, 114, 173
    気づかれにくい—— 120
方言研究 117
方言語形 117, 118, 127, 144, 146
方言コスプレ 146
方言辞典 144
方言使用 174
方言使用者 145
方法論 128
「ほかす」 136
「僕」 149, 150
北海道 129, 130, 133, 143, 145
北海道方言 144
本方言 173, 174

ま 行

マイナス検索 14, 40, 52, 53, 54
間違い 25, 36, 87, 96, 125, 183
「末席」 115
松田謙次郎 117
マッチ 14, 56, 57, 59, 60, 61
まとめ記事 7
万分率 158

水谷美保 98
未然形 65
見出し語 140, 164
「南詰」 118
ミルクカフェ 91

虫 172
「無名の」 153

メス 177
メタ検索エンジン 19
「めばちこ」 135
「メルヘン」 163

「めんこい」 131

文字 15
文字表記 118
文字列 15
「モータープール」 119
「モモ」 176
森下喜一 131

や 行

「焼きめし」 117
「やむおえない」 34
「やむをえない」 34

優先 42
優先順位 145
「有名な」 153
有名な語形 144
「指詰め」 120
ゆれ 100, 112, 159, 164

用法 100
用例 1, 9, 38, 48, 96, 110
用例資料集 1
用例数 53, 92, 93, 96
「予行演習」 30
「予行練習」 30
よそ者 125
予定しない意味 126
読み 113
読み方 183

ら 行

「ラーメン」 116
ランキング 175

俚言 114
略称 42
流行語 77

例外 162

「レオ」 177
列 150
「レトロ」 162
レポート 170, 183
連携 7
連体形 152
連用形 67

論文 170, 183

わ 行

ワイルドカード 15
ワイルドカード検索 14, 55, 56
若い人 36, 76, 84, 85, 125
若者語 79, 80

「を」 76

MEMO

著者略歴

荻野綱男（おぎの つなお）

1952年　埼玉県に生まれる
1977年　東京大学大学院人文科学研究科修士課程修了
現　在　日本大学文理学部教授
　　　　文学修士

ウェブ検索による日本語研究　　　　　　定価はカバーに表示

2014年5月20日　初版第1刷
2016年3月30日　　　第2刷

著　者　荻　野　綱　男
発行者　朝　倉　誠　造
発行所　株式会社　朝　倉　書　店

東京都新宿区新小川町6-29
郵便番号　162-8707
電話　03(3260)0141
FAX　03(3260)0180
http://www.asakura.co.jp

〈検印省略〉

© 2014〈無断複写・転載を禁ず〉　　　新日本印刷・渡辺製本

ISBN 978-4-254-51044-7　C 3081　　　Printed in Japan

JCOPY ＜(社)出版者著作権管理機構 委託出版物＞
本書の無断複写は著作権法上での例外を除き禁じられています．複写される場合は，そのつど事前に，(社)出版者著作権管理機構（電話 03-3513-6969，FAX 03-3513-6979, e-mail: info@jcopy.or.jp）の許諾を得てください．

前筑波大 北原保雄編著	
概説　日　本　語	美しく豊かな日本語を今一度見つめ直し正しく学べるよう，著者らの熱意あふれる筆致でわかりやすく解説した大学，短大向け好テキスト。〔内容〕総論／音声・音韻／文字・表記／語彙／文法／敬語／文章・文体／共通語・方言／言語生活
51017-1 C3081　　A 5 判 184頁 本体2700円	

前筑波大 北原保雄監修　日大 荻野綱男編	
朝倉日本語講座 9	
言　語　行　動	〔内容〕日本人の言語行動の過去と未来／日本人の言語行動の実態／学校での言語行動／近隣社会の言語行動／地域社会と敬語表現の使い分け行動／方言と共通語の使い分け／日本語と外国語の使い分け／外国人とのコミュニケーション／他
51519-0 C3381　　A 5 判 280頁 本体4500円	

国立国語研 前川喜久雄編	
講座　日本語コーパス 1	
コ　ー　パ　ス　入　門	国立国語研究所で行われている日本語コーパスのプロジェクトに基づき，日本語コーパスとは何か，その構築から研究での利用・活用までを概観し，日本語学，言語学での統計学的アプローチを解説する。シリーズ全体を俯瞰する1冊。
51601-2 C3381　　A 5 判 196頁 本体3400円	

立教大 沖森卓也編著　東洋大 木村　一・日大 鈴木功眞・大妻女大 吉田光浩著	
日本語ライブラリー	
語　　と　　語　　彙	日本語の語（ことば）を学問的に探究するための入門テキスト。〔内容〕語の構造と分類／さまざまな語彙（使用語彙・語彙調査・数詞・身体語彙ほか）／ことばの歴史（語源・造語・語種ほか）／ことばと社会（方言・集団語・敬語ほか）
51528-2 C3381　　A 5 判 192頁 本体2700円	

神戸大 定延利之編著　帝塚山大 森　篤嗣・鳴門教育大 茂木俊伸・関西大 金田純平著	
私　た　ち　の　日　本　語	意外なまでに身近に潜む，日本語学の今日的な研究テーマを楽しむ入門テキスト。街中の看板や，量販店のテーマソングなど，どこにでもある事例を引き合いにして，日本語や日本社会の特徴からコーパスなど最新の研究まで解説を試みる。
51041-6 C3081　　A 5 判 160頁 本体2300円	

学習院大 中島平三監修　奈良先端科学技術大 松本裕治編	
シリーズ朝倉〈言語の可能性〉6	
言　語　と　情　報　科　学	言語解析のための文法理論から近年の統計的言語処理に至る最先端の自然言語処理技術，近年蓄積が進んでいるコーパスの現状と言語学への関連，文書処理，文書検索，大規模言語データを対象とする幅広い応用について，最新の成果を紹介。
51566-4 C3381　　A 5 判 216頁 本体3800円	

高橋麻奈著	
ここからはじめる　統計学の教科書	まったくの初心者へ向けて統計学の基礎を丁寧に解説。図表や数式の意味が一目でわかる。〔内容〕データの分布を調べる／データの「関係」を整理する／確率分布を考える／標本から推定する／仮説が正しいか調べる（検定）／統計を応用する
12190-2 C3041　　A 5 判 152頁 本体2400円	

日本IBM 福田剛志・日本IBM 黒澤亮二著	
情報科学こんせぷつ 12	
デ　ー　タ　ベ　ー　ス　の　仕　組　み	特定のデータベース管理ソフトに依存しない，システムの基礎となる普遍性を持つ諸概念を詳説。〔内容〕実体関連モデル／リレーショナルモデル／リレーショナル代数／SQL／リレーショナルモデルの設計論／問合せ処理と最適化／X Query
12713-3 C3341　　A 5 判 196頁 本体3200円	

宮城教育大 西原哲雄編	
朝倉日英対照言語学シリーズ 1	
言　語　学　入　門	初めて学ぶ学生に向けて，言語学・英語学の基本概念や用語から各領域の初歩までわかりやすく解説。英語教育の現場も配慮。〔内容〕言語学とは何か／音の構造／語の構造／文の構造／文の意味／文の運用
51571-8 C3381　　A 5 判 168頁 本体2600円	

前早大 中村　明・早大 十重田裕一・早大 宗像和重編	
日本語文章・文体・表現事典（縮刷版）《文学編》 **名作の表現[実例]観賞**	名作と呼ばれる近代の小説・詩・短歌・俳句を実際に引用しながら作家の文体の特長を具体的かつ平易に解説。文学ファンの知的好奇心を満足させる情報が満載。好評の事典を分冊化して実現した「新しい文学・作家ガイド」
51042-3 C3581　　A 5 判 408頁 本体4500円	

計量国語学会編	
計　量　国　語　学　事　典	計量国語学とは，統計学的な方法を用いて，言語や言語行動の量的側面を研究する学問分野で，近年のパソコンの急激な普及により広範囲な標本調査，大量のデータの解析が可能となり，日本語の文法，語彙，方言，文章，文体など全分野での分析・研究に重要な役割を果たすようになってきている。本書は，これまでの研究成果と今後の展望を解説した集大成を企図したもので，本邦初の事典である。日本語学・言語学を学ぶ人々，その他幅広く日本語に関心を持つ人々のための必読書
51035-5 C3581　　A 5 判 448頁 本体12000円	

上記価格（税別）は 2016 年 2 月現在